思痛录
增订纪念版

思痛补录

韦君宜 著

人民文学出版社

图书在版编目(CIP)数据

思痛录:增订、纪念版/韦君宜著.—北京:人民文学出版社,2012
ISBN 978-7-02-009207-9

Ⅰ.①思… Ⅱ.①韦… Ⅲ.①韦君宜(1917~2002)—回忆录 Ⅳ.①K825.6

中国版本图书馆 CIP 数据核字(2012)第 098661 号

责任编辑　郭　娟
责任印制　王景林

出版发行　人民文学出版社
社　　址　北京市朝内大街 166 号
邮政编码　100705
网　　址　http://www.rw-cn.com

印　　刷　三河市鑫金马印装有限公司
经　　销　全国新华书店等

字　　数　238 千字
开　　本　880×1230 毫米　1/32
印　　张　10.75　插页 6
印　　数　35001—40000
版　　次　2013 年 1 月北京第 1 版
印　　次　2017 年 10 月第 8 次印刷

书　　号　978-7-02-009207-9
定　　价　35.00 元

如有印装质量问题,请与本社图书销售中心调换。电话:01065233595

把知识分子看成异类或敌人，或潜在的敌人，是完全错误的。而这点，正是我们几十年来（包括解放以前在内）很多难于收拾的特大错误的基本原因之一（另一基本原因就是必须内部"天天斗"）。

——曾彦修

"肃反"+"反智":直到文化大革命,也未能超越这个模式。

——邵燕祥

我觉得她一直背负着一个精神的十字架。她为什么支撑病体顽强把《思痛录》写下来？她认为，这些教训太深刻了，太惊人了，太荒谬了！不写下来，良心不得安宁，她背上的十字架放不下来。她的《思痛录》，就是这么直面历史，直面人生，思考我们的历史教训，这也是很有胆识的，也是她晚年重要的一部书。最近几年文艺界没有一本书超过《思痛录》。

———— 唐达成

《思痛录》如同一块精神化石，将成为下世纪人们了解这个世纪中国知识分子心路历程和理解中国革命的入门之书，必读之书。《思痛录》的意义不仅仅属于韦君宜个人，而是成为 20 世纪末中华民族的一个精神座标，成为投身革命的一代知识分子大彻大悟的典型象征……把《思痛录》的意义和巴金的《随想录》并称，并非过誉。

——邢小群、孙珉

上．清华女生　1935年

下．高中毕业后在日本度假　1933年

上．出任团中央宣传部长兼《中国青年》总编 1951年

下．在《文艺学习》编前会上 1956年

上．与丈夫杨述　1959年

中．干校时期　70年代初

下．从干校回京后赶赴延安组稿　1973年

上．"文革"期间与杨述、于光远　1974年冬
下．在"干校"的作者夫妇与插队云南的女儿难得的团聚　1972年

《思痛录》写作出版大事记

韦君宜于1976年开始秘密写作《思痛录》部分篇章，全部书稿到1986年初完成。此后十年中，除部分篇章发表外，全书未能出版。1991年书稿交亲属魏萃一带到国外译成英文保存。后经多位有识之士努力推动，《思痛录》于1998年5月由北京十月文艺出版社出版，完成了重病中的韦君宜此生最大心愿。2000年，香港天地图书有限公司出版《思痛录》中文繁体字版。2012年，在韦君宜逝世十周年之际，人民文学出版社有限公司出版《思痛录》增订纪念版。

那几年的经历
　　——我看见的"文革"后半截　　140
编辑的忏悔　　152
十年之后　　161
记周扬　　172
结语　　182

思 痛 补 录

心中的楷模
　　——参加邵荃麟同志追悼会归来　　187
纪念冯雪峰同志　　194
天安门情思　　202
蜡炬成灰
　　——痛悼杨述　　210
纸墨长留负疚心
　　——敬悼王翰、张清华夫妇　　215
她这一辈子
　　——记我的四妹　　222
悼萧殷　　233
并非发生在"走资派"身上的事　　237
追念雪峰同志　　239
他走给我看了做人的路
　　——忆蒋南翔　　244
我所认识的胡耀邦同志　　258
"大师姐"夏英喆　　262

她死得好惨
　　——哭韦毓梅　　　　　　　　266

我的老同学王瑶　　　　　　　　270

忆齐燕铭　　　　　　　　　　　273

负疚　　　　　　　　　　　　　277

我的妹夫黄云　　　　　　　　　283

我所知道的钱伟长　　　　　　　286

胡乔木零忆　　　　　　　　　　291

杂家于光远　　　　　　　　　　300

他被"错划"以后
　　——刘志云的厄运　　　　　305

抹不去的记忆
　　——忆向阳湖畔十个无罪者　309

附录一：韦君宜小传　　　　　　318

附录二：《思痛录》成书始末（杨团）　321

3

思 痛 录

缘　　起

"四人帮"垮台之后,许多人痛定思痛,忍不住提起笔来,写自己遭冤的历史。也有写痛史的,也有写可笑的荒唐史的,也有以严肃姿态客观写历史的;有的从1957年"反右"开始写,也有的从胡风案开始写。

要知道这些,是这一代及下一代读者求知的需要;要想一想这些,是这个国家的主人(人民)今后生存下去的需要。我们党自成立以来,已经走过了半个多世纪的历程,为了更好地总结经验,有必要回溯走过的道路。我们只有从成功与失败的比较中,才能做出正确的思考与认识。我们现在的认识水平,显然已经超过了建国以来的任何一个时期。从长远的观点看,错误与挫折只是一时现象,我们的事业因之更有前途,我们的党因之更加成熟。

所以我想这是应当写的,只是所写的时间跨度稍长一点。

我写这本书是讲我自己的事。

首先得说明:我是个忠诚的老共产党员。

为什么当共产党的? 开始,我并不知道什么是共产主义。我不是为了家中穷苦,反对豪富,而是为了中国要反对日本帝国主义。

　　从读中学起,学校就教给我们大量的日本侵略中国史。告诉我们日本怎样马上就要打进中国来了,报上也天天登。我早就觉得,我们和日本不共戴天。

　　中国人都要反对日本,但是没有反对日本的路。一切失地、一切公然侵略,都以蒋介石与日本人和谈结束。报纸上公然只许说敦睦邦交,不许说抗日。

　　有什么路走?唯一的抗日之路是左倾的路,尤其是左倾的文学的路。鲁迅、茅盾、郭沫若、丁玲、巴金……这些名字差不多统领了中国文坛。连不属左派的文人也是只见往左倒,不往右倾。毛泽东说中国有文化新军,确实不假。我就因中学的一个老师介绍,读了这些左翼作品,方知道真抗日的只有左派。

　　成立"冀察政委会"这种事情,连右派也震动了。还和日本和谈退让吗?最简单的一点爱国心使我对国民党政府产生了反感。

　　接着是"一二·九"运动,我们在街上高喊打倒日本帝国主义,报纸上对于爱国运动却只字不许提。我们回到学校,愤怒充满胸膛。政府不支持爱国,只有共产党才说必须抗日,左派刊物高呼无保留地支持学生的抗日运动。愚蠢的日本帝国主义和国民党政府,共同把我这样的青年推到了共产党的旗帜之下。

　　共产党本身的影响,当时实在并不大,我们只知道有一支红军在四川一带与国民党部队打仗。国民党报纸天天登着"朱毛残匪已就歼"。后来忽然又看到这支共产党军队跑到陕西去了,从陕西又到山西,山西又回陕西,我们实在也没见他们对抗日实际局势做出任何扭转。真正震动全国人心的是北平、上海的学联活动,七君子的被捕,连宋庆龄都出面支持,自愿坐牢。最后来了个"西安事变",这才使共产党的影响真的扩大到了全国。

我明白了,我要爱国,必须从此全身心跟着共产党。我觉得共产党这么不顾一切苦干,看来是真的能够为人民、为祖国而牺牲一切,这是值得我一生永远跟随的。人能够如此,这才是真正的光荣,是人的价值的实现。

入党后我从不怀疑党的光荣伟大。为这一点,一切都可以牺牲。多少同学找机会奔往美国学习,我的父母愿出资送我留美,而我放弃了这一机会。我在学校本来是很不错的学生,在中学屡次得奖,入大学读哲学,也觉得金岳霖的逻辑、冯友兰的哲学史什么的很有味道,实在。而休谟的人性论,使人深思,得一种思辨的快乐。但在决心入党之后,我把读书所得的一切都放弃了。我情愿做一个学识肤浅的战斗者,坚信列宁、斯大林、毛泽东说的一切,因为那是我所宣布崇拜的主义。我并没有放弃一向信仰的民主思想,仍想走自由的道路。但是共产主义信仰使我认为,世界一切美好的东西都包含在共产主义里面了,包括自由与民主。我由此成了共产主义真理的信徒。

我想起了抗日战争刚开始的时候,八路军只有三万五千人。蒋介石有雄兵数百万,却丢尽了华北、华中城市。而毛主席谋略出奇制胜,领导我们这一点人深入华北乡村打游击战,逐渐壮大起来。终于紧紧包围了平津,蒋军坐飞机来也赶不上了。也想起当年在延安,没有吃、没有穿,穷陕北的老百姓养不起我们。毛主席定的方针,搞大生产,自己动手,吃尽一切辛苦,不管是谁,人人自己挥锄种地,自己用木纺车纺织。到1945年,有吃有穿,困难渡过去了,局面扭转了,解放区站住了。毛主席领导我们得到了胜利,我们全心全意拥护他,他是我们真正的领袖。

我跟着党,受苦受穷,吃糠咽菜,心甘情愿。真正使我感到痛苦的,是一生中所经历的历次运动给我们的党、国家造成的难以挽回的灾难。同时在"左"的思想的影响下,我既是受害者,也成了害人者。这是我尤其追悔莫及的。

历史是不能被忘却的。十多年来,我一直在痛苦地回忆、反思,思索我们这一整代人所做出的一切,所牺牲和所得所失的一切。思索本身是一步步的,写下又非一日,其中深浅自知,自亦不同。现在均仍其旧。更多的理性分析还是留给后人去做吧!至于我本人,至今还不可能完全说透,我的思维方法也缺少讨论这些问题的理论根据和条理性。我只是说事实,只把事情一件件摆出来。目的也只有一个,就是让我们党永远记住历史的教训,不再重复走过去的弯路。让我们的国家永远在正确的轨道上,兴旺发达。

"抢救失足者"

我是抱着满腔幸福的感觉,抱着游子还家的感觉投奔延安的。

去延安之前,我有过个人的不幸——我的爱人孙世实同志为党的事业贡献了年轻的生命。但是我觉得到了延安便一切都会好了,党将爱抚我,抚平我的创伤,给我安慰和温暖,鼓舞我拿起投枪来继续战斗。到延安以后也的确是这样的。当时在中央青委,领导干部冯文彬、胡乔木同志放弃自己应当享受的"小灶"待遇,和大家一起吃大灶。我们每天紧张热情地工作。我当《中国青年》的编辑,稿子弄好,不分什么主编和编辑,大家互相看,互相修改。以后我怀着打算牺牲的决心到前方去,又回来……那时候我们传唱过两句苏联的歌:

> 人们骄傲的称呼是同志,
> 它比一切尊称都光荣。
> 有这称呼各处都是家庭,
> 无非人种黑白棕黄红。

这是我们心里的歌。

现在有人说,那种感情是一个人年轻时幼稚单纯的感情。我想,那其实不是一个人的,而是我们民族的精英当时都处在那么单纯到透明的时代的感情啊!不止我们这些年轻人,我就见过足以做我的父辈的也和我们一样!(谢老觉哉、李老六如、鲁老佛如、钱老来苏、董老必武……我是都见过,也认识的。)

到1982年,有一个去美留过学的中年人告诉我:他在美国见到几位世界知名的美籍老华人科学家,他们在美国的地位极高。其中一个科学家告诉他:"我是'一二·九'那时候的学生。说老实话我当时在学校只是一个中等的学生,一点也不出色。真正出色的,聪明能干、崭露头角的,是那些当时参加运动投奔了革命的同学。如果他们不干革命而来这里学习,那成就不知要比我这类人高多少倍!"我间接地听到了这位远隔重洋的老同学的心里话。他说的全是事实。我们这个革命队伍里有好多当年得奖学金的、受校长赏识的、考第一的,要在科学上有所建树当非难事。但是我们把这一切都抛弃了,义无反顾。把我们的聪明才智全部贡献给了中国共产党的事业。

中国革命的胜利是第二次世界大战之后最重大的事件,对世界革命的发展具有深刻的影响,我能置身其中是很荣幸的。但在这场斗争中,我也深感道路之曲折。我在边区第一次受到意想不到的打击是"审查干部",后来改名"抢救运动"。

我第一次听到"审查干部"这个名词是在绥德地委的院子里。组织部长白治民按照中央的部署给我们作报告。我记得那是一个风和日丽的天气,我们自搬凳子,沐浴着阳光坐在空气清新的大院里,完全是一次机关里的普通会议。白治民站在我们的面前。他说:"现在要审查干部了。我们是党员干部,当然应该亮出自己的历史来接受党的审查。"我当时一听就想：这是当然的，还有什么疑问？我的一切历史（极其简单的历史，一个想革命的学生投奔延安）早就全亮出来了。还要多详细我就补充多详细，那还有什么说的？可是，接着他讲的是："如果党怀疑我们是特务，是特务的，那就要如实交代，不允许任何不老实……"

天！审查干部是在说干部，怎么扯到特务上去了？当时我还以为他是失口说错了话，要不就是他没把中央文件看清楚，这分明是风马牛不相及的两个概念，两回事，怎么搅在一起？

可是，转眼之间运动就掀起来了。

当时我和我的爱人杨述在地委编《抗战报》。领导上告诉我们，绥德师范学校发现特务窝，要我们即往报道。几天内绥德师范就被封锁了，门口站上了岗，不允许我们再进去。我们两人本来都是在绥师教过书的，这里竟有那么多的特务，实在使我们震惊。当时只有埋怨自己政治嗅觉太迟钝，敌我不分；只有一面赶紧接受阶级教育，一面抓报道，天天连夜看材料。

开始时，那材料的轮廓大致是：绥德分区由共产党接收时，有相当大一部分原国民党的省立绥德师范的教师留下来工作。这批教师中有一个暗藏的特务系统，他们发展了一批学生特务，特务的范围在绥德本地的师生中间。一下子，本地人都成为受怀疑的对象。我们到绥德师范去听特务"坦白"会。在大礼堂里，只见一个比桌子略高的学生上台去坦白，自称是"特务"。还记得一个叫白国玺的小青年上去说：是特务组织指示他，叫他在厕所墙上胡乱画猥亵的画。又一个学生说，他搞的"特务破坏"是用洗脚盆给大家打饭打菜……后来呢，"运动"越搞越深入,绥德师范的整风领导小组给我们交来了他们"深挖"出来的特务材料,让我们登载。原来绥德师范还存在着特务美人计。领导人就是杨述所熟识的一个语文教师,队员是许多女孩子。据说这些女学生竟接受了特务的口号:"我们的岗位,是在敌人的床上",而且按年级分组,一年级叫"美人队",二年级"美人计",三年级"春色队"……当时真把我吓了一跳,怎么会有这样的事情呢?我不认识那个被称为"美人队"的队长,私下向另一个熟识的教师打听,他说:"是个二十岁的姑娘,喜欢说笑,哪里想到她会是川岛芳子!"可是那位被称为"特务头子"的语文教师栾丁生就在大会上讲:"刘瑛(她的名字)走了,后来不大容易找到她这样的特务女性……"

真的是特务女性啊!于是我们把一个女学生刘国秀写的标题为《我的堕落史》的文章登了报。我是深信不疑的。而这样的文章一登,后面来稿就越来越踊跃,越写越奇。特务从中学生"发展"到小学生,十二岁的、十一岁的、十岁的,一直到发现出六岁的小特务!这已经到了匪夷所思的地步,但是我仍然不怀疑。直到有一次,我们报社新来了两位年轻的文书,其中一个人的小弟弟,就是新近被登报点名的小特务。我问她:"你弟弟怎么会参加了特务组织啊?"对这样的一个理应惊心动魄的问题,她只报以淡淡的一笑。她说:"他啊?你只要给他买些吃的,叫他说什么他就说什么!"

是这样!这个比我年轻的本地青年的话,才稍稍开了我一点窍。那么,这些小孩子的事有些可能是编的了?但是我依然没有想得更多。直到后来,有一个从榆林(国民党统治区)回来的女学生,被我们的一位文书拉到报社来闲坐。她是《我的堕落史》里的人物之一,于是我想采访一下,发现些新线索。我问:"那位刘国秀的文章,你看见过没有?"她也是淡淡地笑了笑,说:"看见过。……我们当时看了觉得真奇怪。她说的什么呀,反正我们一点也不知道。"她两句话带过去了,表情既不慌促,也不着急。我看出她把这篇文章只当信口胡诌,并不以为意。我这个比她大几岁的人才又一次心里不能不琢磨。这……这是真的吗?那些"美人队"、"春色队"的奇怪名称,庞大的半公开的组织,这些年仅十五岁至十七岁的土里土气的县城中学女生……这像真的吗?

但是我还不敢否定这些编造,我还在每天为搜集这些"材料"而奔跑。

接着运动从学校发展到社会,开斗争大会,斗争所有从原来的国民党统治下的绥德留下来给共产党工作的干部。他们大部分都成了"特务"。这已经够使人吃惊了,然后来了更使人想不到的事情——运动引向了外来干部,引向我们这些不远万里来投奔革命的知识青年。

第一次会议还是在绥师开的。我坐在下面,上去一个"坦白交代"的人,一看,想不到是绥师的教师——一个从四川来的大学生郭奇。他说自己是特务,有暗藏的手枪。他说他的特务上级就是韩某人,还有胡某人。听到这些,简直使我震惊得几乎从椅子上摔下来。这些人都是我所熟识的人啊!他们都曾是成都地下党的负责人,被国民党追捕过。他们经手送了多少人来解放区,怎么自己却成了国民党的特务,而且还暗藏着什么手枪?郭奇本人就是由他们送进解放区来的,他们怎么竟会是有意送了这个特务来搞破坏?这太出人意料了。可是郭奇就站在上面,他的确是这么说的。他还说那个韩某人是个"大阎王"。而我所知道的这个人,是个"一二·九"时期的北京大学学生领袖,一个朴素沉着的人。

这已经使我心里震动极了。我简直难以相信,又不能不相信——证人就站在那里!接着,会议的主持人宣传部长李华生又上去讲了一番号召特务们迅速坦白的话。他面对着台下的全体群众——有本地干部和外来干部,几乎是把我们全体都当成特务的样子,要我们坦白,然后说了一句最吓人的话:"四川伪党的问题中央已经发现了,要追查到底!"

"四川伪党"!那么整个四川省的共产党都成了假的了!那时候,我的头脑是那样简单,我甚至没有去设想这种估计是何等荒谬。四川是国民党由南京退出后的主要根据地,四川的中共地下党是天天面临着杀头坐牢的危险,说他们全体是特务,这等于说共产党所坚持的革命原则和马列主义毫无吸引力,不能吸引一切爱国青年,所有的爱国青年全被国民党吸引去了!而且全当了特务!这是什么样的逻辑啊!是反共逻辑!但是当时的我却没有胆量这样去想。我听了,只是觉得害怕,非常怕!

我们工作的绥德地委也掀起了运动。一开始,是听每一个干部在大家面前背自己的历史,人们听着。他讲一段,别人就提一段"问题"。判断他在什么样的情况下一定会当特务。我记得其中有一个记者,是一个上海绸缎庄伙计,因参加量才补习学校而投向革命的。在抗日战争开始时,他加入了一个以"战时青年别动队"为名的战地服务队。于是主持会议的李部长就说:"别动队"就是国民党特务组织。他振振有词地讲出许多根据,那都是我们这些青年所完全不知道的。就这么白天批斗,夜间叫他写材料，硬逼成了特务。还有一个上海来的小伙子，光是背家庭历史，就背成了特务，后来他说他母亲是妓女，父亲是大茶壶……

对我来说，最糟糕的是杨述就是四川地下党的。起初他曾存侥幸之心，因为过去川东、川西是分开的，韩某人他们是川西的，他自己是川东的，指望着还不致被株连。哪里想到，后来"伪党"的范围越扩越大。在又一次的地委全体干部会上，记得也是李部长代表地委作报告，讲"当前反特斗争的形势"。他说，现在延安党中央那边，已经查出国民党有一种"红旗政策"，这个政策就是尽量把共产党员转变为国民党党员，让他们回到共产党内，去"打着红旗反红旗"。特别是凡捉去的共产党员，如不肯具结当特务，就决不释放出来。所以，凡是释放出来的，无例外地都是特务。国民党在监狱里"短促突击"，两个小时就把你变成特务了。

这一下子打垮了多少为共产主义而坐牢的人！我无法估计。反正，当时杨述可是挨上了。他是1939年在重庆被捕的，因为身带文件走入群众大会会场，门口恰恰碰见检查的人，他当场就把秘密文件吞进肚里，知道已难幸免，就高呼"中国共产党万岁"的口号被捕而去。这是当时许多群众亲眼所见，有目共睹者证明的。后来，由周恩来同志出面，把他作为八路军驻渝办事处的公开工作人员，保释出来了。但是，就是这样，还是根据上边宣布的那一条"红旗政策"的逻辑，被打成了国民党特务！后来，他就被押进了"整风班"，关押起来。整风，整风！毛主席的整风报告说得多么有理，怎么这里却是这样干的？

当时，地委书记天天拍桌子大发雷霆，李部长天天来找我，叫我劝杨述赶快"坦白"。我一个人带着个才一岁多的孩子住在空窑洞里，没有人再理我。许多知识分子干部纷纷"坦白"。包括曾被捕的和没有被捕的。我记得有一个画家李又罘，是因为进入陕甘宁边区后，凑巧他哥哥到边区边缘地带出差（好像是个科学考察队之类），他请了几天假出去看望了一下哥哥，就成了特务罪证。还有一个陈伯林，什么罪证也找不出，只因他是四川的党员，才从外县被叫回绥德，第一次谈话就"指出"他是特务，于是他就"进城坦白、下马投降"了，而且还为此受到了"表扬"。甚至，在绥德师范礼堂的斗争大会上，有人向一个被怀疑者提出："你没有特务关系，怎么能从上海到北京坐得上火车？"对于历史上找不出任何疑点的我，也有人说："你的父亲现在还在北平，又有钱，不是汉奸才怪！你和他什么关系？"

太荒谬了！太可怕了！到这时候我已经完全懂得了这是胡闹，是毫无常识又对共产主义毫无信心的奇怪创造。这分明是在替国民党发明创造了许多国民党自己都从未想到过的"政策"。奇就奇在后来被俘的国民党大特务康泽、沈醉等，都从来没有回忆起他们有过这么一个"红旗政策"、"短促突击"，而当时我们的上级却是言之凿凿。而且不止在1942年，一直到"文化大革命"还在继续这么干。对于刘少奇主席的定罪，不就是这样吗？说一个人信仰共产主义好几十年，出生入死为共产主义奋斗过，还不能忠于共产党，却在国民党的两小时"短促突击"之后，就立即变为特务，能拼生舍命忠于国民党。既如此，你的共产主义还有什么力量？又如何能够在国民党势压全国的时候争取那么多青年跑到延安？这种荒谬到不可理喻的说法，却形之于文件，而且在党内流行这么多年。为什么"左"的影响会如此之大？在 1942 年,我却不曾懂得。

我只觉得这样来怀疑我们是太冤枉了。

我一个人在空窑洞里抱着孩子流泪。杨述被关在整风班里,但天天凌晨要他们整队到无定河边去冒着寒风干活(这正是北国的 12 月)。有一天,天还不明,我睡在炕上怎么也睡不着,突然,窑门轻轻启开,是他进来了。我又惊喜又害怕,抱住他问是怎么回事。他低声说:"我偷偷逃出一会儿,回来看你。你千万不要相信,我决没有那些事。"我说:"当然不会信。你快走,免得出大事情。"他急急忙忙走了。我哭了半天。

又过了一阵,简直所有的外来干部都沾上特务的边了。宣传部长还和我谈话,说延安来的情况,柳湜、柯庆施都是特务。组织上也已决定杨述是特务。在这时,我突然产生了信念崩塌的感觉。我所相信的共产党是这样对待自己的党员的,我坚持,为了什么？我曾上书毛泽东伸冤,也无结果。我还指望什么？于是,我答应了李华生,自己去整风班,"劝说"杨述。

我怎么劝说的呢？到了那里,他从大炕上被叫起来,我们两人在一张木板桌边会面。一人一条木凳,旁边还有别人。我见了他,只说得一句:"形势非叫你坦白不可,你就坦白了罢。"说罢就大哭起来。他也放声痛哭,说了一句:"好的。"我就走了。

后来我就在绥师礼堂听到了他的"坦白"。他说:他就是在被"短促突击"的时候突击成为特务的。但是他既没有特务上级,也没有下级。国民党给他的任务是做"路线特务",即专门破坏共产党的路线。凡是他以前被"批判"过的言论,全是他进行这一破坏的具体措施。(什么言论呢？当时的批判者把他发表的杂文归纳起来,定为"六大论"。即"良臣择主论",意为好的干部应选择一个好的领导干部;"南开中学论",意为我们的中学应提高教学质量,办成像南开中学那样;"曹操的本领论",意为领导者应宽宏大量,能够容人,不可察察为明;"党内人情世故论",意为在共产党内有共产党本身的一套人情世故,不可不知;"久假不归论",意为一个人长期习于一种他未必全信的思想习惯,久之也可以变化其真正思想。还有一论我忘了。)他这种奇特的"坦白",竟然也算过了关。然后下面由别人继续坦白。李又罙也坦白了,说自己哥哥是来和他接特务关系的。我们的邻居梅,也坦白了,他竟全抄杨述的创作,自称是"策略特务",专门破坏共产党的策略的。如此等等,无奇不有。而当时的地委居然报到中央,认为这是一大胜利。

天真的我们,还以为这是地委几个人干的,杨述跑到延安去上诉。后来才知道,原来延安的情况比绥德更厉害。我们多年相知的一些朋友都被打进去了。四川省委书记邹凤平被迫自杀。鲁艺有一位艺术家全家自焚。除了"四川伪党"还有个"河南伪党"。除到处开会斗争和关押人之外,还公然办了一个报纸,叫《实话报》,上面专门登载这一些谎话。有一个和我同路来延安的河南女孩子叫李诺,被公布在这张报上,简直把她说成了特务兼妓女。这份报纸真应该保存影印下来,像《解放日报》一样地影印下来。为什么不影印呢?无论那是对还是错,都应当影印。作为史料,传之后世。

来到延安,知道好几对夫妻,都因为这次运动而离异。他们都是青年时代在革命队伍里相恋的好伴侣,可是到了这个时候,一方"听党的话",相信对方是特务,而且一口咬定对方是特务,自然就把对方的心给伤害了。由此造成的伤痕,比对方移情他人还难弥合，于是到事情完了之后就离婚了。我听到杨明生说："抢救"运动起来之后，说四川是"伪党"，从四川来的党员被一网打尽。当时还发明了一个帽子，叫"不自觉的特务"。把那些实在无"毛病"可挑的青年都归入此类。他的妻子经别人说服之后，承认了自己是"不自觉的特务"，她的特务关系是由杨述转交给杨明生的。她去说服杨明生："我都是特务了，你还不是特务？"杨明生只能苦笑："你是特务吗？"我还知道我们的同学裴××奉命审讯特务，他明知此人不是特务，竟两人共同编造了一份口供，送了上去。

这是干什么啊？可是上级硬是这样干的。一些信念不那么牢固的人实在不能不遭遇一次信仰危机。后来我回到延安，有一位从天津跟我一起出来的吴英（她原是我妹妹的同班，比我低两班的南开女中同学），见到我，说起她在延安行政学院被禁闭，连上厕所都要排队出来才行。她忽然说："我那时想起来就埋怨你，你不该带我到这里来，早知这样，我也决不会来。"实在使我这个"先觉分子"无言可对。还有一个叫丁汾的女孩子，外来知识青年，当时在绥德担任区长。抢救运动中把她也打成了特务，理由是她的父亲是国民党的专员。后来，在案子甄别平反之后，我去参加平反大会，只听她站在台上哭诉当时受冤屈的心理状态，她竟说："我真后悔当时为什么要背叛我的家庭出来革命！我真应该跟着我的父亲跑的。当时我就想过，如果能再见到我的父亲，我就要对他说：把这些冤枉我的人都杀掉吧。"听了她这话使我心惊胆战，如冷水浇头。我倒不是怕她来杀我，杀共产党，我知道她虽然说得狠，其实不会那样做。我们谁也不会那样做。我气的是这样"为丛驱雀"，硬把她驱赶到这等地步。我怕的是她这样惊人的坦率,把心里动过的这些念头都公然在大会上说出来,这得了吗?光为这句话,就可以把她又逮捕起来的啊!即使今天不捕,这笔账记上,以后遇上"运动"随时都可以要她的命!除了这种令人惊恐的自述之外,还有非常幽默,可入笑林的。绥德西北抗敌书店有一个干部叫杨春熙,过去是在天津当小职员的,又在盛世才部待过。这时被打成了特务,罪状是参加了国民党的复兴社。在甄别平反大会上,他说的故事是:当时,他被囚禁多时,怎么也编不出一个能与别人对上口径的口供,无法可想。正在此时,他有一回在放风的时候遇见了书店经理常××(陕北本地干部)。经理趁人不注意,悄悄对杨春熙"串供"说:"你就说我是复兴社支部书记,殷三是宣传!"(殷三是个由武汉去的大学生)杨春熙有了"交代"材料,正在高兴,忽然一想不行,忙又问道:"我是什么呢?"常经理一皱眉,好像为他这样点都点不透的傻气生了气,吐出三个字道:"你组织!"于是他就照这么招供,才通过了。当他后来告诉我们的时候,听的人无不笑不可抑。简直同"和尚、包袱、伞"的笑话差不多,但这是怎样的含着眼泪的笑啊!

在杨述"交代"之后,我们仍在《抗战报》工作。我们的小女孩因为我无带孩子的经验,又在这种困苦环境之中,无人理睬和照管,竟不幸夭亡。杨述从延安告状回来,孩子已失去了。我自己也弄得一身是病,还得勉强工作。这时我患了美尼尔氏症,有一次出去,在采访绥德小学教师的一个大会会场上,我竟发病,扶着人家院子的墙,呕吐不止,头晕眼花,站也站不住。别人叫来杨述,把我弄回宿舍。我躺在炕上,不能转动,不能坐起进食,连大小便都是杨述伺候的。就在这时候,宣传部长不知怎么想起一个重要的规划,就是宣传部要建立办公室。他指定要把我们住的那间窑洞改为办公室,限我们克日迁出。杨述对他说,我实在病得不能动。却听到他在院里跺着脚喊:"决定叫搬,就是不搬?叫人替他们搬出去!"于是由杨述架着我,搬到地委大院角上一间破房里。炕已经被老鼠钻塌了一个大角,顶棚也一条一条地吊着。没人帮我们收拾,简直是被驱逐出来的。我住在这个与老鼠为邻的破屋里,病倒慢慢好起来。晚上,我穿件破裼子,脚上穿着捡来的别人不要的破鞋,在这个院角徘徊。月光明亮,万感萦心。我究竟身犯何罪,会弄到今天这个样子?于是我走着转着,旧习复发,吟成了一首既不能发表,也不能示人的诗:

　　小院徐行曳破衫,风回犹似旧罗纨。
　　十年豪气凭谁尽,补罅文章付笑谈。
　　自忏误吾唯识字,何似当初学纺棉。
　　隙院月明光似水,不知身在几何年。

　　这种事情不止在绥德地委发生,我们还参加过驻绥德的抗大分校的斗争会。那个分校,校长、副校长都是老红军,他们是怎样搞的呢?有一次我听到副校长讲他们的批斗原则,他说:"别人说反对逼供信,我们就来个信供逼。我们先'信','供'给你听,你不承认,我们就'逼'!"这个副校长后来在"文化大革命"中闹得全家惨死,我不知道他曾否回想过1943年他自己说的这些话!在抗大会场上还发现一个上台坦白的女"特务"华逸。杨述说:"她会不会是小华呀?清华纪毓秀的朋友,我们曾同声赞美的革命女青年。"两人一琢磨,她就是!但当时谁敢上前相认!从这时起,我虽然仍相信共产主义,相信只有共产党能

19

救中国,但是我痛苦地觉得,我那一片纯真被摧毁了!

如此天翻地覆闹了一场,伤了许多人。结果呢?结果是在党内刊物上说是有两个案子是真的,还把那两案的情节正式重新发表了一次。一个是钱惟人案(从前的天津志恒书店创办人),这个案子不久又说也是假的。还剩下唯一的"真的"是蔡子伟案。可在建国之后不久的报纸上我就看到了这个人的名字,已经是一个负责干部。自然也是假案。这就是全部结果!

在中央党校的一次大会上,毛主席说:"整风整错了的同志!是我错了,我向你们道歉。"说罢举手齐帽行了一个军礼,又说:"我行了礼你们要还礼,不还礼我的手放不下来呀!"有这几句话,我们就全都原谅了,而且全都忘掉。因为我们自认是为了革命才来延安的,革命还正在进行,党中央把我们弄错了,但是毛主席本人都道了歉了,还不就算了吗?大家总是一家人呀。当时有一位作家吴伯箫,他在延安挨整的消息传到了"蒋管区",传说是他已被整死,西安为他开了追悼会。延安一听这消息,立即要吴伯箫亲自出来"辟谣"。于是吴伯箫也就真的出来写文章,自称在延安愉快地生活和创作,从来没有挨过整云云。这些话,我不认为是吴伯箫在压力之下勉强写的。他是一个极其老实忠厚的好共产党员。写这样的文章,我想是他出自内心,愿意为了维护党的声誉忘却个人的一切不幸的。只可惜的是,到"文化大革命"期间,"四人帮"又把他打倒了一次。他现在已经去世了。在他的追悼会上,我不能讲这些话,我只能在我未死之前替他说出来。

还有那个邹凤平。1945年春在党校,各地来的同志分别召开"山头会议"以总结工作经验。四川来的也开了一次,我随杨述去参加。只听主持会议的同志低声沉重地说:"现在,邹凤平同志已经死了……"他说不下去,在座者一片唏嘘之声,简直开成了个追悼会。谁不知道他是冤枉的呢?谁不知这次运动是错误的呢?哀悼的泪水说明大家的思想并不糊涂。到底我们为什么会犯这样的错误呢?有不少的解释。例如说:情况太隔膜啦,做这种工作是瞎子摸鱼,不会不出错啦,大家都是为了革命啦……所以大家就谅解了。当时,我曾和杨述两人议论:"现在只在边区里边这样干,我们这些人还能忍受,能谅解。以后如果得到了整个中国,再这么干,可千万不行了。成亿的老百姓不会答应的。"

直到1988年,我们又经过了无数冤苦,我才从蒋南翔临终的遗稿上,知道他早在当年(就在经历过执行错误政策之后)就明确了认识,提出了明确的反对意见。但是,这个反对抢救的意见送到了中央,结果却是"留中不发",认为错误。并且给提意见者以批判。

解放初期有那么
一点点运动

解放初期那一阵,大家因为刚刚摆脱国民党那种贪污、横暴、昏庸无一不备的统治,的确感到如沐初升的太阳。就是我们这些从老解放区来的知识分子,也一下子摆脱了长年受歧视的境遇,一变而为"老干部"。我记得刚进城时,我和杨述在北平街头闲步,指着时装店和照相馆的橱窗里那些光怪陆离的东西,我们就说:"看吧!看看到底是这个腐败的城市能改造我们,还是我们能改造这个城市!"当时真是以新社会的代表者自居,信心十足的。

不久镇压反革命运动开始了,是枪毙国民党留下的那些特务、狗腿之类。那时候我在团中央,认为这些都是天公地道的。许多青年也大都如此认为,一些剥削阶级家庭出身的青年,拼命与其父母划清界限,衷心地以此为荣。但就在这时候,已经开始有扩大打击面的迹象。我有个舅父,是旧铁路职员。抗日战争在天津爆发的当天,他和别的中国老百姓一样糊里糊涂说:"我们要去接收北宁路!"解放后他被留用,后来从关外又跑回关内,求我们夫妇介绍工作。我们稀里糊涂就把他介绍到贸易部。

没过半年,他作为反革命被逮捕了,罪案是在日本占领时期参加国民党的"国际问题研究所",那是特务组织。当时把我吓坏了,连忙划清界限,向组织交代,表示我确不知情。我以为这种案子错不了,他一定真是罪大恶极。但是,到底是怎么回事呢?我向留在北平、天津的父母兄弟姊妹询问了一番,大致就是在沦陷时期他们只知道地下工作就是抗日,抗日就都是一样。当这位舅父认识了一位"地下工作者"之后,他还曾托这个人给在延安的我"带东西"。那"地下工作者"向舅父要铁路运输情报,他都办了。就这样参加了"国际问题研究所"。到日本投降之后,国共两党对立的形势明朗化了。那"地下工作者"就开始来接收房子,包括舅父和我家的房子。为房子他和那"地下工作者"吵起来闹翻了。此外,按他本人的认罪书,其主要罪行就是在铁路线上向铁路工人讲过一次铁路是会通车的,因为共产党是会被"国军"打败的。就是这,他被判刑十二年!我们全家自他被捕之日起,再没和他见过一面,至今不知他死活如何。

就是这样一个普通的国民党政府里的公务员,因分不清国共两党,而构成了滔天大罪。这时我已经开始感觉到这案子判得偏重了。我从小认识他,他糊里糊涂,只知道按上司指示办公文,脑子里实在缺少"阶级斗争"那根弦。但是,我们却把一切在国民党区和沦陷区的普通百姓都看成了"阶级斗争"的自觉参加者!

接着是"三反五反运动"。反对资本家偷税漏税,我本来是双手赞成的;反贪污我也拥护。可是,不久就规定了每个单位贪污分子的比例,即每单位必须打出百分之五。当时我在《中国青年》杂志社当总编辑,我们那刊物总共只有十四五个人,都是青年。大的二十几岁,小的才十七八岁。除了管一点微乎其微的每期稿费(这稿费还是按期由共青团中央总务处造册具领的),别的什么钱也没有,真正是个清水衙门。可是不行,中央文件下来了,于是没办法,我们只好查。一个才十九岁的小姑娘王岗凌,天天打算盘算自己的账,急得人都瘦脱了形。青年编辑丁磐石,写过《思想改造性急不得》这样卓有见地的文章,却因为在交本月小组党费的时候自己忘了带钱,马马虎虎把别人的五角钱写在自己名下,就成了"老虎"。我翻来覆去和他谈,叫他交代。他记也记不清自己到底是写了五角还是三角,我就在这几角钱的问题上穷追,我说钱多钱少不在乎,贪污的罪行是一样,叫他深挖思想动机。弄得他多日失眠,正在和他恋爱的女孩子秦式也要跟他"吹"了。后来总算收场收得较早,秘书长荣高棠认为丁磐石这一"案"算不了什么。杨述亲自去说服了秦式,此事才算了结。这只能算是个小小的前奏曲。而我,实在是从这时开始,由被整者变成了整人者,我也继承了那个专以整人为正确、为"党的利益"的恶劣做法。这是我应当忏悔的第一件事,所以记在这里。

接着就是肃反运动和"清理中内层"。最奇怪的是那"肃反"的做法,即:并没有发现本单位任何人有什么参加反革命活动的线索,只是叫每一个干部都详详细细向全体同志背一遍自己的历史,大家侧耳倾听。用鸡蛋里挑骨头的方法,挑出他叙述中的破绽,随即"打开突破口",进行追问。问得他越说越不圆,然后据此定为重点,这就把"反革命"找出来了!这办法说来真是滑天下之大稽,但是当时的确是这么干的。我那一年(1955年吧)在《文艺学习》编辑部,记得我亲手整过的有朱涵,至今我连想都想不起他究竟有什么重大可疑的历史了。还有一个毛宪文,是因为他的舅父曾在他上中学时替他填过一张参加三青团的登记表,于是我们就使劲轮番审问他。他硬说是实在没有参加,于是又被认为顽抗。到最后呢,还亏了黄秋耘同志细心,他说那张表上把毛宪文父亲的名字都写错了,这能是他自己写的吗?这才核笔迹,对指纹,证明了那张表不过是他舅父为了向上报账(发展了多少团员)而替他填的。可是,像这样的事情,在当时恐怕发生过成千上万件。国民党以发展党员越多为越好,经常下令某校全体教师参加国民党,全体学生参加三青团,用不着他们替党和团做什么工作。而共产党呢,则把这些人统统视为国民党的死党,共产党的仇敌,务必把他们统统清除批斗而后快。"左"的做法实在害人。

　　还有一个重点对象是冯光。这一位就被我们监管了好几个月,从早到夜有人跟着她。而她的罪行呢?是她在背历史中背出来的:她因为想抗战,投考过"战时干部训练团"。进去后只是演过戏,没干过别的。出来后到一家小报当过编辑,未发表什么反动言论。这一说可不行了。我们根据各人对于国民党的零星片断认识纷纷进行追问:"战干团"是特务组织,你怎么说只演过戏?你说的报不是进步报纸,不发表反共言论是不可能的,等等等等。反正,她就因此变成了重大反革命嫌疑犯,上报中宣部干部处审查。后来呢,经过复查,所有论据都很不充分,予以撤销。我向她口头道了歉。而当时有些和我一样干这种工作的干部,因为向人道歉还极为不满,说我们那么干是积极为革命的,不应道歉。我现在想来,道歉是实在应该的。岂止道歉,应当深深挖掘自己那样胡来的思想根源,不说挖到哪里去,也应该挖啊！没有挖,使我们虽然道过一次歉,下次接着又犯错误。

接着是批《武训传》、批胡风和因《红楼梦》而批判俞平伯、冯雪峰的运动。以前几个运动也大半涉及知识分子,这回就专门向知识分子开刀了。给我印象最深的是《红楼梦》的事情。当时我怎样也弄不懂这是怎么一回事,为什么要这样大张旗鼓。李希凡和蓝翎批评俞平伯的文章,我看见了。按我当时的"马列主义水平"来说,我不但是完全赞成的,而且也是完全讲得出、写得出来,那是极其平常的马列主义初学者对于一个老"红学家"的看法嘛！我相信一般青年党员都全那么看,贾宝玉当然代表个性解放的思想,林黛玉当然与他志同道合,薛宝钗自然属于抨击对象。这何消说得！冯雪峰决不可能连这一点起码常识也不懂。他在登出李、蓝二位的文章时,肯定了他们方向基本正确,说过一句他们"论点显然还欠周密",无非像是自己家里的娃娃在外边骂了别的老年人,自己为了面子关系(统战关系)总要出来说自己的孩子两句。俞平伯的说法,那种琐碎的考证,完全不符我们当时的"马列主义"习惯,本是不言而喻的。可是,他的文章却颇给我们这些长期浸淫于自造的"马列主义"大潮中的人们一点新奇之感,至少可以娱耳目悦心性吧,害处也不会大。——说真格的,谁不会用那点简单的马列主义"批判"他？我也会！我所想不到的是因为这篇批判文章,竟掀起了那样一场全国性的大运动,把俞平伯说成是不可侵犯的学术权威！有谁这样承认过？说冯雪峰是完全拜倒在俞平伯脚下。(梦想不到！冯雪峰是作协副主席,党内文艺元老。俞平伯何许人？不是解放初期人人知道的改造对象吗？)甚至还要冯雪峰写了自称有"犯罪感"的检讨。随后上边又定调子,说李希凡、蓝翎写这篇文章是无比勇敢的英雄行为,别人谁也看不到,谁也写不出。这些,我当时就感到,真不符合事实啊!但是原因是想不出来的。我只觉得李、蓝两位真是运气好。他们二位只是把这人人都能看到、人人都写得出的问题写了一下。别人之所以不写,有的是觉得俞平伯反正是资产阶级人物,不值得跟他讲马列主义。有的人是觉得俞的著作只是解放前留下来的几个小册子,如宝玉爱喝汤之类,并非在解放后向共产党大张旗鼓地挑战,何必那样对待人家?他两位年轻,不考虑这些因素,写篇文章一碰,一下子就成了名。真碰巧,运气好!

接着是批《武训传》,捎带《清宫秘史》,接着是批胡适。批胡适,我基本上没有参加,无多可记。批《武训传》,就是由我在共青团中央的邻居杨耳(许立群)写的文章。他写那文章时,真的只是作为一篇一般的电影评论写的,就觉得那片子吹武训吹得太高,好像那样行乞设教就能推翻封建统治似的,也违反马列主义常识。他写了投了稿,万想不到一登出来竟变成大事。什么"大官不言则小官言之"(毛泽东语)啦,由江青把他找到中南海亲自接见啦,全国铺开地大闹腾。好像是全国的文化界都在支持《武训传》。起码是杨耳本人,本来是一篇随便写的小文章,闹成轩然大波,之后江青老找杨耳,要他写这个抓那个,他实在感到不堪其扰,曾对我们当面说过。

尤其令人想不通的是附带打击《清宫秘史》,说是"卖国主义的影片"。这个,我就感到更与前两个问题不同了,这不是马列主义常识问题,而是违反马列主义历史唯物主义的提法了。以光绪帝与慈禧来比,谁是开明的谁是守旧的?以戊戌六君子与荣禄比,谁是爱国的谁是卖国的?这不是我们在中学念历史时就知道的吗？马列主义总不能违反历史吧。那时候我们还很尊敬苏联，学苏联。苏联不也肯定库图佐夫甚至肯定彼得大帝吗？骂戊戌变法是卖国主义，当时我实在无法想通。但是，这句话终归是附带骂的，我就马虎过去了。而且，我由十几岁时培养起来的对党忠诚，十分牢固。又是刚开国不久，那一片万象更新的气象掩盖了一切，我就没有再深思了。后来由于习惯地接受上边一切"布置"，我也就习惯地接受了这个我实在没有想通的小小一句话。一句话算得了什么！我的脑子自此不大受自己支配。换一句话说，变"僵化"了。

还有一件肃反中的故事，那实在是冤枉了人，我是一直到1985年才觉悟的。杨述有一位堂兄，叫杨肆。年轻时数学极好，研究出一种破译密码的技术。抗战初期，他原在国民政府交通部工作。后来抗战展开，他到武汉，碰见杨述和他们这一大家子弟妹——全是救亡青年。他说，想跟大家一起去延安。想积极为党做贡献的杨述，当即把这件事秘密报告了住在八路军办事处的李克农（中央调查部的），问共产党需不需要这种人才。李克农当即表示："好呀。叫他打到国民党里边去，把破译到的情报交给我们。不要他上延安。"于是，李克农亲自秘密召见了这个人，布置了任务，而且决定把他发展为共产党员。这个人就此加入了军统局戴笠系统，秘密为共产党搞情报，如此一干数年，一直升到少将，戴笠始终没有发现他的秘密活动。和他联系的共产党人，只有当时八路军驻重庆办事处长周怡一个。这样的单线联系，在周怡被调往延安之后就中断了。他失去了关系，在那个特务系统里继续做破译日本电码工作。至解放前夕，他忍受不了，脱离了那系统，刚一解放就跑来北京找关系。周怡已死,杨述把这人又来的事情报告了李克农。李克农当即同意由军委技术部录用他,而且交代过:"可重新入党。"可是没过多久,肃反运动一起来,忽然听说他以反革命罪被捕。我们简直诧异万分。是怎么回事?后来,他又被定成战犯,被拘押在徐州战犯集中营里许多年。释放回上海,无事可干,只好到副食品商店当售货员。他们技术部调查部,都是共产党内的绝密部门,外人无从打听,更无从过问。这时杨述和我就分析:此中必有特殊机密,那种部门既肯录用他,忽又拘捕他,一定是发现了他什么不可告人的坏事。他一向置身于戴笠系统,又脱离组织那么多年。有一度他到我婆婆(他的婶母)那里去,曾有特务跟踪过。后来他回重庆又没事了。于是我们分析:可能是戴笠方面发现了他和共产党有关系,所以才来盯梢;后来又能解脱开,准是他叛变投降,把党的事情向戴笠交代了。这事我党过去不知道,大概到建国后组织上才调查清楚。这可是件神秘而又机要的大案子!这样越分析越像,我们始终对这种推理相信不疑,因此到杨述去世为止,我们一直对他冷冷的,也是这个缘故,他来北京,也不热心招待他。

  1984年初夏我为了改小说去上海,小说的背景牵涉到我婆婆那段生活,于是我去访问他,问他那次到我婆婆家的事。他很坦率地说:是国民党特务系统里两派之争,两派都想要他。后来他赶回重庆面见戴笠,戴笠一句话就把这事解开了。我一听,已经有点感到他的事未必如我们过去的推测。此时潘汉年、杨帆等几个"铁证如山"的案子已经证明全属子虚,我心中既无把握,也便怀着疑问告辞。

  更没有想到的是,1985年春,他的结论来了。那个结论本身很不公道(承认了他在李克农领导下做过地下工作,同时却又说他身份是国民党军官,按投降起义论),且不去说,最令我吃惊的是,全部结论没有一句是说他干过什么坏事或出卖党的机密的罪行,他的全部罪状只是在国民党内所任的各级职务,别的什么也没有!没有神秘,没有机要!他们逮捕他只是因为他是一个国民党的少将!看来肯定是那一年搞镇反和肃反运动,凡够"职务线"的一律或审查或拘捕,就这么糊里糊涂让他坐了这么些年牢!

我觉得最惭愧、最对不起人的是我们那时那种分析,以及由于那种错误分析而对他采取的冷淡态度。全错了!认友为敌,眼睛全瞎。毛病出就出在对"组织上"的深信不疑。我也跟着对一个遭冤枉的人采取了打击迫害的态度。更觉得遗憾万分的是,杨述至死也不知道,年轻时曾影响过他的堂兄并未犯罪。他从前是对我讲过的,最早给他进步书籍看的,就是这个在上海上大学,回乡度暑假的四哥。他热心介绍四哥去参加革命,但到最后却完全相信了哥哥就是坏人。悲剧!无可挽回的悲剧!这悲剧,当然得由我们俩自己负一部分责,可是,能完全由我们负责吗?

我心里难过极了。这是一种什么样的"斗争哲学"?把家人父子弄到如此程度,把人的心伤到如此程度!

我曾相信"反胡风运动"

"反胡风运动",是从作家协会开始的。那时我正在作家协会,而且参加党组。周扬对于胡风确实不满意,这是我听得出来的。说他是个小宗派,说他想办同人刊物,不愿被领导。对于他的那个"万言书",更是极为生气,说要把它印出来随《文艺报》附送,让文艺界大家评评理。但是,要把胡风连同下面的青年都打成反革命分子,则实在没有听到周扬说过。

我看过胡风一派的一些作品,例如《洼地上的战役》,还比较喜欢,但是对于他们特别喜欢描写人的疯狂性,就不大看得惯了。就像邵荃麟说的,"他们专爱写精神奴役创伤那种味儿"。但是,谁喜欢什么味儿,绝对拉不到反革命上去。这样做是谁也想不到的。

早年,我从书上得知鲁迅和周扬在左联取消与否的问题上意见不一。取消左联是党中央的意见,这一点我早在北平"社联"时就知道。这就是说,在这个问题上,鲁迅加上胡风,和党中央意见不一,而周扬是按中央意见办的。在此可以说周扬对,胡风不对。可是这个问题也拉不上反革命啊,鲁迅又不是反革命。

至于"万言书",我们青年干部都看得出来,那更是笑话。明明所有文艺方针都由中宣部一手包办。这个"万言书",说的是反对一切对文艺的管制,却又说一切应决定于中宣部。这岂不是矛盾?

这些都构不成反革命,问题出在他们那些朋友来往的信件上面。他们当然很不满周扬领导下的文艺干部,称之为"马褂",也不满对延安文艺座谈会讲话的崇奉,称之为"图腾"。但不满也只是不满。令人不解的是,信中提到蒋介石时,引述他的言论采用的是肯定口气,但是又看得出这与这些人平日的言行完全矛盾。

周扬将这些信交上去了。不料立即有毛主席亲笔批示下来,宣布胡风们完全是拥护蒋介石的,是一个反革命集团,其信中内容与国民党报纸上的社会新闻毫无二致。

当时我们全都震骇到了极点。"反革命"!这可不同于对俞平伯等人的思想批判,这是政治上的定性。当时我想,中央再怎么也不会在这样的大问题上冤枉人。那么,"胡风反革命集团"真的是反革命了!至于他们在解放前确实做过进步的工作,胡风的《密云期风习小记》和他编的《七月》确曾影响过我,我就没有脑筋去想这个了。我只觉得这些人怎么坏得这样出奇,怎么能隐藏得这样深!连将材料交上去的周扬,也在讨论会上声称真想不到胡风集团根本就是反革命!

然后就是接二连三的"胡风分子"被发现出来了。首先当然是阿垅、路翎这些知名人士,接着轮到那批信上有名字的王元化、刘雪苇、牛汉、绿原,再下面轮到与胡风有来往的多年的老党员、老干部彭柏山、曾卓、鲁煤,再再下面就波及到几乎一切认识胡风的人了。

我在作家协会编《文艺学习》。编辑部有一个青年编辑叫冯大海,是个党员,天津南开大学毕业。本来我们完全没有怀疑他有什么问题,忽然有一天,作协副秘书长张僖来找我,给我看一张条子。原来,天津又发现了新的胡风分子,叫李离,这个人同冯大海有来往,叫我们赶快查。于是我和黄秋耘同志两人把冯大海叫了来,问他是否认识胡风,有无来往。他回答经人介绍认识的,他很佩服胡风讲的现实主义,认为我们当时的文艺方针有机械论,所以去过胡风处两趟。后来胡风叫他如在作协听到什么就去告诉他一声,他也感到这话很别扭。他除了去说过一次我(韦君宜)的动态外,再没说过什么。而且在胡风家门口碰见徐放和绿原藏藏躲躲的,他也感到别扭。此后就再没有去了。

就是这点"材料"!但是当时的我,却如获至宝,以为这也算胡风集团反革命活动的蛛丝马迹了。不是吗?如果不反革命,何必要打听别人的动态?如果不反革命,又何必在门口藏藏躲躲?于是我动手写了一个"汇报",与黄秋耘联名递了上去。后来还曾派我们的"亲信"李兴华去天津侦察(他原是公安部队的人)。冯大海案就成了我们编辑部的重点要案,他也同时被列在作协的胡风集团名单上。

除了冯大海之外,还挖出一个严望,这人只是作协一个打打电话,管管事务的秘书。又挖出一个束沛德,这个人年轻老实,是各级领导从周扬到张僖都信任的人,一直让他在主席团和党组开会时列席当记录。忽然,据说主席团里开会的秘密被走漏了,于是一下子闹得风声鹤唳,每个人都成了被怀疑者。最后查出来原来是他!这样"密探束沛德"的帽子就扣上了,记录当然不能再当。人们在大楼拐角的那间仅可容膝的小屋里,为他放了个小桌子,叫他天天在那里写检查。而且好像还规定他必须开着门写。因为我每次路过都见门是开着的,他背对着门伏案而书。

冯大海是"坐探",已公布于全编辑部。我和黄秋耘一起到他家审讯了两次,也审不出什么新花样来。后来,就由公安部决定出示逮捕证,"隔离反省"了。所谓隔离反省,就是监禁在我们编辑部旁边的一间黑屋子里,有一个公务员看守着他。虽然他明明离我们只有几米远,但我们却从来见不着他。偶然有一两次,他由那个公务员押解着去上厕所,在甬道上被我们看见了。这个原来壮实高大的人,此时已经变得躬腰驼背,面色灰暗,只知目不斜视地低头走路了。他完全成了一个囚徒!后来我才知道,原来被派去看守他的那个公务员是有肺病的,每天和他在一起,硬是把肺病传染给了他!他的牢狱生活足足过了一年多。最后是妻子离婚,本人放出之后"工作"了没有几天就赶上反右派。随后,他又和"右派分子"们一路下去劳动了。

最后,几乎大大小小的"胡风分子"都经过公安部逮捕审讯,并判刑。冯大海除对我和黄秋耘最初讲的那一番话外,实际上找不出什么"罪行",所以算判得最轻的,只判了个开除党籍留用(牛汉大约也是)。他被放出来,又回到了编辑部。当时我们编辑部参加结案的是黄秋耘,我不了解细情。但是我看得出这里面实在没有多少真赃实证。而我自己对他进行了多少追逼,写了多少"汇报"啊!不知不觉地,我心里那点人道主义的老毛病又犯了。当然,我还不敢想这案子是否错了,只是觉得,即使参加了集团,但没有多少具体罪行,如此处罚,未免太重。

我还不知道原来根本就没有这么一个反革命集团。

反胡风运动被说得最确凿有据的是国民党军统局特务绿原,他是"胡风反革命集团"与蒋帮特务联系的主要渠道。而他的事情是怎么回事呢?即使是当时的材料也表明,他只不过是作为一个向往抗战的青年,在重庆报名参加过一个抗战训练班。进去之后发现这是一个特务训练班,赶忙想办法逃脱了。直到1964年,绿原才从公安部放了出来。公安部交代我们,他还是个"胡风分子"。原单位中宣部不能要他了,分配给人民文学出版社,林默涵把他交代给我时只说了一句"他这两年学习德文,可以搞点翻译",别的什么也没有讲。我是出版社负责人,而这个绿原的所谓特务问题,没有一个人向我做过一句交代。他没有罪,我更无从知道。

绿原到人民文学出版社,敲门进来时就说,林默涵要他来找我。我只能从他本人的事说起。我开口说:"你的事,我一点也不知道,只知道报上登的,你进了中美合作所的事……"他听了这句话,脸色立刻就变了,说:"怎么你现在连这个都不知道?"他没有解释是什么事,我也无从知道,不过看得出,他对我的话很反感,而且否认。我说不下去了,只是讲:"你到我们这里来,我们对你的情况不了解,你就去编译所工作吧。"关于他的事,我根本没有和他谈下去,但我已经有点明白,绿原进中美合作所的事大概是冤枉的。

后来我问过楼适夷,绿原到底是不是参加过特务组织?楼适夷说:"大约是他在大学时报名参加了一个抗战训练班,是中美合作所办的,他后来偷着逃跑了。"几时跑的,适夷也不知道。

这就是当时没有任何人对我说过,我自己打听来的一丁点实际情况。因为当时"反右"已经好几年了,知识分子被冤枉的人已经很多很多了,我就把绿原看做与许多被冤枉划为右派的人一样,因为文字,因为思想右倾,也受了冤枉。我就根本没有想到他会比许多被划为右派的人更冤枉。直到1991年,我看到绿原写的文章,这才知道,当年他根本没有进过那个中美合作所。他在大学的名字是周树凡,而不是绿原,和所谓的美蒋特务根本没有任何关系。而他被诬为美蒋特务,完全是一个只知其现名的人看材料时,信手加上去的帽子。

被视为铁证如山的另一件事,是他们通信中引用了蒋介石讲话等。信是用蒋介石的语气说的,是他要消灭共产党的计划。这看来倒像是反共语言。但是后来文艺界下面传说,大家都知道的,那实际上是当时这群进步青年的通讯暗号,用这种话来逃避国民党官员的书信检查,是反话!用什么作证明呢?用他们自己革命的行动。但是,到了别人手里,哪管你什么行动、什么证明?看见了那几句蒋介石的话,那就是铁证。

整个胡风冤案,对于我们每个人说来,都是完全想不到的,因为全部案情都是子虚乌有。这些都是在我一直到1989年看了别人记载胡风的事情,看了绿原的自述,才知道的。甚至在公安部已经查明所谓渣滓洞轮训班确系错案之后,绿原还不能公开平反!也没有人公布真实的材料!当年把这样的胡说八道当做中央文件,大字刊载在全国报纸上,公布于全国。而现在,像我们这些文艺系统的人,只能从杂志上看到当时的一点点真相。

在一般知识分子以至文艺界同志的心目中,反胡风运动没有像反右派运动那样大的影响。这一方面是因为它涉及的人少,没有像反右派运动那样波及全国一切机关单位;另一方面是由于大家不明内情。见党中央公布材料,说胡风集团就是与蒋介石有勾结的反革命集团,大家谁也不怀疑,在这个前提下,人们全被蒙蔽了。我记得当胡风集团罪状公布之后,严文井同志曾和我议论说:"真想不到严望竟会是一个反革命坐探!我以为他只不过是个打打电话发发文件的办事员,可真是有眼不识泰山了。"对于好些"胡风分子",大家的议论都类似,都是"想不到"。一点蛛丝马迹也没有!大家都埋怨自己眼光太钝,识别力太差。谁能想到所谓建国以来第一个反革命集团大案竟是这样的一场局面!这倒真正是一个"想不到"了。

我所见的"反右"风涛

接下来就是反对"丁陈反党集团"了。我在多次的党组会上,已经看出丁玲与周扬之间的分歧,也知道了他们的分歧是从三十年代开始的。但是老实说,经过了这几年,我对于文坛的这些是非已经不像初来时那样天真了。我想反正我又不知道你们过去争些什么,我最好是不介入。从人来说,我对周扬是较有好感的。因为他不摆架子,对待我这样的年轻干部也很亲切,而丁玲则有一点傲气。不过,我不想对他们过去的是非作评判。这句话,我对郭小川(当时的作协秘书长)说过。他说,他也跟我有同感。我们这些年轻了十好几岁的人,哪里会对他们的那些老豆腐账那么感兴趣呢?中宣部的文艺处长袁水拍有一次听我说了这种态度之后,也说:"是啊!他们这种纠纷,像滚雪球一样,越滚越大。"他的感觉也一样。

简直说不清丁玲、陈企霞怎么就会变成批判对象了。我只记得开始大概由于《文艺报》上登了一篇关于英雄问题的论文,陈企霞的观点与流行观点(实际就是苏联那一套一味歌颂英雄的观点)有所分歧,但是这怎么能扯到政治问题上去呢?他有一次在党组会上为此拍过桌子。还有一个李又然,说是他的宿舍里张挂着许多裸体画,是道德败坏。我并没有去看过,但听艾青说:那是西方美术作品!若果真如此,以作家协会来提出这种"罪状"来,真是可耻透了!对丁玲则是旧话重提,批判她过去的作品如《三八节有感》之类。又说她近两年的作品全是以个人为中心,每篇散文都离不了个"我"。总之,我根本就记不得他们有什么突出的罪状。当时主持批斗会组织工作的黄××,后来还在"文革"中间专门写了一本纪实小说,记载反"丁陈集团"的详细经过。她是把这个斗争当丰功伟绩来写的。我想这本稿子倒实在应该保留下来,作为历史的见证。可惜那是在"文革"中间,我尚无这样的历史眼光。一听到有这样的来稿,只知气愤,立即摇头,以"真人真事不好写"作为理由,叫编辑部把它退掉了。

在宝珠胡同妇联礼堂开过二十几次批判会,每人都得发言。我也不记得自己发了些什么言,忙了一阵,把他们几个定成反党集团;可还未完全定案,忽然又来平反。中宣部新来的秘书长李之琏主持其事,与作协新来的杨雨民配合。他们找当时的发言人一一谈话,要求订正原来的发言,于是这件事看起来又要消解了。

就在反右派斗争发动的前些天,党中央再三动员大家"大鸣大放,帮助党整风"。那几天我恰好到河北平山农村去,度不到两星期的"创作假",所以详情并不知道。但是,那一段我的被别人左右的头脑已经开始有点变化。不能不说赫鲁晓夫在苏共二十大的秘密报告对我有很大震撼。这个报告我听过两次传达,一次在北京市委,一次在作家协会,都参加了讨论。在北京市委的讨论会上,我亲耳听见彭真说:"这个报告一出,斯大林一死,全世界的共产党员自由思想了。"我还在这里听到了市委的负责干部们议论:毛泽东主席说那次斯大林强迫中国出兵抗美援朝,使他一肚子气;还有以前斯大林和蒋介石订中苏友好条约,是两肚子气。看起来毛泽东主席对于斯大林的唯我独尊也是很不满意的。

但是当时我不懂得这一切。我积极去组织关于《组织部新来的青年人》的讨论,以为这是按毛主席党中央的意见行事的,是反官僚主义。我读了刘宾雁的《本报内部消息》,读了黄秋耘的《锈损灵魂的悲剧》,真使我的灵魂震动。我在市委的讨论会上发言说:"我是党员,我听党的话。既然斯大林犯了这样大的罪恶,对不起党和人民,尽管过去我非常相信他,现在我就不相信他了。"在作协的讨论会上我们惊讶地讨论,怎么可能对伏罗希洛夫安装窃听器?怎么可能那样对待党的中央委员?然后我们还傻瓜似的这样庆幸,幸亏中国党内没有出过这样的事情!

我从平山回来之后,编辑部的李兴华他们就围着我叫:"现在形势可太好了!可大不一样了!"他们正在忙着组织《组织部新来的青年人》的讨论,把赞成和反对的两派意见都登出来,但显然是偏向于赞成的一面。这时作家协会正在开鸣放会,我参加了一两次,听到李又然、丁玲、唐因、唐达成他们的发言,大致是对前一阶段(鸣放以前)那样整他们、批他们,把《文艺报》当一个贼窝来追查,很有意见。我在这会上冒冒失失发了一次言。我本人并没有受到任何打击,所以那次发言纯属"打抱不平"性质的。我说:听到有些人说,在这里不敢讲话,为什么不敢讲呢?应该让他们讲。不管是丁、陈,还是周、刘(周扬和刘白羽),应当有同等的发言权。让他们都讲嘛!

但是我这次"跳出来",却引起了当时作协领导的注意。他们以为我是偏袒丁、陈的。加以我在下乡时候因为看见那里的乡村公共汽车对于乘客是那样不负责任,写了一篇短文,凑巧又登在即将被划为右派的彭子冈所编的《旅行家》上,再加上我编的《文艺学习》发表了那些关于《组织部新来的青年人》的讨论,后来作协就决定开会批判我了。把我和黄秋耘两人一起来进行批判,还在《人民日报》发过一个消息。

那一阶段,作协的其他工作均已停摆,天天开批斗会,当然,其中规模最大的是批丁玲、陈企霞的,后来又加上了冯雪峰,而且冯雪峰占了主导地位。那个会批的究竟是什么呢?其中给人印象最深的一件事大概是陈企霞同他的情人周×的秘密通信。他是有妻子的,跟情人通信当然是保守秘密。结果,这就被批判成是他的反革命秘密暗号。再一件是丁玲的历史问题,她怎么从南京国民党的监视下出走的?还有一件是冯雪峰在抗战开始后,曾因在上海工作上的不愉快而离开,回到浙江,这事算不算政治问题?总之,这些即使都可算数吧,显然也与他们政治上是否为右派毫无关系。但是,在那个批斗会上,硬是一顶一顶"反党"、"反社会主义"的帽子从天而降。他们本人自然毫无置喙余地。就连别的人,在会议上辩驳一两句都完全不可能。记得有一位作协干部陈××,与我们《文艺学习》编辑部本来素无组织关系,忽然站起来"揭发"道:"《文艺学习》编辑部还要发展反革命分子李××入党!"这个李××原是国民党里一个校官,由我们的解放军部队转业来的,全编辑部都知道。我们支部从来没有讨论过要他入党,也没有一个人提过介绍他入党。我当即起立解释:"没有这回事。"不料立即引起主持会议者的严词制止:"别人提意见,要回去好好检查,不要反驳!"于是一片喧嚷把我压了下去。——这里,根本不允许有任何申辩,不论有理无理。

此外还开了好多人的批判会。记得批秦兆阳,是说他那篇《现实主义广阔的道路》目的在于暴露社会主义的阴暗面。批唐祈的理由,是说他讲了我们的有些批判捕风捉影。"捕风捉影有什么不好? 总是你有风可捕,有影可捉啊!"……诸如此类,不胜枚举。作家协会总共不过二百人,右派划了五十多个,"踩线"的还不算。但是,这也不足为奇,当时全国哪个单位不是如此? 刘宾雁、王蒙、邓友梅……与我们编辑部有点关系的作家都成了右派。我决不是埋怨那些经手划人右派的人,他们中有的人的确也想尽办法保护下几个人。但是这一场狂潮是从上而下铺天盖地砸下来的。我知道,自己很有划成右派的可能。我回家把此事告诉了杨述,他便转告了蒋南翔(我的入党介绍人)。蒋南翔打了个电话给胡乔木,说:"你把韦君宜调到作协,现在她快要划成右派了,要开批斗会了,你管不管?"胡乔木打了个电话给刘白羽,说我大约尚非右派。同时,杨述把这事也报告了彭真(我是个"一二·九"干部,彭真知道)。我大概就是这样才得幸免的。不过批斗会还是要开,要我一面挨批斗,一面在编辑部主持工作,继续发批判稿批别人。

难道我能够不批别人吗? 不能。也得批。李又然的妻子刘蕊华在我们编辑部工作,别人贴她的大字报:"警告刘蕊华,休想往边滑。"我明知这完全是无理株连,也只好睁只眼闭只眼。由于李兴华和陈企霞的关系,作协领导硬要把他划成右派,我虽然代为打过一点掩护(我说我们编辑部没有与丁、陈有关系的人),但是没法帮助他。最后,只好由我亲口向他传达把他划为右派的决定。这件事使我的心深深受伤。还有一个杨觉案,更加荒唐。因为他的妻子潘漪回乡养病,他去探视。碰见了那个村因为与邻村合成一个高级社,吃亏太大,一个穷村一个富村,分配太不公平。他们写了封信,请杨觉带到河北省委代为告状,要求仍然分开核算。结果那位高级社社长就来信到作协,说杨觉煽动分社,是破坏合作化。作协正在找右派找得眼红,发现了这个"破坏合作化"的,便要把杨觉也算上。我当时已经泥菩萨过河,自身难保,但我还尽力提了一个意见:派人下去调查一下再定。结果派了一个从未下过乡的年轻女同志。她去了一趟,把那位高级社社长的全部谈话都记下来,而对于对方一点也没调查,就回来了,说那位张社长是怎样怎样的高风格,是一心为了合作化,所以杨觉非划右派不可。叫我还有什么办法呢?只能勉勉强强同意把他划上了。到1961年,杨觉提出申诉。恰好这时他的妻子潘漪在我所在单位——人民文学出版社,这时我已经是社领导,便想做一点好事,使自己的心灵得以平安。我去和作协张僖联系,共同受理此案。然后由我社派人去重新调查。我选派了曾长期做农村工作的人事科长刘子玉同志,加一个年轻精干的何启治,一同前往。他们调查的结果,果然与那位女同志的调查不同,两面的话都听了,连县委认为那件事情本来不必要那样大搞的意见也取到了。然后我们在作协开会,把当年处理此案的人都请来。除了那位女同志仍然坚持必须划右派外,别人都说可考虑。看起来案子有可能扭转了。——但是谁也想不到,中央突然通知,凡划右派者,申诉要求翻案,一律不得受理。也就是一律不许甄别平反。全部的努力又都成空了。也就是说,当初各单位乱戳乱点的,甚至乱凑数字的这些"右派"、"敌对分子",竟然连重新翻阅一下档案,看一看轻重,都不允许!这一手比以前划反革命、肃反、镇反、三反五反,都还要厉害。那都还是允许甄别的啊!

我在"反右"运动中间也干了些违背良心,亦即违背党性的事。我甚至写过违心之论的文章。黄秋耘同志的《不要在人民疾苦面前闭上眼睛》、《锈损灵魂的悲剧》,都被中宣部点名批判。他是《文艺学习》的人,《文艺学习》必须表态。我竟然执笔去写批判他的文章!在这一段,我和他是患难与共的。两人一起受批判,又每天相对秘密诉说无法告人的苦闷和愤懑。这种文章我怎么能写!但是我居然写了,我胡说八道了一番,署名"朱慕光",写完便交给秋耘自己看。他看了只笑一笑,说:"叫余向光更好,表示你向往光明,不曾看见人民疾苦啊。"

但是,他也还是比较侥幸的,由于邵荃麟同志的力保,竟然免划右派,只弄了个留党察看了事。还有许多人,虽然有人设法保护,也没能保下来。例如陈涌,据说对他就在中宣部的会议上展开了争论。何其芳说:"不能划陈涌。如果陈涌该划,那黄秋耘也该划。"天!这已经到了人和人互相用嘴咬以维持生存的程度!还有个王蒙,杨述告诉我,在中宣部里讨论时,他和许立群二人力主不要划王蒙,与团市委负责干部争论,但中宣部最后"平衡"了一下,结果还是划上了。许多人二十几年的命运就是靠这样"平衡"决定的。你并不太坏,但是他的坏也并不超过你多少,他已经划成右派了,你怎么好不划呢?就用这种莫名其妙的"比较攀扯法",统治了当时整个中国的运动。盲目的、毫无法律根据的"中央精神",随时变化的"领导意图",就可以随便支配几十万人乃至几亿人的命运。在反右派运动中,我曾对秋耘同志说:"如果在'一二·九'的时候我知道是这样,我是不会来的。"不过,说是那么说,我们已经来了。那两年的实际情况是一面牢骚满腹,一面继续做"驯服工具",还在努力说服自己。只要气候上稍微转暖一点点,马上就欢欣鼓舞,全原谅了。

那时我最熟悉的两个单位,一个是作家协会,一个是共青团中央,也还熟悉北京市委。作家们的情况已如上述,团中央也把大批在解放前夕怀着一腔热情投奔解放区的青年干部划为右派,有刘宾雁、李凌、丁望、王亚生、陈野……还有更早的学生干部陈绪宗、陈模、李庚。刘宾雁是为了他的文章。我知道他那篇《本报内部消息》里所描写的那位到了中年就丧失了革命斗志的总编辑,就是陈绪宗。但是到头来,陈绪宗竟然也免不了划成右派。原因是他的妻子曾写匿名信对报社内某一同志攻击、不满。她攻击不对,最多只能说是个人行动不对,与反革命什么相干?但是,却定了她一个"反革命分子"。她的丈夫陈绪宗出来代为辩护,就此把他划成了右派,而且牵连到当年在延安"抢救"的事情。我知道,陈绪宗在延安时,曾因为无端被"抢救",跳山坡企图自杀过。那事情不是早过去了吗?

划陈模更是异想天开。他本人从未"右"过,这与我们《文艺学习》编辑部的李兴华很相似。此时却也成了右派。后来听团中央的人说,他曾对别人讲:杨述和我都是共青团做宣传工作的人才,不宜放走,放走是失策。这也成了他的"右派言论"。

至于丁望等人,全是昆明"一二·一"学生运动里的人才。作家协会有个杨犁,也是这一群里的。1948年我在晋察冀边区的平山县,参加冯文彬领导的土地改革工作团,人马基本上是从延安徒步行军到这里的干部,我们已经和外界隔绝十年了。突然,来了这么一批北平各大学的学生。他们都是"民青"(民主青年同盟盟员),有的还是党员,当时学生运动里的最活跃分子。他们搞的"反饥饿、反内战"活动,有力地支援了党所领导的人民解放战争。这时,多半是由于太"红"了,在北平存身不住,才被送来解放区的。因为是学生,由青委安排,冯文彬就都叫他们参加了土地改革工作团。那时我们多么高兴啊!他们把外边的新消息、把放言无忌的青年朝气又带了过来,使我们这些先来十年的学生恍如他乡遇故知,一见就和他们熟了。

他们会成了右派!而且不是一个,是大批地成了右派!划右派时他们都还最多不过三十岁。李凌等几个在团中央被划了,杨犁在作协被划了,"一二·九"运动的领导干部袁永熙在清华大学被划了。我并没有一一了解这些人的"案情"。那几乎是用不着问的。杨犁的妻子黎阳,原是在北京大学由杨犁领上革命道路的,人极幼稚、极单纯,真是人家说什么她都信。他们二人原来极其相爱,从两人取的名字都用同样的字互相颠倒,即可察知。但是到了这个时候,杨犁一被打进漩涡,这个单纯的姑娘竟立即宣布和他离了婚。她真的以为他是反党、反社会主义,他是罪人。离婚之后,她一个人跑到了山西。在那里,她按照那种把一切知识分子当成党的仇敌的哲学,与一个小学毕业的男同志结婚,一直过了二十几年。到1985年,这时杨犁早已改正,回到了北京。黎阳也因公来京。她和杨犁见了面,杨犁解释说明了当年他们对他的一切诬陷,黎阳才有所醒悟。但是,他们的头发都已经花白了,双方都已经另外结婚,一切都晚了!黎阳坐着公共汽车走她当年天天下班回家时所走的那条路,风物依稀，感慨诸多。她对我说起这件事时是含着泪的。

　　光是为此离婚的也非止一个。前述的袁永熙，妻子是国民党要人陈布雷的女儿陈琏。她曾经勇敢地背叛家庭，独自在北平贝满中学教书，参加共产党干革命，后来被捕，闹得国民党报纸都竞相登载。她有这样的勇气。但是到1957年，她却没有勇气去对抗当时如大山一样压下来的政治压力，她和袁永熙（"一二·九"运动的战友）离了婚，后来一直没有再结婚，独身，至"文化大革命"又遭批斗，终至自杀。

　　我所认识的"右派"中，地位高的有柳湜、王翰，也毫无例外，都是知识分子出身的老干部。1957年我和他们没有多少来往。直到1984年，王翰去世，他的妻子张清华来找我，要求帮着写传记，我才知道了他的生平。他是"一二·九"运动在上海的领导者，复旦大学毕业生。在上海领导"社联"时代，就主张不能以工农党员人数的多寡作为标准，来判断支部工作的优劣（这是可笑的标准！在这种标准推行下，有的被"发展"的工人党员竟不知道自己是党员）。在新四军他参加建立五师，开辟中原解放区。在五师时他任政治部副主任，为了给战士编文化课本教文化和使用大学生干部来做政治工作，当时就受到很多非议。后来在中央监察部任副部长，他主张学业务，主张在经济建设时期做监察工作必须自己懂得工业，知道工业工作的漏洞在哪里才能查得出是非来，还公开反对过唯成分论。就为这些，把一个功勋卓著的老干部打成右派，去当了十六年的铁工，劳动改造，不摘帽子。看了他的材料，实在使人觉得无理可言。如果是出身工农的干部，有王翰这样建立部队开辟根据地的功劳，怎么也不可能打成敌人吧。

倒是党的机关北京市委,右派反而划得少一些。市委宣传部只划了一个钟鸿,还实在是七拼八凑硬凑上的。这个钟鸿曾在我兼任市文委副书记时帮助我做过工作,所以常来我家,和杨述也熟,是一个温柔沉静的女子,黎锦熙先生的女儿。她文笔很好,我从来就没听到她发表过什么言论。那几天划右派的时候,我只见杨述天天往外单位跑,去开会、比较、定案。到最后,几位管机关支部的来找他汇报本部门要划的人,只听杨述说:"这样,不够吧?"另一个说:"唉,这也算可以了。再没有别人言论比她更重的了。"

原来,他们是因为一个单位如果一个不划,实难交代,是因为再找不着别人了,就这么"矬子里选将军"。我知道杨述确实不想划她,而又不能不划她,对这点我能理解。但我同时又看见他参加高校党委有关划右派的争论,一派主张多划学生少划教授,另一派主张多划教授少划学生,杨述是属于后一派的。他说:"年轻人犯错误该保护",这就算当时态度不错的了。他说:"傅鹰那样老骂街的都不划,还划学生?应当划傅鹰。"但是,他完全想不到,所有这些人,老的、少的,都不应该划,他们都不是敌人,都没有反社会主义。这时候,他任部长既久,已经变成以上级的思想为思想了,自己的一切思想只能在这个圈子里转,不能越雷池一步。他已经和绥德时代不同了,我们两个常常谈不到一起了。

这次反右派运动最后波及面到了推翻历年"统战"政策,乱打乱斗,很像"文化大革命"的预演。把台盟的主席谢雪红(实为台湾左派领袖)、云南起义的首领龙云、民盟的章乃器、罗隆基以及自己的老党员柳湜、王翰、沙文汉……全划上了。又是中央比地方更厉害,我看北京市委就比中央还好些。如果因建筑学思想不"正统"而屡遭批判的梁思成在中央,那早就把他划上了。但北京市委彭真为了他,多次召集会议研究,明确方针保护他过关。所以,我觉得有些民主党派人士讲:"大和尚的经是好的,被小和尚念歪了。"实非探本之论。有的小和尚越念越歪,有的小和尚还念得比原经好一点。

更重要的是,当年经手划右派的人谁都以为这又是一场运动,和过去"三反五反"之类差不多,过一段时间就会过去的,划上一个人,委屈他一下,以后就没事了。谁能料想就是这样裁定了一个人的一生?

而社会风气和干部作风呢?从这时候起唯唯诺诺、明哲保身、落井下石、损人利己等等极坏的作风开始风行。有这些坏作风的人,不但不受批斗,甚至还受表扬、受重用。骨鲠敢言之士全成了右派,这怎么能不发生后来的"文化大革命"!

我亲眼看见,一个人(姑隐其名)和别人一起负责编辑一个刊物,两个人是好朋友。一切定稿都是两人一起干的,另外那人写的文章发表以前都交这位看过。但当"反右"风潮一来,这个人竟出来揭发他的朋友,说那人如何如何写右派观点的文章,如何如何把别人的文章改得越"右"越好……于是,他的朋友划成了右派,而他,却从此青云得路,提升上去。还有一个人(也姑隐其名),平时在编辑部里显得颇为正直,发起议论来滔滔不绝,自命敢言。同事中有一个,这时正与"丁陈集团"沾了点边,怕出问题,十分苦闷。他们住同一宿舍。有一天这位同事顺便请这位"正直分子"小酌,和他谈心。而他竟在几天后,在编辑部开全体会时,把这位同事请他吃饭、"阴谋拉拢"的罪行揭发出来。他后来果然当了下放小组长,又在农村里见到那位已经划成右派的同事,把他是右派分子的秘密向农民宣布,根据就是那人在农村里吃了较好的咸菜,是不肯改造!这样的人,后来却越爬越高,而且不断造谣打击和他地位相同而行将提拔的人。

这类事情,后来在"文化大革命"中成百倍成千倍地翻版。我看起源实出于"反右"。正气下降,邪气上升。我自己明白,在我最困难的那一段,如果我把一切问题都推到黄秋耘同志身上,如上述某某人之所为,那我是可以被从轻发落的。但是,我心里的痛苦会达到最深度。我从少年起立志参加革命,立志变革旧世界,难道是为了这个?为了出卖人格以求取自己的"过关"?如果这样,我何必在这个地方挣这点嗟来之食?我不会听从父母之命远游美国,去当美籍华人学者?参加革命之后,竟使我时时面临是否还要做一个正直的人的选择。这使我对于"革命"的伤心远过于为个人命运的伤心。我悲痛失望,同时下决心不这样干,情愿同罪,断不卖友。在给我定罪(党内严重警告)之前,有一次作协开会讨论到一位反复无常的人(一会儿靠到丁、陈方面,说周、刘这边的坏话;一会儿又靠到周、刘方面,揭发丁、陈的"罪行"),我实在忍不住了,我说:"像那样的行为,你们就给予嘉奖吗?如果这样办,下回他又翻过去,你们将如之奈何?"这几句直率的话倒是使主持会议的刘白羽一再领首。他当然也会明白事情的确是这样,但是,按政策,他们还是不能苛求这样的人,这人仍然出任方面。而我,则紧接着就受了严重警告处分,下放农村。

刘白羽本人是作家,但是那一阵他在作家协会表现真厉害。在作家协会的一次全体大会上,他作报告说:"中国作家协会藏垢纳污,等于一个国民党的省政府!"而这个人又真奇怪,当散了会之后,你去单个拜访他,他会真的像一个作家一样,跟你谈什么作品呀、普希金呀。我记得有一次他问过我:"你青年时代最喜欢哪个作家?"我说我喜欢屠格涅夫,他写的那两代矛盾,青年一代的苦闷,叫我联想起自己。这时他就谈起来,说他自己从前最喜欢契诃夫,像那条狗木木,叫你永远忘不了,还有那篇《困》,哎呀怎么怎么困呀! 困死人了……他这么说着,好像与作报告意欲将别人置之死地的人,不是一个人。

他手下最得力的是一班女将,当时编制在作协的一班作家们,一听说她们,真是闻风丧胆。我记得那一次开全体会,由其中一位主持会议,她宣读划罗烽、白朗为右派的决定,那声音刚脆,森冷瘆人。简直使人觉得那声音本身就有杀伤力,每一句话就是一把刀。真可怕! 还有一位,用纤手指着一个老编辑,说:"就是要狠狠地整你!"那模样至今仍在我眼前。她们几位,都是只有中学程度(大约是初中)的干部,参加革命却都很早。在革命的学校里饱受党领导一切的教育,然后出来就在作家们中间做党的工作,俨然变成党的化身。但她们实在不懂文艺。(这并非贬低她们,当时的我,也比她们高得有限,我是后来几经挫折,才觉悟了这一点的。)于是,在从上边来的各种指令之下,由她们动手来搞这个运动那个运动,整人。而她们还觉得自己是在执行神圣任务。这些事情,能专怪她们吗?

在上边指挥的是周扬。后来,他对自己的所作所为确有悔悟。以前,把胡风打成反革命的责任也不能由他负。但是,那时候中央在文艺上的确是依靠他。文艺界"反右"运动基本结束后,曾以他的名义发表了一篇《文艺战线上的一场大辩论》,杀气腾腾,蛮不讲理,可谓登峰造极。发表的当时,我们都已知道,这文章是领导上亲手改过的,不全是周扬的手笔。直到1985年人民文学出版社编辑出版《周扬文集》的时候,张光年还出主意:"别把那篇文章收进去,那里边提的一些问题至今还很敏感。"周扬自己为这文章也曾在1983—1984年表示过:他不知道怎么处理。按说这是文学史中的重要文章,但若收入他的文集,他个人无法负责。除非逐段注明,哪里不是他自己写的。但这样办又不大好。以前,周扬还对我说过:他当时本不想划艾青为右派。

尽管如此,上边那时确实是把周扬当成可以随心所欲使用的将才,听老帅的话,指到哪里打到哪里。因此,在"反右"中,周扬的确干了很多错事。"文化大革命",江青把他打倒,翻脸不认人,才使他从一场大梦中醒过来。这是后话。

在"反右"中,我是沾上了,但尚非"主犯"。还得更多记录一些耳闻目睹的事情。

这次"反右"运动,波及达上百万人。究竟为什么要这样做?当时身受其苦的人都想不通。只觉得冤枉。我就再说几个我所亲见亲闻的人。

一个是王蒙。他本是头一个受到毛主席保护的人,并且使许多希望思想自由的知识分子都为之欢欣鼓舞。王蒙那篇《组织部新来的青年人》,说的是青年人要求改革共产党内组织部内的官僚主义、官风官气,当时就引起文艺界和共青团许多人的讨伐。奇怪的是毛主席竟为这个青年的作品仗义执言,说:"谁说北京没有官僚主义?"还说:"太守以上的官,都反对我。"大家欢喜极了。于是写文章说话的人纷纷涌出,真是空气为之一新。

万万想不到的是,5月13日(1957年)《人民日报》突然变调子一百八十度。原来是天天鼓吹要"放"、要"放"的,竟提出个"这是为什么"的问题。说现在人们在反对社会主义,反对共产党,你们反对官僚主义的人,都是心怀叵测,是资产阶级右派。这当然引起大批拥护毛主席主张的知识分子为之哗然。

王蒙那时才二十四岁,十五岁入的地下党,真正耿耿忠心。一下子成了反革命大目标。他在共青团市委,他们不好意思公然把毛主席保护过的《组织部新来的青年人》拿出来打,就另找口实。但是王蒙实在没有写过反党文章,无目标可找。于是他们就跟他谈话,日夜不休,要他狠挖思想。有没有写过宣扬资产阶级自由思想的文章,头脑里想过没有?对别人偶然提过没有?想出一点点,也要老实向党交代。年轻的王蒙,在这种苦逼诱供之下,拼命自己打自己,想自己有什么不符合党的方针的偶然动念。听人说,他说自己曾想到过,像英国的海德公园那样,谁有什么主张,都可以拉一个肥皂箱来,自己站上去任意发表,那有多么舒服,多么自由啊。他这个想法,其实从未实行过,自己既从未去讲过,也没劝别人去讲过。但是他已经供了出来,这就是资产阶级右派的铁证。像这样的例证有这么两三件,王蒙的右派就跑不掉了。同时,毛主席所仗义执言保护的人和作品,就此完全作废。这个青年作家就此开除党籍,先打发下乡,后发往边疆,达二十五年之久。成了"阳谋"的典型牺牲品。

到了1985年,我才得知葛佩琦的事。这个人的问题是在"阳谋"口号刚刚提出来时,在报纸上作为最狠毒凶恶的右派首先打击的。说是他曾在人民大学公然喊叫"要打共产党,要杀共产党"。这样的敌人不消灭他还等什么?这样的人存在,说明了反右派斗争的必要性。开始我也以为这人发了疯,真这么说,那是该批该斗了。但是后来偶然在一段报纸报道上,看见一段稍长的引文,原来他说的是:"共产党要为人民,如果共产党不为人民,那人们也可以打共产党,杀共产党。"那意思就完全不同了!说的是必须为人民,共产党不能高于人民。哪里是盲目地要杀共产党!可是宣传还是照旧宣传,没有一个人敢出头来为这个大右派鸣冤叫屈一句。我是不知其详,只在大批右派中,感到这姓葛的并无大罪而已。这样过了二十来年,不知此人下落。直到1985年,在纪念"一二·九"的会上,有人向我介绍一个老头子,说:"这就是葛佩琦。"他名声太大,我不由得怀着敬意说:"你就是那全国第一名大右派啊!你能来,太好了。"但是此人却低着头,"王顾左右而言他"去了。后来有人才告诉我,此人是我们清华的老校友,老党员!我回家查了旧《清华周刊》,果然发现了他的名字。这是一位资格比我更老的老党员。他只为说了一句人民很重要之类的话,毁掉了自己的大半生。直到胡耀邦同志逝世后,报纸开禁了三四天,登出亲赴胡家流涕吊唁的有这个葛佩琦,我才明白大约是胡耀邦亲自过问才救出了这位冤枉一生的第一号大右派!所有的人,包括我在内,都冤枉了他!

再一个储安平,也是全国知名的大右派。这个人的"罪行",简直就不用捏造,简单明确的一句:他说过共产党要"党天下"。这还不是反党?别的话都不用了。这种罪名,莫说外国人听了百思不得其解,就是一般尚未深受党的浸透骨髓教育的普通人,也会想不通:怎么"党天下"是正确的,攻击这句话就是"反党"!或者,共产党本来就以天下为己任,所以不许把天下与党二词连在一起？或者,共产党的天下本来非常民主,民主到不能再加一分,所以不能再说它"党天下",说了就是讽刺？反正不论怎么说,说了这么一句话即系十恶不赦的大罪,这种说法本身就使人看明白了是怎么回事,不必再搜集许多材料了。

我不能一个一个详细列举许多右派的罪证,人太多,我只举出一些著名右派原来是怎样的人,这样的人如何变成右派。

先说章乃器。章是当年七君子之一,在"一二·九"运动时,北平派了陈翰伯等人当代表去上海,就是找的章乃器联系。章是一位银行家,又很热心救亡运动。他找来沈钧儒等,开成了会,搞成了大游行。(这都是后来陈翰伯他们回忆起来的。)后来章本人因出头搞救亡而被捕,成了闻名全国的救国会七君子之一。这个事实上紧跟共产党的人,却在解放后划成右派。根据就是在一次发表个人意见的会议上,说了"民主党派可以跟共产党轮流坐庄"一句(意思是如同打牌,你拿了庄家牌,下次让他拿),由此变成了反党头目。他们大约以为新的国家建立以后,他们这些参加建国的人,总会有说说话的一席地,等于参加政治协商会议。哪里晓得只有吃饭和鼓掌的权利？那个罗隆基,也是一样。这是个大学教授,是我们这些"一二·九"学生经常请来帮我们说话的人。他家在天津,我就到他在天津的家去邀请过他。他在五四纪念活动时来清华讲过,痛斥胡适等人如何放弃了当年五四的传统。在"西安事变"时,他更加勇敢地到清华来,说蒋介石如何如何不得人心,说清华老同学只想做官,我们必须反对。这个人在新中国建国之后,当然会以为这个国家将符合自己的理想。

说到罗隆基,联想起一位女将浦熙修以及与她有关的几位才女。浦熙修和罗隆基有恋爱关系,但是她的出名完全由于人所共知的她早年参加的革命政治活动。在重庆时,她是著名的新闻记者,往中共方面跑得很欢。她的妹妹浦安修是彭德怀将军的夫人。凭这条关系,她在重庆新闻界中号称"浦二姐",写了许多有利于中共的新闻。日本投降以后,她又跟着重庆文化界的人一起到了南京。在南京,发生过国民党军警动手打群众代表的"下关惨案"。浦熙修也在里面,挨了打。解放后她来北京主编《教师报》,当《文汇报》的记者,活跃如故。这样一位左倾新闻记者,竟会被划成右派,实在令人难以理解。要不,就是因为她会当一个如实报道的新闻记者,而当不来专搞"阳谋"的笔杆子吧?反正事实弄不清楚。解放后新闻界有四才女之称,除她之外,还有一个也被划成右派的彭子冈。她也是在国共双方对垒的时候,就写了许多如《漫步张家口》之类歌颂解放区的文章。可是解放之后,只因为她有篇随笔,说了句"咱们现在大家互相之间朋友来往都很少了,还应该有一点",这就被划成了右派,被认为是攻击了新社会。第三位被划右派的才女是戈扬。她本来是出名的左派,曾担任过新华社华东总分社社长,后来主编《新观察》。她写过一篇文章说,二十年之后(时间我记不清)共产主义天堂实现,人们将不会再哭,除非笑得太厉害,笑出眼泪来。这篇文章被一向被认为"右"的黄秋耘写文章驳斥,说如果家里死了人也不哭吗?一时引为笑谈。但是戈扬心里到底怎么想的呢?她的丈夫胡考被划了右派,她背地里偷偷对人说:人们有话现在只能回家说,在办公室是只能说假话。这句话被揭发出来,于是她被划为右派(胡考是一位著名画家,也是著名左派)。这几位才女被划成右派,罪名既不昭著,以前的功劳、才华亦均予一笔抹杀,随随便便一句话就变成"党和人民的敌人",随手扔掉了。还剩下一个逃脱"右"网的"才女"就是我,也不用多说了,有什么才,有什么名,都是白费!名记者恽逸群,名编辑曾彦修……名人太多,举都举不过来,真的都白费了。

提起功劳来,想起当年的云南省主席龙云被划为右派。龙云原是一个军阀,若说思想,恐怕谈不上什么马克思主义,按思想,倒真可说是资产阶级右派。但是解放战争时,他在云南毅然起义,对共产党建立了何等大功啊!论功行赏,总应有人家一份。

还是说打得最多的文化界吧。刚刚听见军乐队在奏《八路军进行曲》,想起了词作者公木,即张松如。他到底是因为什么划右派的?我和他同一单位,都没有弄清楚。只知那时他担任文学讲习所所长,听他来作协汇报过,说的都是一本正经,按刘白羽同志的指示一一照办。到最后决定右派榜时,也没有听说他有何突出言行。大概平时为人老实,也不写什么文章,只做教学工作,不知在背地里跟什么人说了几句什么犯禁的话,就此也被打进去了。此人被打成右派后,遣往东北。我在多年之后,又见到他,他在教书。见我时,头发已白,开口只谈教书的话,一句不提当年如何划成右派。这就是"向前向前向前,我们的队伍向太阳"的作者。这个歌,人民解放军至今还在唱。

至于作家挨打的,前边已经说了不少,说不胜说。想起一个最可笑的,诗人流沙河。他不曾对党的方针或社会风气有一句非议。只是写了一首情诗,那诗我还马虎记得一句,是:我把你的嘴唇,当做醇酒一杯,我捧起来吻到沉醉。词句记不清了,但是意思是明白的,就是说恋爱中的热吻,别无他意。而这个诗人竟因此划成右派。只能说，我们这里不准讲恋爱，不准说接吻，接吻就是资产阶级右派行动。当时批判他的文章的确这么说，说他黄色、荒淫无耻。但是黄色何以就成了资产阶级右派，而且作为罪行，作为撤职开除的罪状？还是没有理由。

教育界给我印象深刻的是老同学钱伟长。他在国民党时期曾偷偷在自己家里组织读书会，偷读马列主义的书。刚一解放，我们几个党员回校，他立刻跑出来主动接待，说应该纪念烈士们。后来他还很热心地跑到团中央去看我们，还说要组织清华职工球队，向师大挑战……后来划成右派，是因为他主张让教授参加学校领导，大概是提了"教授治校"的意见吧。共产党当时已决定由党委领导一切，他提出早年大学里教授治校的主张，成右派理所当然。清华当时的校长是蒋南翔。他早在二十几年前就提出反对"抢救"运动，在这次"反右"运动中又曾尽力保护过我，但是他却手下无情地划上了钱伟长。这为什么？他说过钱伟长这个人不怎么好，可是不怎么好不能等于右派呀！是那种全国的政治形势使人都不能自保，亦不能保朋友了，还是等着将来再甄别他？可是二十五年未予甄别。对此局面，我代老蒋解释也解释不出来了。

还有更多更多无法预料的人成为右派。北京市高等法院院长王斐然，被划为右派。他是北京市级干部右派中级别最高的，照道理他有何罪恶应当公之于众。但是没有，简直没听见，就悄悄地划上了。看起来，由于北京市干部也必须划上些右派才能搪塞过去，所以才抛出这一个的吧。这种办法，各级都不能不如此。前边我说了"矬子里选将军"，硬拔出钟鸿当了右派的荒唐故事。书法家启功、木刻家彦涵后来出选集，其作品都说成是人间瑰宝,可是当初为什么把这些人的二十五年光阴随意抛弃,谁也不能回答。

我还碰到过很多位右派,一问从外地调回者,差不多全是。他们几乎全都避而不谈自己当年划右派的情节。实际上这些情节根本没法提——根本不成其为情节,甚至根本没有这回事。

以上随手列举的右派所受处分,最低的是开除党籍,行政降几级,不准当领导。高的则发往农场劳动改造,更重的送入监牢。总之,都受了行政以至法律处分。而他们所犯的罪行,可以列举一下,并无一个主张资产阶级思想的(如果这算犯罪),甚至人人都是主张拥护共产党的。这些人的二十五年怎么过的,无法过问。这一部血泪凝成的历史,我们不去算老账,图报复,只希望这种悲剧在中国不再发生。中国的可怜的老百姓,太容易高呼万岁。让我们再呼几声吧,我至今还常提起那些能够在运动中伸手设法帮助别人免划右派的人,对他们应当感谢和赞扬,高呼万岁。哪怕他也划了别人,但是能少划一个,也是好的。

"大跃进"要改变中国面貌

"大跃进"一开始的时候,我一点不懂。

那时反右派刚完,我们这些"漏网之鱼",对文艺界已经心惊胆战,对一切文艺工作都已心惊胆战,恨不得找个与文化文艺一概无关的地方去逃避。正好1958年春天,作协要下放干部,请了一个张家口地区涿鹿县的县委书记来作报告。那位书记讲他们怎样要改天换地,挖"劈山大渠",还要修扬水站,建设"塞北江南",要干活,干到三年改变自然面貌。说得我实在动了心,会后,和秋耘同志一起议论,他说:"这多好啊!干点这个活,多切实啊!"我也点头同意。我们以为,一切荒谬、黑暗、冤屈,都发生在这文艺圈子至多是文化圈子里。工农业生产,这是块淳朴无邪的天地,是桃花源,逃到那里去就一切天下太平了。何况人家那里的干劲又那么大!可以塌塌实实干活。

于是当号召下放的时候,我们出于自愿响应了号召。我到了怀来。

我是下放大队长,本人住怀来县西榆林村,属花园乡。一乡有一个下放干部小组。刚去的时候,正修扬水站。原来和作协一起下放的有一批水利部的干部,他们帮助县里定了一个水利计划。过去因为修官厅水库,占了一些民田,所以国家有一些拨款。县里用这笔款修扬水站,要把湖水扬到岸上浇田。我听了,觉得是一个很好的计划。刚去那一阵的确心劲儿很高,墙上刷着"苦战三年,改变面貌"的标语,县委书记王纯在大会上讲话说:"咱们说的是苦战三年哪,苦一苦,三年总要改变些面貌。要是说苦战一百年,那谁还干?不就总是个苦嘛!"县里很富裕,是北方的水果产地,槟子、葡萄、海棠、香果都有。当水果全部开花的时候,果林灿烂如锦绣。而县委很朴素,一直住着民房,所有书记出门都骑自行车。

我真的爱这个县,我们都爱这个县。诗人邹荻帆、田间的下放地点都离我不远。我们用扬水站的水,初步开辟了稻田。田间的妻子葛文亲自跑到白洋淀去请种稻的师傅,我们和村民一起学种稻。我们不会种,村民和我们一样不会种。秧插得歪七扭八。大队长高江云学得快,到底是农民出身,我不如他,但是我比那些农村妇女强一些。她们连脱袜子下水也不敢,大家叽叽嘎嘎笑着在水里乱蹚,乱插。但是,最后还是插好了一大片地,一望绿油油的一片,人人心里愉快。

看着这绿的稻田,粉红色的果花,青葱葱的杨柳,邹荻帆做起诗来:"垄头绿柳满乡村,快马加鞭西榆林……"我也做了诗:"村北连畦水稻地,村西万树海棠花……""没有共产党,哪有官厅湖,年年忙抗旱,今年学打鱼……"心里怀着愉快的信念,诗兴甚高。

我们真是天真极了。尽管我经历了那么多的运动,亲身尝受了不公正的待遇,但是那时我真像一个调皮孩子挨了妈妈的打,气一会儿,却仍然爱妈妈。那些教训还不够提高我的认识,我又相信起一切来。

当时看着那些扬水站,的确喜人。因为扬水站水源离西榆林村远,后来我们村还自己另修了一个,以村北遍地冒水的大泉为水源,这是村长刘振声提出干的。当时我很佩服这样的乡村能人,全力支持他。以为这一下就把干旱的塞北水田化了,吃稻米了,多么好啊。

我一点也想不到,三年之后,我重访这个地方的时候,所有扬水站的机器声一点都没有了。水不扬了,水稻地也大部分不见了。问村干部,他们的回答很简单:"电费那么贵,浇一亩地花那么多钱,粮食才值多少?"——这,我不懂。但我想他们本来是懂得的,却在修的时候花那么大的劲。这为什么?

使人震惊最大的,自然还是公社化和大炼钢铁。公社化真是"忽如一夜春风来",昨天刚见报,今天就要实行了。"共产主义是天堂,人民公社是桥梁",而且迫不及待,都是连夜写申请书,连夜宣布,好像迟了一步那桥梁就会撤掉,天堂就爬不进去了似的。决定成立公社的那一夜我没有睡觉,坐在公社办公室里,编公社快报。公社书记耿长春说:"我们今天夜里去浇花生地,动员全体社员都去。"刘振声说:"何必呢?半夜里闹得大家不安生,也浇不了多少。地又不算多,明早叫大家起个早,那点活都能干完。"耿书记却摇头道:"不,我们这是苦战夜战,得算政治账呀。"原来半夜里浇地是能上报的事例,清早浇地则是常事,就没什么稀罕了。我心里开始感到了虚夸的苗头,但还没有认真考虑。

浇完地回来,还不能睡,接着编我的公社快报。自然把这件事——夜战浇地写了进去。

田间在这里创办"诗传单",不但他写,而且把所有村干部、社员,都拉进去写诗。我们身为下放干部,就得负责给人家改诗,还得自己做诗,我坐在那里,一会儿一首,真正是顺口溜,从嘴角顺口就溜出来了。什么"千日想,万日盼,今天才把公社建。七个乡,成一家,社会主义开红花",诗歌泛滥成灾。

诗传单后来铅印了,还编成集子拿到石家庄出版了,并在《人民日报》上发表了。把参加写诗的农民马秉书、王瑞斌他们也弄得头晕眼花。后来,这一场诗歌运动越闹越大。闹到在火车上每个旅客必须交诗一首,闹到制定文学创作规划,各乡提出评比条件。这个说:"我们年产诗一万首",那个说:"我们年产长篇小说五部、剧本五部"……挑战竞赛。最后,张家口专区竟出现了一位"万首诗歌个人",或曰"万首诗歌标兵"。他一个人在一个月里就写出了一万首诗!当然,我们谁也没见过他的诗。只听说他的创作经验是,抬头见什么就来一首诗。譬如出门过铁路见田野、见电线杆……都立即成诗。写成就投进诗仓库——一间空屋。后来听说这位诗人写诗太累,住医院了。说文艺可以祸国殃民,我们常不服气。而像这样办文艺,真可谓祸国殃民,谁也不能说是假的。

难道我们自己就高明一些吗?我还得说,一点也不。在"大跃进"的高潮里,一切要多快好省,一切要大办快办。文联下放干部在怀来几天办了个"文艺大学"。我们就在三天之内创办了一张报纸《怀来报》。抓两个下放干部来,坐下就写,写了往一起凑,报纸出刊了,报社也成立了。我把这项成绩还曾拿回北京去汇报过,可见自己也扬扬得意,头脑发昏。

那时的确是发了昏。记得刚开始食堂化的时候,西榆林各队都争着制作大笼屉,指派炊事能手到食堂。到开饭时,一个个拿着茶缸饭碗来打饭,真好像"到了共产主义"的样子。连高社长也对我说:"现在当农民,有多舒心啊!从前农民要计划他那几亩地,又打算房子,又打算粮食,现在什么都不用管了。只一样要琢磨的就是不知今晚食堂给我们开什么饭!"他也真的昏了。毛主席在《人民日报》上发议论:"粮食吃不完怎么办?"提倡大家吃好的,要农村食堂办小吃部。我们那些食堂也就真的响应起来。我们的下放干部,女编辑张希至,担任了一个村食堂小炒部的大师傅。她当然会做菜,炒出来的肉片和北京饭馆的差不多。我到那个村去,该吃饭时到了食堂,她就端出菜来。我吃了自然觉得真好,幻景就成了我们的农村真的都吃得很好了。——当然,食堂开的饭也不坏。我们西榆林在一个院子里设了食堂。每个生产队一只大桶,一个人掌勺,和机关食堂开饭一样。顿顿是热炒或煮的蔬菜。净玉米面饼子,还常有馒头。要知道,那时候西榆林一般农户向来都只吃腌咸菜,通常是全家一只腌菜碗。我们有一个下放干部要另拿一只碗装腌菜,就曾引起过农民的意见。除了过年过节或招待贵宾,谁老吃炒的煮的热菜?这样一吃,就把可怜的中国农村吃垮了!而这些,却都当成好事上了报!

更厉害、声势更大的自然是炼铁。只见报上登载,钢铁要达到一千零七十万吨,这是毛主席对外国人亲口谈的。因为原来钢产量是五百三十五万吨,要整整翻一番。报上天天登什么"应举社"的炼铁经验,而且附加评论,说中国老早就发明了炼铁,何必非得用外国高炉?土高炉就行,于是几天之内,由公社派人赴县学习,立即建炉,把所有农民从田地中赶出,都去上山采矿建炉炼铁。对这些经过,我曾写过一篇《一个炼铁厂的历史》,加以歌颂,到后来醒悟之后,又写过一篇《对梦呓的注释》。不想再重复了。现在要说的是我自己当时的情绪,我怎么写那篇文章的。

花园公社的炼铁炉设在一片开阔地上,原来没有村庄,距公社所在地南水泉村有五六里,距我所住的西榆林村十来里。我来参加炼铁,有一次,直到深夜。各炉的人是轮换的,换下来的人到炉旁的帐篷临时宿舍去睡觉。我走到那帐篷里,只见许多人打开铺盖,却没有一个睡的,都席地而坐,我也坐下。听耳旁丁当一片,眼前帐篷中点着小马灯,大家围坐谈论哪一炉出铁情况如何。我忽然发生联想,觉得这不简直跟当年抗日战争中宿营的光景相似吗?我异常兴奋,把我在北京所受的种种委屈,所见的种种不平,一下子都弃诸脑后。我觉得这才是崇高的事业!于是他们说着,我拿起笔来就记。

我回村的时间是深夜四点半。我推出自行车,骑上就走,在完全没有人的旷野里奔驰,只觉得心旷神怡。到了南水泉村,走进暂时借居的女会计室,我到了,她已经起床了。我就接了她的"班",和衣躺在她床上。眯瞪了一会儿。睁眼时已经天光大亮,大约快七点了。我这就算睡过觉了,立即用冷水擦擦脸,接着又干。

那真是把命都拼出来了的。而拼命的结果如何,已为众所周知。人们都去炼铁去了,地里的庄稼置之不问,已过秋收季节,许多老玉米根本还没有砍倒,棒子也不收下来。当时我碰到涿鹿县委书记王纯,他说:"老百姓的怪话可多哩,说过了秋吃钢铁吧,有个咬嚼劲儿。"

可是,到后来由于中央领导去视察徐水,除了钢铁之外又想起粮食来,提出所谓"钢粮两帅展翅齐飞"。粮食也要"放卫星"。

钢铁老百姓没有炼过,可以用种种海外奇谈来唬他们,而粮食是老百姓天天种的,叫他们怎么放卫星呢?这一年就忽然出现了许多"科学种田法"。一曰深耕,越深越好。开了展览会,把那根扎得深和根扎得浅的两种作物作对比展览。二曰密植,越密越好,算出科学账来,一亩地植株多一倍就能多产一倍。老百姓无法可想,只好把几亩田的庄稼拔下来插在一亩田里,于是亩产万斤、六万斤以至十万斤的报道全登出来了。号召刚刚过了三四个月,徐水亩产几万斤的"卫星"已经放出来了。

我看见了作家菡子同志的文章,说她去参观的那些丰产田,用自来水笔向田里的稻子中间插,竟插不下去。这密到了何等程度!

我所在的怀来县还不能算太坏,我们没有搞这种自己骗自己的移植丰产田。北京作家协会来人参观,我领着他们去。他们问:"你们这稻田亩产多少?"我答:"能达到七百斤,最好的八百斤。"这是了不起的数字,过去这里种粮食作物低的一百多斤,顶高的才三百斤。但是参观者现出不满的神色,"这么低!你们有没有一万斤的?"我没有说什么。显然我们还瞎吹得不够。

一切深耕密植的办法都实行过了。西榆林村头试验深耕,刘振声带队。已经用铁锹挖到一尺五寸深,刘振声说行了。但从县里来的检查组却说不行。人家报上登的深耕经验是要挖五尺,于是只好继续挖。人站在下面挖,直到把这块挖完。且都是第一天发通知,三天内就要收集全公社推广的数字,要汇报。农民接受不了,干部交代不了。稍微肯说一两句直话的农村干部,都受了气,低了头(例如刘振声)。只有一天到晚喊"挑战"的人才混得下去。

到这时我才明白,荒谬和冤枉并不是只发生在文艺界里。文艺界挨的骂是多一些,但真正残酷的事情并不在文艺界。工农业生产一点也不是淳朴无邪的桃花源。

相反,我们这些搞文艺的由于不了解真实情况,容易被谎言所欺骗,反而会助纣为虐。前边我说了那些诗传单的情况。后来,在怀来县还举行过全县赛诗会。县委副书记王俊禄要写一首开场诗。由我和徐迟两人代笔。我写道:

工农当中出诗才,人民歌手满怀来。
跃进声中比文采,大礼堂作赛诗台。
赛诗台,是擂台,新诗歌,拿来赛。
赛诗台,是擂台,谁是好汉谁上来。

当时各地都在炼铁,刘仁说他派人去河南参观过,炼出的是一些疙疙瘩瘩像豆腐渣似的铁。刘仁看了,后来就光在城里炼钢了。我听了,明白了。北京市的领导干部较有头脑,对大炼钢铁来了个阳奉阴违。城里拼命炼,农村不去干。做得不错。后来在"文化大革命"中,毛泽东骂北京市委"针插不进水泼不进",北京市委的干部都觉得冤,他们说他们是紧跟毛主席的。但是现在细看,似乎也未必尽然。不紧跟,不见得就那么坏;紧跟的,未必好。他们其实跟得并不甚紧,这是一点可取之处。

北京市搞的"公社化",好像主要在市内,就在党中央的眼皮子底下干。所有的街道一律改为公社,包括机关宿舍也不例外。还大张旗鼓地成立食堂，也写文章鼓吹，说成立食堂是干不干社会主义的分水岭等等。其实，城里哪一个机关、工厂、学校没有食堂？我们一贯就吃食堂。有人晚间回去自己做顿晚饭，有人连晚饭都在食堂吃完才回家，顶多星期日自己做一点。食堂化算得了什么革命呢？要革命，无非就革自己晚上回家煮的那点面条的命吧。于是，各街道腾出房子，成立食堂，让街道家庭妇女不要再在自己家煮饭，都到食堂去当炊事员。同时自己家不准再开饭。我记得邵荃麟住的那个大雅宝胡同成立食堂后，他也到食堂去吃饭，说："他们的肉丝面煮得还好。"好像是谈对于某饭馆的印象。我们东交民巷10号北京市委宿舍，也要成立食堂。这里住的基本是领导干部，好几家有保姆。于是议论着要把保姆辞掉，让她们到食堂去工作。同院同志看中了我家的保姆张文英，她是上海人，做得一手好江苏菜。于是大院组长来找她谈话了。这可把她吓坏了。我回家，她向我告状诉苦，说无论如何不行，绝对不干，"我管你们一家的伙食，知道你爱吃什么，杨述爱吃什么。孩子们我也知道怎么打发他们。一下子干这么一大摊，这个是南方人，那个是北方人，我怎么弄得清楚？比饭馆还要难干。"我说："干这个就不能那么细致了。你开大锅饭，人家爱吃不吃。"可是怎么说她也不答应。最后，大概还是市委刘仁说了话，弄不成就算了。对市委宿舍，就睁只眼闭只眼了。

作家协会闹得更凶，不仅要求大家都来吃食堂，而且要求都搬家。新副秘书长王西凡是部队转业来的，雷厉风行，准备把作协原来的平房宿舍院和外单位交换楼房，然后全体集中住在一起，然后编组，吃饭有炊事组，穿衣有缝纫组……真来个公社化。

我记得还正式召集过会议,讨论此事。许多作家坐在那里,准备编组,军事化。要作家赵树理的夫人任炊事组长,出版社总务科长刘子玉的夫人任缝纫组长……又讨论了搬家事宜。出版社的办公室主任王组化原住的是人民文学出版社的房,一个安静的小院。他不愿搬,为此还批判了他一顿,说他不拥护公社化。我到这时实在忍不住了,便表态道:"我不是不肯搬,我没有办法搬。我现在住市委宿舍,是杨述机关的。家中还有三个孩子,我怎能把杨述和孩子们都带到作家协会来集中呢?"平时一向态度最激进的罗立韵,这时忽然出头支持我道:"她是实在不可能搬,别搬了。"她是邓力群的妻子,大约也属于搬不了吧。到最后,作协这个伟大的计划,终于也没有实行了。大约如此搬家,牵动大量住房问题,共产主义化并没有到这个程度,弄不动。

　　说可是说得十分厉害,报纸上宣传,马上要实行共产主义,废除家庭,儿童公有制,夫妻关系打破,男的集中住男宿舍,女的集中住女宿舍,星期六允许会面一次……可能有的县或农村已经这样办了吧,北京市委也震动起来。有天晚上,杨述回家来边脱衣服边对我说:"有新的精神哩,就要废除家庭了。"不过那天时间已经很晚,我并没有细问如果废除了家庭,我们这个家怎么办,这三个小孩又怎么办,我只记住了这件事。后来,不见他再说起。大约也是说说算了,要不,就是被人坚决反对掉了。

　　现在想起来,"文化大革命"期间让大家下干校编连队,男归男营,女归女宿,孩子也编连,大约是1958年早就想实行的"共产主义"幻想。

"反右倾运动"是反谁

有人说,1957年"反右"运动是中国建国初期上升的转折点,从此犯错误,走下坡路。我倒觉得,尽管五七年打倒的人很多,错误很大,但还主要是整知识分子。到"反右倾运动",才真正自己把自己的威信整垮了。

"反右倾运动"是继承着"大跃进"、人民公社运动的,是由于那样在农村里胡作非为,弄得人民挨饿,凡有眼睛的,下乡都看见了,回来免不了反映反映,结果把反映的人都打成右倾,就是这样一场运动。后来把这个问题都归咎于彭德怀元帅,其实,何止他一个人看到那些事。

我是1959年从农村归来,又随即下放到北京郊区长辛店二七机车厂的。在长辛店这年的后半年,我们已经从自己的餐桌上发现了问题。一开始,工厂还有小卖部、食堂,后来就取消了。工厂对门的小饭馆,起初也还有肉菜,后来越变越差。夏天杨述带孩子们到工厂来找我,过星期天,我还能请他们在厂外小饭馆吃饺子。可是到了冬天,北京已经买什么都困难了。长辛店稍稍好一丁点儿,我记得星期六回家以前到街上买到一块熟牛肉和半个冬瓜带回家。家里的保姆和孩子们高兴异常,因为在城里已经买不到这样并非高贵的食物了。

我曾在1960年初回过一趟怀来乡村。我偕同邹荻帆,一起回到我们曾全心全意歌唱过的西榆林,接待我们的刘振声和高江云,正坐在大队办公室里算账。原来大队统一核算已经维持不下去了,不能不分开。他们两个说:"真丧气,一家子到了分家的程度,光景还能好得了?"我们去食堂,食堂已不开饭,炊事员也散了,各人仍回自己家做饭。因为没法开饭了,开不起了。既曰食堂,总不能给人家开野菜糊糊喝,要煮菜炒菜,要蒸干粮,办不到了!只见还是半新的白生生的大笼屉,丢在过去的食堂里,满是尘土。然后我们又到猪场。这是过去我们大家苦心经营的集体财富,先进单位。郭沫若亲自来题过诗的。凤子还在这里同猪合过影。张家口畜牧学校师生用青贮发酵饲料喂猪,揭开盖一股酒香味。巴克夏猪喂得像牛一样大。那时何等风光!而现在,猪正在大量死亡。人都没的吃,猪吃什么?猪场还没有解散,猪场年轻干部高江贵正在屋里低头写检讨,他说:"要检查'五风',我们场头一样五风就是大量死猪。"他其实弄不清上头所说的"五风"是什么。至于大炼钢铁的那些废墟就根本不必谈了。

这样情况,叫我回到城里怎能说好话呢?而且,城里情形也并不更好些。食物匮乏的情况越来越严重。肉已断档,鲜菜也没有了。有一阶段,我们家每天吃的是白米加白薯煮的饭,菜是腌菜叶,稍炒一炒。这种生活,曾使过去在我娘家待过多年的老保姆贵芳对我的孩子们感叹道:"唉!你们真命苦。这么小,吃这种东西!你们的妈小时吃的什么呀!"她这话作为"新旧对比",那简直得说是反动。我岂有不知?但是我却拿不出什么事实来反驳她,只得装作没听见。我的大女儿那时已上小学,而且是先进生。她回家老来磨着我:"妈妈给我讲一个忆苦思甜吧。老师叫回家来找家长讲。"可是我没法讲,我说:"妈妈家里从前不苦。"

"不苦,你干吗革命呀?"小孩子也会提问。

"我参加革命是因为民族苦。"我只能讲这种为孩子所不能理解的话。

这时候,饭馆差不多都快关门了。孩子总嘴馋,有一次女儿缠着我:"妈妈带我去吃饭馆。"杨述这人爱吃饭馆,以前常带他们去的,这时也没办法了。我看孩子可怜,就答应:"好。"带着她,母女两人走到离家很近的一家高级饭庄——新侨饭店对外餐厅。其实我也不知道这里在这种年代卖些什么,以为总还能吃到些好的。可是跨进去一看,唉!只有一盆蛋炒饭放在柜台上,来就餐的人每人给盛一碗就是了。但是,无论如何还是比煮白薯加咸菜好一点,我就让小孩享受了一顿非同寻常的蛋炒饭。

农村城市都是这样。彭德怀元帅就是在这种情况下写出了他的"万言书"的。他的话许多人都在本机关里说过,而且并非由他"引诱"所致。因为他那"万言书"刚送上去就被批判为反党夺权,一般干部根本看不到,从何引诱起?那个"万言书",先是发至省军级,作为党内的反面批判材料,后来大概才到了县团级。作家协会算是省级机关,我是党员,级别高,因此才得以寓目。我看了,老实说,只觉先得我心,实在不知有任何反党之处,夺权更说不上。但是,却从此掀起了"反右倾运动",说凡是像彭德怀那样说话的全是右倾机会主义分子;凡是从农村回来讲农村情况不好的,全是家庭属富农或富裕中农的,是为资本主义的家庭说话。这一下子,打击面就大了。各单位拼命找右倾机会主义分子,不论工农兵学商。这个矛盾中心是吃饭问题,不是什么政治思想问题,因而说过话的人很多很多,不限知识分子。稍有不满的人,全打了进去。

长辛店机车厂打的是一位工人出身的总工程师李树森,人大代表。这个人原先是东北解放战争中的青年铁路工人。中长铁路由中苏共管之后,他跟在苏联总工程师身边,学文化,学技术,从而成长起来。他出身既好,又有技术,提拔又快,号称"工人阶级自己的知识分子"。可是,这一回却成了批判对象,成了"典型"。根据是他的言论,他不过是说,咱们的工厂领导干部包括总工程师,目前这样工作方法太不科学了。办公室里整天像骡马大会似的,这还能让人思考研究什么问题?他说人家苏联总工程师都是每天规定二十分钟为接待群众时间,有什么问题按次序进来,三下五除二就解决了。其他时间是自己主动支配的……就这些话,就成了右倾机会主义:否定群众路线,高高在上,一天只办二十分钟的公。另外还加上一条,他的思想已经变质到资产阶级方面,你看他身上一件体体面面的黑色呢大衣,哪一点还像个工人阶级?……结果,下一次再开会,我就见他换穿了一件蓝布旧棉袄来。

在那个批判会上,我也曾跟着发了一些类似"评论"的言论,例如说:"我们工人阶级自己的知识分子,竟也会变质,资产阶级侵蚀真是太可怕了。"但实际上,这个例子不是像大天白日一样的明白吗?这就是说,工人只能永远停留在愚昧无知阶段,才叫保持阶级本色。如果你掌握知识了,知道科学了,想用科学方法来扭转愚昧了,那你就算变了质,哪怕是从苏联学来的也不行！最标准的闭关锁国,故步自封！这才是对国家的未来危害最大的"指导思想"。

另一个我所知道的挨批典型,是中国作家协会的通讯员冯振山。他是个农民出身,在机关跑腿送信的一个粗人,绝非知识分子。那年他回了一趟家,返回北京机关之后,不免向同事们讲了一些他目睹的家乡实际情况。无非是食堂散伙,人们挨饿,"大跃进"造成了农村经济严重破坏之类的话。他级别低,文化也低,决不可能看到彭德怀的"万言书",同机关里那些犯错误的知识分子干部也向来没有来往。但是他说了这些话,他直言不讳,竟然由此变成"右倾"典型,开了他多少次的批判会！

我去怀来之后,也说过那种食堂散伙、铁厂关门的情况,也曾对大街墙上的一个豆角大得像只船,一个孩子抱不动一个大南瓜等作品发表过"太夸张"的意见。于是这时候就也成了"右倾"罪状。我原是中国作家协会出席中直机关党代表大会的代表,这时因"右倾言论"而遭罢免。好在那时人民生活的困苦已经使我完全没有心思去考虑这些了。

状况越来越坏了。北京郊区已不断传来饿死人的消息,城里人也出现了浮肿。我的婶娘双膝以下都肿了。人的肚子无法用气吹起来,批判也不管事。于是各种办法都出来了:提倡"再生菜",就是把吃剩的白菜根用土埋在盆里,让它再长出几个叶子,可以吃;机关做"小球藻",就是把池子里的绿色漂浮物捞起来培养,也吃,据说有蛋白质。这时我们还得去农村劳动,有一次在东郊平房村,劳动完毕,大家都去摘野生的马齿苋。我也摘了一大书包,拿回来煮着吃。没有了肉,保姆张文英想尽办法,她买些田鸡来杀了吃,还有一回,买来一只很漂亮的白兔。大儿子那时才几岁,天天和这兔子玩。有一天他从幼儿园回来忽然不见了兔子,问张文英。张文英说:"用开水烫杀了给你吃。"孩子还哭了一场,哀悼他的兔子。

但是就这样也不行啊。于是最后陈云想出了办法,把各饭店宾馆的库存一概挖出,在街上出售。一个菜好几元。我记得我去百货大楼点心柜台去看过,替孩子们买了一块巧克力蛋糕。不是整的,只是一个角要两元。拿回来孩子们一个人掰一块,连说:"真好吃啊!真好吃啊!"还有一回,全家八口去东兴楼饭馆开斋,专拣便宜的菜要,其实不过是很普通的炒肉片之类,一餐就共花了四十多元。我们号称高工资,一餐花掉一月工资的四分之一至五分之一,如何能够常吃?一个月吃个一顿两顿,不过给孩子们清汤寡水的肚子加一点油而已。

后来,中央终于决定实行干部食物补贴。大概因为有些年老的民主人士吃不消这样的苦,有的已经病倒了。补贴办法是十七级以上的每人每月糖一斤、豆一斤,十三级以上的每人每月肉二斤、蛋二斤,九级以上的每人每月肉四斤、蛋二斤。这样,我家每月有六斤肉了。可是我家人口连保姆是八口,六斤肉实际上只够每星期炒着吃两次,炖着吃还不够。但是,比一般人自然还是高级多了。老百姓恨极了,北京市便出现了讽刺的民谣:"高级点心高级糖,高级老头上食堂。食堂没有高级饭,气得老头上医院。医院没有高级药,气得老头去上吊。上吊没有高级绳,气得老头肚子疼。"老百姓愤懑的情绪自然地集中于这些高级人物,当然包括我在内。其实,不是吃这六斤肉有罪,而是让老百姓挨饿有罪。

张一弓后来的小说《犯人李铜钟的故事》,我读后便觉真

75

好。"文化大革命"后,我家雇过一个原籍安徽合肥的保姆。她给我讲,她的姐姐就是饿死的。农村里吃草根。有的人家连门都没有人关了,进去一看,一家人都死光了。那时她们村里就出过一个干部,也是看老乡们饿得太苦,便自己做主开仓,把粮食分给老百姓吃了。后来自然是要处分,不过好在大家保护他,说了说算完了,没有成为"犯人"。那么,是真有李铜钟啊!这部作品是解放以后给我印象最深的作品,但是,如果在发生这些事情的当时拿出来,作家非被枪毙不可。

一切能进口入肚的东西都想绝了。我有个妹夫李××,当时任市政府副秘书长。他们竟想出一个奇特的办法,想到厕所里的蛆是动物,有蛋白质,竟把蛆捞出来洗干净,试图做熟了吃,考虑推广。李××秘密地告诉我们,说他本人就亲口尝过这种异味。我听了,不由得立即想到:尽管党的某些领导干了那样对不起人民的事,但是共产党还是有许多干部,为了党,为了人民,是什么苦都肯吃的啊!

毛泽东也明白了那样反右倾太不得人心,于是举行七千人大会。全国各省市县乡级都来人,让大家说话。名之曰:"白天出气,晚上看戏。两干一稀,皆大欢喜。"出气就是说明知到会的人心里都有一肚子气要出,就来出一出吧。算是大家出了气。出够之后,中央来了个通知,把"反右倾运动"中的全部材料都从档案中抽出来,一风吹,不算了。只是另发了个通知,说彭德怀元帅不在其内,他是有野心的,和你们不同。又说他是想独裁,所以才在庐山会议上写出那个"万言书"。又说中央本来是要在庐山会议上反"左"的,只因他上了这个"万言书",才被迫而反右倾,等等等等。

大饥饿期间,有的干部像李铜钟,人民不会忘记他们,会因他们而原谅共产党。但是也有胡搞的。如前所述出了"李铜钟式干部"的安徽,在"反右倾运动"中是闹得最凶的。曾希圣报上来的不断跃进的数字比谁都高,一亩十万斤即由安徽起。山西李雪峰召开了一个"吃饭大会",叫每个到会人只带二两米去,做"双蒸饭"给大家吃,即先把干米蒸一遍,加上水再蒸一遍。吃完还问大家吃饱了没有,都说吃饱了。这就叫吃饭大会,还推广经验。后来,我也是听杨述转告我北京市委刘仁的话,他说:"双蒸饭,那还不就是稀饭!"真是一语破的。这种说老实话的高级干部,无怪乎他在"文化大革命"中会惨死,会被斥为"针插不进,水泼不进",而有些顺风撒土的干部至今安然,尚在人间。

一个普通人的启示

在一家医院太平间的门口,我和死者李兴华二十七年前的领导——一位军队老干部握了手。来向遗体告别的,只有我们关系最密切的二十多人。我忍不住含泪说了这么一句:"如果从前我们不把他调到文艺界,还在您那边,他大约不至于落到这个下场。"那位同志默然不语。

死者二十七年前调来的时候,原是天安门前警卫部队的干部。他出身很好,历史纯洁,十九岁进解放区,很快入了党,参了军。他调来的时候才二十六岁,身穿一套厚墩墩的棉军服,显得泥土气扑人。他一来就赶上《红楼梦》批判运动、反胡风运动和肃反运动。他虽然是个编辑干部,可凡是那些搞专案、审讯性谈话,或单位里专别人政的事情,就自然地都落到他头上。他也全力以赴,想主意,外调跑腿,都不辞劳苦。他的心是纯洁的。他干的一切,他都认为符合真理,是应该干的。

在反胡风的运动中,他除了积极参加斗争,还写了批判胡风集团的文章,因为当时他认为胡风集团里的人真是什么反革命。到后来,我们《文艺学习》编辑部发动了《组织部新来的青年人》的讨论,意见分两派。他认为否定这一作品的意见没有道理,于是他到处奔跑组稿。当时刊登的讨论稿件大部分是他奔走的。我们谁也没有想到,这一次小小的讨论,会引起上层那么大的注意。当大家知道了上边来的那几句"谁说北京没有官僚主义"的话之后,各个都感到鼓舞。特别是李兴华,他简直跳起来了。那些天他每天处于极度兴奋状态,嘴里不停地在议论。一会儿笑呵呵地说:"想不到中央还看我们的刊物!"一会儿又猜测:"某某篇文章不知他看过没有?"那些天,机关里传达有关指示也特别勤,老在责备下边不放,责备"太守"以上的干部不积极。我们是基本做到了"传达不过夜"的。记得有一次传达完了,李兴华听过,动情地说:"听听!说话到这样,简直就觉得是在我们身边拉着手嘱咐啦,是耳提面命。咱们再不干还是人吗?"他过去只是个偶然应本刊需要写点补白小文章的编辑,从这时起,他真正关心起文艺界的思想动态来,参加外边的讨论和活动。大约也是从这时起,他眼界日开,在思想上排除了一些违反文艺规律的限制。而这一切,他自觉是为了党的。

真是谁也想不到的风云变幻,《组织部新来的青年人》的作者竟变成了右派。还有,"丁陈反党集团"的提法,本来已经准备撤销了,后来忽然在新形势下定了案。事先有领导同志找我问过,问我们编辑部有没有那集团的人。我虽然知道李兴华是陈企霞同志的学生,但想来并无太深的关系,就回复没有。事后才知道他和陈企霞同志一直过从甚密。我急了,问他:"你为什么还这样?"他说:"为什么不能这样?我觉得他是好人呀,他没有反党呀。"我听了这话,不由得心里一惊(到底我是比他老奸巨猾得多),心想,说这种话,不得了。弄不好,恐怕大家都要糟。

后来,果然都挨批了,都要检讨。我们这些老于此道的,还能够"挖掘"一番,找一番"思想根源、阶级根源",说得听者尽管照例批判"不深刻",却总还能赚一句"比上次有微小进步"。李兴华却完全不会。当然他也得承认错误。可是他的检讨只是声音很响,连连扣大帽子,所分析的思想过程却全不是那么回事,叫人一听就是"没有接触思想实际",总是通不过。他曾有一次在会后向我表示苦恼:"到底怎么检讨啊?是不是我的检讨技术不行?"我怎么说?教给他如何编检讨?我这时已经感到这个淳朴的人将遇到危险,说不定比我更危险。

后来到1957年底,所有的右派都定案了,我们编辑部也被解散了。干部都调走或下放劳动了。他竟然没有被划成右派。我心里暗自代他庆幸,总算闯过了这一关。至于我自己,先是"戴罪立功",一面自己被大会批判,一面回编辑部主持批判别人。当编辑部的同志们都走了之后,我因病延迟了下乡日期。就在这个空当里,忽然有一天,机关领导找我去通知李兴华:经过各单位最后"平衡",考虑到别的单位像他这样的已划成右派,为了统一,应把他"平衡"成右派。听了这个决定,我呆了,我不敢冒那看来也起不了作用的风险,没有表示反对,一句话也没有说,立即执行。我们的编辑部已经没有了,在机关的一间空屋里,我把李兴华找了来,像宣读一件公文一样地向他宣布了这个决定。我没有增减一个字,完全是原话,说的是"平衡划成右派"。我不敢看他的脸,宣布时两眼只是看着他的脚,看见他穿着一双黄皮鞋和深灰色尼龙丝袜。这双鞋和袜子长期留在我的记忆里。后来停了好久,他发言了,我才偷偷抬起头来看一眼(倒好像是他在宣判我似的)。只见他的脸差不多完全没有表情,没有悲哀,没有恐惧,也没有愤怒,只是冷冷地像听一件平常调动工作的决定似的,说道:"是这样吗?那我……我就只有接受了。我没有意见了。"只有三句话——他平时是一个很能说、感情极易冲动的人。就这样,这个少年入党的革命军人,被悄悄地"平衡"掉了党籍,变成了"按人民内部矛盾对待"的敌我矛盾。

我后来也下了乡,我和他是分别下放在相邻的两个县。我们编辑部有好些人都下放在这两个县里。我担任下放队长,除了劳动,还有点了解大家思想情况的任务。到下半年,我就借了解情况为由,到他们那个县走了一趟,好看看大家。

我也到了李兴华这一组。去之前就已经听说,他表现不好,又犯了错误。这样,本来在农民里面并没有公开他的右派身份,现在决定予以公开了——好叫农民也来监督他。

我心里始终觉得我对他不起,他本来完全是个左派,怎会成了右派?我说不清该怪谁,总之我有责任。到了这个村,见他之前,我也打听了一下他犯的是什么新错误,大致是生活上要求自己太差,下饭时买咸菜买了村里最好的八宝酱菜,认罪态度不好,说话时趾高气扬,还仿佛自己是个革命干部,就是这。反映他这些错误的也是我们原编辑部的同志,原来蛮好的人,为什么要这样对待李兴华呢?当时我心里十分生气,一点不能原谅他。但是有了后来"文化大革命"中的经历之后,我对这个同志完全谅解了。他当然也是认为上级既已决定右派确系敌人,就应当尽力打击敌人的缘故,正与李兴华本人过去努力想破获所谓胡风集团案件的心理一样。

在那个村子里,我又是在一间空房里和李兴华会面。我坐在一条破板凳上等着他,见他远远地来了,形容憔悴,和以前有些飞扬跋扈的模样已经大不相同。见了我,他低着头说:"您很好,我就放心了。"我也实在无可告慰,只好打句官话:"今后要注意改造。"他却愁眉苦脸挺认真地说:"我不知道该怎么改造才好。"这可叫我怎么说呢?想了想只得告诉他:"今后你除劳动外就注意低头走路,少说话,在吃饭上尽量别吃好的,多吃坏的,也就是一种改造了。"他听了这两句"勖勉"的话似觉茫然,又问:"就这个呀?"我回答:"就是这个。"他看了我好久,似乎也明白了我来的意思,把我那两句话重复了一遍,诚恳地向我说了声:"谢谢您!"就告辞了。我怔怔地看他走出那条农村的小巷,看着这个人显然已消瘦的背影,想起初见时那个厚墩墩的样子,忽然悲从中来。我在这四顾无人的破屋里没有必要再抑制自己,就伏在那破窗台上,放声哭了一场。

下放结束之后,他又被派到柏各庄农场去劳动了两年,然后才摘了帽子,分往宁夏工作。在去宁夏之前,他回到北京,又来看过我。说起在农场和许多老工人相处,老工人都待他很亲,悄悄问他:"到底你犯了什么错误?"他只能回答:"是很大的错误。"别的什么也没说。看来这几年生活是把他锤炼得懂一些为人处世之道了。可是,后来他又说,在这次摘帽子的时候,农场领导同志向他祝贺:"又回到人民的队伍里来了。"他当时感觉到:自己从来就是在人民的队伍里呀。所以对于现在的"又回到"人民队伍,倒也不觉特别激动。"但是,回来了,总是好的。"这是他当时的话,当然还是有些高兴的。我当时心里就直觉到,只怕他仍然是太天真了一些。他无法想到后来"摘帽右派"的称号要长久跟着他,跟别的运动不同,二十几年不许甄别,不得平反。老实说,就是当初为"平衡"而确定补划他为右派的人,恐怕也未必想得到会这样啊!

后来他从宁夏来过信,想申诉当初划右派实在冤枉,又想申请重新入党,要我帮助参谋。看来是又怀抱着希望了。我没有可以宽慰他的主意,只得复信劝他忍耐,叮嘱他千万不可申诉。

所幸宁夏的同志对他很好。他在宁夏仍然在文联工作,仍然当编辑,而且比较受重视。我想,在沧海横流的年月,宁夏的这些同志,实在是应该表扬,而且我们应该为有他们而感到欣喜和安慰。

"文化大革命"中,宁夏文联按照全国一致规格被砸烂了。他到了宁夏火柴厂当干部。他曾出差去东北采购木料,路过北京。这一次,我看他可真是意兴阑珊了。关于形势,关于文艺,他都摇头不再谈,也不再说个人申诉和平反的事。只说:"我就这样做火柴厂管理干部,也可以度此一生了。""文化大革命"要求每个人忘记自己的本来面目,许多百战英雄、世界知名之士都得如此,何况于他?

熬到"四人帮"粉碎之后,经过多年郁郁寡欢,他已经患了癌症,来北京治疗。同时还积极办自己申诉和平反的事。我第一次见他是在医院里,他才开了刀,身体很虚弱。他的妻子背地里在流泪。但是他却很少谈疾病,更多的是自己扶病执笔写申诉材料,抱着信心让妻子代为排队去有关领导机关申诉。在中央没有决定右派改正之前,他就很放心地认为这次申诉大概会成功,不大焦虑此事,甚至和人开着玩笑说:"就是右派也是中国的右派,总比洋奴好。"他后来胃大部分切除,还要不断做那个使人难以忍受的化疗,没法吃饭。别人都知道他的生命是只能按月计算的了,我想他自己也会知道。但当同志们去看他的时候,他仍然谈论文艺界的形势,谈论作品,代别人看稿子。在改正之后,他甚至想上班工作。别人眼见他一天天向死亡走去,可他每天都告诉人:"我挺好。"直到死前一个月,他已经不能进食,一天只吃一点流质,但却在奋笔疾书,写他的中篇小说,有时熬到夜里一点。这时候他已经知道自己活不过几个月,不可能看到作品的出版了。他的创作活动是直到他死前八天才停止的。而在死前一天晚上,还在嘱咐家属把改稿抄清,以便他能再看一次。

这样一个极普通而单纯的,也曾努力搞过运动的党员,并无丰功伟绩,也没有招惹谁,进了文艺界,却遭到了这样的命运。这不能不说是个悲剧。他死后,我一直在想,怎么会产生这样的悲剧?制造这个悲剧的人中间显然有我一个,可是我并不想这样。别的人,恐怕也一样。我并不愿意这样做却还是做了。这可以算做盲从,可是这盲从却造成了惨痛的结果。盲从者怎不感到伤痛和忏悔呢?光忏悔还不够,应当认真深思造成悲剧的根源。

我同时也觉得,这个半生受尽委屈,未享任何利益的普通人,对人民的事业,却是抱着至死不渝的忠贞,这恐怕对一些由于自己倒过霉,就认自私为合理的人,也有些借鉴参考的价值吧。

缓过气来之后

全国濒临饿死的灾祸,尽力设法混过去了。到1962年,缓过一点气来。刚刚缓过气来,马上又搞起了新的对于"异端"的迫害。原来说在反右倾中批判过的人全不算了,到这时,喘过一口气,就又戴上放大镜找起"敌人"来。

首先是八届二中全会和北戴河会议,在1962年秋至冬开的。在这个会上,提出一个著名的命题——"利用小说反党是一大发明"。其具体所指是小说《刘志丹》,实际波及的范围则更广。该书由烈士的弟媳李建彤执笔。她的文笔并不怎样,所写的陕北革命斗争故事,基本上是真人真事,而没有用真名。这时候,高岗已经早被划为"高饶反党集团"了。可是,高岗对于陕北的土地革命,关系实在太重要了,不写上他的事情,全书情节将无法缀合。作者只好用了假名,又尽量减少一些具体描写。稿成后给陕北土地革命的又一领导者习仲勋看过,他当然也在书中出现过。谁知这本书刚刚发表在刊物上,还未来得及出版,便已被最高当局定为"反党小说",而且还是"一大发明"。十万火急,上面传下通知,不许再印,立即彻查。理由没有别的,高岗已成为十恶不赦的罪犯,只要提及他的过去,哪怕只是客观叙述,也就是反党!这个案子除了狠狠整了作者之外(这是惯例),还波及到作者的丈夫刘景范,即刘志丹烈士的弟弟。还拉上审稿的习仲勋,竟说成他是主谋,是阴谋替高岗翻案,亦即反党。习仲勋当时任国务院副总理,立予撤职。这种做法,实在说不出理由。他们要反党,要夺权,写这么一部小说干什么?一般读者连看也不会看出来其中有高岗,起什么翻案作用?而且即使读者因此对高岗有一点点好感,那又怎能反得了党?逻辑也说不通啊!可是当时就是这样定了案,把一个国务院副总理撤了职。什么工作也不给。

习仲勋本来是整过我们夫妻的,但是就这件事对他的处理,的确使人感到不公平。我起初还摸不清真相,以为上面一再传达"有反党集团",有阴谋,必定是除了从小说里发现了这一点人物影子之外,还另有什么重大的发现。也许习仲勋、刘景范他们这一批西北干部,曾秘密议论过什么为高岗抱不平的话,或者说过什么反对中央的话。这也属于人之常情,他们本来和高岗是一起干过多年的。但我觉得即使如此,也不应当雷霆万钧地搞得那么厉害,说成反党。反党得要主张推翻共产党,才说得上。他们这些从小当红军出身的人,如果推翻了共产党,可上哪儿去呢?这可能吗?

我才开始有点明白了,原来就连老红军也并不是那么绝对受信任的。以前我还以为只有对知识分子干部才是这样呢。

但我仍然对那些传达抱着不敢完全怀疑的态度。正巧,我们出版社发生了一件和"小说反党案"有牵连的案件。也是在西北地区,有一个过去做地下工作的人,叫王超北。《红旗飘飘》这个刊物上发表了一篇回忆录,叫《古城斗胡骑》,是王超北口述,由我社编辑欧阳柏整理的。这篇回忆录说的是当年西安的地下工作,康生通知下来,说作者所写的地下党机关,实际是国民党特务机关!

因为事情牵涉我社编辑,我不能不仔细阅读这篇文章(当被"发现"为反动后,书已立即封存,不许出售。我是派人专门去《红旗飘飘》的出版单位中国青年出版社要来的)。其中写的情节大致是他们在西安市设了一个秘密机关,地下有暗道,有电台,人可以通过暗道跑出去,而地上则是一个国民党的机关。王超北说他当时打进了国民党的省级党务组织,与国民党陕西专员(?)李犹龙有关系,在争取那个李犹龙。而且他还曾参与审讯共产党的案犯。有一次,看见有个被捕的共产党员快要投降招供同志了,他便下令国民党行刑人员拼命打,结果把这个人打死了,没有泄露党的机密……

齐燕铭当时是文化部副部长,党组副书记。他向我们传达说:西安那个什么秘密机关,简直是胡闹,那是国民党的,共产党哪里有这种东西?……齐燕铭是一位教授出身的党员,后来做文化工作。他对于地下党的知识恐怕不会比我多多少。但他是个书生,君子。他说话时的表情像是王超北那些话简直不值一驳。我受了他的影响,同时自己对党的秘密工作确实知道也不多。我想:在国民党机关的院子里安设共产党的电台,这可能吗?的确很罕见。又想:李犹龙是人所共知的反共人物,完全有可能是特务。和他有关系,又争取他,还能有什么好事?特别是审讯一个共产党员,他并没有供出什么来,只怀疑他可能招供,便将他处死,这是什么行为?这不是杀害同志吗?怎么能允许?这是用国民党的面目来杀害共产党人啊!

于是我把欧阳柏找来谈话。一谈之下,欧阳柏却说他只是在《新观察》当编辑时,因组稿关系认识了王超北,王超北谈过一些别的内容,他记录整理过。后来,王超北说,还有不少材料,愿意找他整理。他听了听,也觉有意思,便答应了。问及西安地下党那个机关到底怎么回事,他除了王超北所说之外,实在一概不知,和他们也没有别的关系。至于我提出的李犹龙是个什么人,什么背景,他根本不了解。关于我们说的以国民党面目擅自打死并未招出什么的共产党员是犯罪,他说他连想也没想过,只以为王超北那么干就是革命的。他是个候补党员,对党内的一切,茫无所知。

当时中宣部认为欧阳柏问题重大,可能也参加了"西北反党集团"。中宣部出版处副处长许力以多次来我们出版社坐催此案。主要负责谈话人(即审讯人)是我。可是无论我怎么问来问去,都只有这点材料。那个欧阳柏是一个旧社会过来的老记者,按其历史,按其对共产党的知识,实在也不像是参加了"西北反党集团"。当时我就想:也可能王超北真是个坏蛋,把反革命历史当革命历史瞎吹。可是这个欧阳柏实在不像参加了他们的阴谋,难以判罪。我把我这个"审理结果"汇报上去。中宣部也跟他谈过几次,并未发现超过我所得的材料。但是,却从中直党委通知下来:停止给欧阳柏这个候补党员转正,并停止他阅读一切文件刊物、听一切报告(包括普通非党编辑听的报告)的权利。这个决定,是1962年做的,连续执行到"文化大革命"中。后来我们社党委也曾几次提出:他并未划成什么分子,又没开除党籍,连编辑听的报告也不让听,是否重了?但提了无用,还是这样对待他。到"文化大革命"前夕,才允许他听报告。但转眼之间,"文化大革命"开始,不但他的这点"政治权利"被全部剥夺,而且给他这一权利的人也落了个"招降纳叛"。

他们的案子没有完全结束,波浪就冲到了我身上。这时到处在抓"反党小说"。我前一阵发表了几篇小说,于是落入网罗。北戴河会议传下令来,叫将"反党小说"搜集一批报上去。作家协会党组赶快翻刊物检查,好似二次"反右"的样子。最后作协党组开了会,把我的两篇短篇小说《访旧》和《月夜清歌》作为毒草,报到了北戴河中央工作会议。

消息是黄秋耘秘密告诉我的。后来,文化部副部长李琦还专就这两篇小说的问题和我谈过话,为此叫我下放搞"四清"。我和人民美术出版社副社长刘近村编一个队,却叫他"领导"我。我出了"问题",这是明白无误的。我始终都没有想清楚,写这两篇小说时我记得是很含蓄的,非常小心。一篇《访旧》,说的是一个烈属,丈夫死了,儿子没多少出息,她倔强地在农村里生活,既不接受村里的救济,也谢绝了当年老战友的关怀。她像从前一样在炕头上做饭招待老战友,含泪送他走,但是她不能进城去享受对她的优待。据说这是攻击了社会主义优越的制度。另一篇《月夜清歌》,写一个歌喉极好的女孩子舍不得家和爱人,谢绝进城当演员的邀请,活得倒挺愉快的。在这一篇里我联想到,假如她接受别人的邀请,进城去,那会有什么变化?联想到普希金《驿站长》里那个跟军官跑掉的驿站长女儿,这样的联想好像有点"意识流"吧。反正,这也成了"毒素"。

我为这事去找了邵荃麟同志,他也说不出我所放毒素何在,只是反复地说:"大概你的意思就是想描写一个性格……我们研究研究……"我流了眼泪,一面觉得冤,为什么就连写这一点

89

人的性格的自由都没有,只允许我们歌颂单线条的英雄呢?另一面又到底有些怯懦,知道一个人的作品一上北戴河会议的毒草名单,则此生休矣。习仲勋尚如此,其他何必论?

当时,茅盾写了一段读书杂记,称赞了我这篇《月夜清歌》,谈到了它的优点就在于"横看成岭侧成峰",很耐人寻味。我自己也觉得这篇东西尚不那么简单化,但是,那时候就是提倡简单,"横看成岭侧成峰"就是罪,茅公也保护不了我。

但是,经过文化部给了处理(李琦谈话,我下放农村)之后,并未对我公开点名,这是极其宽大的。后来我想过,也许是邵荃麟、李琦同志他们的保护,得使我侥幸过关。但是,这件事已经预先吹来了一阵风,告诉我前途不妙。

碰到这种事的,不止我一个人。黄秋耘的《杜子美还家》、《鲁亮侪摘印》,被说成"影射",用唐朝杜子美经历的人民困苦生活来影射今日的社会主义生活。郭小川的《望星空》,因抒写望星空的个人所感所思,被说成是资产阶级思想感情。最后他们的遭遇也和我一样,没有公开点某某的名,仅内部批了一番。此后黄秋耘被送往石油工地"受再教育",郭小川被解职(作协秘书长、党组成员),送到《人民日报》当记者去了。类似的还有。

看起来,我们这一批所受的处理还是从轻的。但是,我们的罪名却比1957年划的那些右派更加说不清楚了。那时候,秦兆阳还有个"现实主义广阔的道路"的主张,丁玲还有"一本书主义"这么个不成主义的主义。而我们这一群有什么?"利用小说反党是一大发明",则凡小说,都能构成"放毒"的罪名。欲加之罪,何患无辞。加罪于人的路子就越来越宽了。这已经为批判《海瑞罢官》、《三家村札记》等铺平了道路。

"文化大革命"拾零

（上）我这个"走资派"

许多人提起"文化大革命"好像一场噩梦，更多的人把这场噩梦归之于江张姚王四个人的阴谋。的确，这也有点像噩梦，像见鬼。

在共产党内生活得时间稍早的人，细想一下就会觉得，这场"革命"不是突然从天上掉下来的。吴晗的《海瑞罢官》遭批判，已经使人觉得实在奇怪。后来又批起"三家村"，批起《燕山夜话》来，更简直是鸡蛋里挑骨头，连骨头渣子都没有找着。

"项庄舞剑，意在沛公。"世人都知道了。

"文化大革命"发动的那几天，我正在安阳农村里搞"四清"。突然接到电报，命令全队回京。那时别人都还是欢欢喜喜的，在火车上计议作"四清"汇报，写一个拥护"文化大革命"的挑战书——这种方式是大家搞惯了的东西。只有我不同，前两天我已经在村里听到批"三家村"和北京市委的广播。舞的这个剑，意在彭真，已经明白。杨述与彭真、邓拓的关系，难以隐藏。何况他已事先来信,说形势不好。所以,我是准备着一回家就先听这些噩耗的。

但是我没有想到,连噩耗都没有来得及让我听。车到北京站,我一抬眼已经看见,来"欢迎"的不是像寒假回来时那样的一群人,而是只有人事科的两个人,见了我两眼直瞪,看都不看一眼,接着就喊:"走!"没有一个人来帮助提行李。来接的不是坐人的汽车,而是大卡车。我们这些老年人只得自己背着行李爬上卡车。人群中只有文学所的叶水夫向我点头握手为礼。在其他所有人眼中,我已经成了等外之民——只下车这五分钟,人就由天上跌到地下。

接着是把我们都弄回机关,我一抬眼就看见了要求把我"揪回来"的大字报,又接着是宣布送往社会主义学院的黑帮名单,把我们这一批人马不停蹄地送往黑帮集中处。

这几年,对于这种弯腰挂牌、开会游街……的场面,已经有许多人写文记叙过。反正那一套就是变得人都不认识人了,真是像做梦。我们那个社会主义学院只有一点与众不同的地方,即除了看管的军宣队之外,全体都是各单位送来的黑帮。大家互相揭发,骂起来当然也是不留情面,说对方是黑帮,是反党,而自己是"上当受骗"。可是这种局面没有几天就给打破了。我记得人民文学出版社来的一群,一开始把自己都说成上当,只有一个由作协派来的我是老牌黑帮。几天之后,本单位叫我们轮流回机关看大字报。这一下变了,他们的统一战线破裂了,相互你骂我,我骂他,没了一个好人。后来被叫回机关去挨斗,我听说,原来完全"上当受骗"的许觉民,当造反派质问他"你为什么干这些坏事"时,他干脆地回答:"为了我要反党!"

从我的黑帮生活开始记录：

这个黑帮窝也够可怕的。楼上楼下贴得满满的大字报。我记得很清楚，林默涵的名字被用大字歪七扭八地画成一只带毛的大狗，真正是一点不错的歪曲。邵荃麟病重不能出来见人，他的妻子葛琴照顾他，也被贴了大字报，说是她把革命的学习班当做了高级疗养院。田汉的儿子田大畏给自己的父亲贴大字报，开口是"狗"，闭口是"叛徒"。田汉到食堂吃饭，有一根肉骨头实在咬不动，他吐了，被"革命群众"当场斥骂之后，喝令把吐的东西全部重新咽下去。革命烈士的女儿孙维世，因为曾被派往苏联留学，加上"苏修代理人"的帽子之后，还要她揭发苏联老师的罪状。我们这些人，本来互相都认识的，这时忽然都变得素不相识了，见面连个头都不点了。

但是，光是这样黑帮自斗，只用笔诛，还是不彻底。于是宣布解散，叫各单位自己领回去斗。

各单位派人来领黑帮，如驱猪狗，塞进卡车。年老的孟超和我挤坐在一起。一群十三四岁的孩子围着我们臭骂道："孟超老鬼！"因为他们知道了孟超是"鬼戏"《李慧娘》的作者。孟超只得答应道："哎！哎。"孩子们又指着老人的鼻子骂："你老反革命！老混蛋！"孟超依前答应。孩子们继续骂："你认罪不认罪，不认罪活宰了你！"孟超连声在他的孙辈面前认罪不已，才得以开了车。到机关后，把我们塞进后楼图书室房子，睡地板。男外间，女内间。在进屋之前，竟先举行搜身。他们等于外国老板，我们成了包身工，把我们一个个全身搜摸，有无违禁品，这才放进去。我还记得是财务科周××搜我，使我深有感慨，在此当领导数年，现却已成囚犯！

我们的生活就是天天被轮流叫出去开会挨骂,没有轮到的时候就每人坐在一个小课桌旁写交代。

我当然是第一个挨斗的,而且挨斗最多、规模最大。开全社大会,叫我交代:"交代你跟杨述一起到邓拓家搞的什么阴谋!"我答:"没有阴谋,我是去组稿。"底下便拍案大叫:"不老实!说你的反党阴谋!"都是这类毫不讲理的叫骂。机关原单位已全部取消,改由造反组织来领导。科长以上的人都失去了领导资格。当领导的一个是汽车司机高××,还有炊事员张××,清扫工高×,几个青年大学生因为历史简单,也得厕身其中。天天早上,由张××领导我们念认罪书:"我是一个犯了很大罪恶的人……"还要背,背不出的由张××狠骂一通。

这种日批夜斗的奇怪生活,家家一样。我也不想去详细描写。有一段,我是精神失常了。人家问我话,我答不出来,只是眼睛瞪着对方。若说我是疯了,我觉得我头脑清楚,明明是在这里挨斗,是罪人,不知从什么地方来的罪,使我无法逃于天地之间;若说我没有疯,我又和这些所有的"正常人",已经没有一句共同语言了。我怎能回答他们的话?我只能看着他们,他们好像与我有深仇大恨一样,究竟是怎么一回事?

后来,我在一位老保姆(也即一个正常人)的看护下,逐渐恢复。其实那成天批斗我的正常人,倒是不正常的。

街上烧饼店老板都被打成走资派,用印有毛主席照片的旧报纸包花生米的小贩打成反动分子……都不必细说了。还说我自己的故事。"文化大革命"之前,我偶然在家里发现了一本旧图片册,不知是院子里哪一家的东西,也不知是谁家孩子带到我家来玩扔下的。只见大红封面有个寿字,打开来那玻璃纸扉页上有个小孩子用铅笔瞎涂的带胡子的美人,再往下看,这美人原来是宋美龄。这册子是一本庆祝蒋介石生辰的画册,头一页是蒋宋二人画像,后面是一些山水画(大约是蒋氏家乡写生)。我看了看,扔在一边了。我那位婶娘杨奉筠把它收了起来。事隔多时,"文化大革命"来了。杨奉筠此时已不和我住在一起,她竟突然心血来潮,想起那本画册里有蒋介石、宋美龄,那不是国民党吗?家藏国民党的画像,不就是反共罪行吗?于是她找了我家的老保姆赵贵芳,两人在公园里好像研究反革命秘密似的碰了一回头。当时杨述正在挨斗期间,对赵贵芳只说了一句:"我不知道。"赵贵芳便把它用包袱包好,送还给杨奉筠。杨奉筠一见,更吓得不知罪有多大。她把这事件报告了我社的造反派,说我私藏蒋宋照片。同时,因为害怕,她又将这画册撕碎毁掉了。这一来,一群年轻的造反派可找到了一件特务间谍案,说我是特务,那本画册是我的特务活动证件。

这实在太荒唐了,我不能糊涂承认。于是我费工夫写了近万字说明,请他们考虑一下,这么厚重(一尺长,二寸厚)的一个本子,特务们会不会公然把它交给我这个已经当了共产党党员干部的"特务"?如果给特务们都分发这种大册子做证件,那恐怕得开办特务发行部了。如不是他们公开发的,那只能说是我从延安带出来的了,谁都知道我们是从延安徒步行军到晋察冀的,一人一个挎包。我在挎包里装上这个特务证件,首先背不动,即使我把别的都不要了,光背着它,那不是走一天就会被别人发现的吗?那时夜晚都睡十几人的火炕,可没有单间旅馆。

这些理由,我一面说,一面想笑。为这个打成特务,自然可悲,但这种理由,怎不比滑稽剧还滑稽?最后他们虽然闹了半天,还是说不过我,才算了。把这一案归了杨奉筠,大概弄到1976年才结案。

其实很简单,我还记得画册的出版处就是杭州美专。为蒋的生日,出一本以风景为主的画册,有什么奇怪?可能刘海粟、林风眠都会知道。但是我可不敢再拉扯别的人了。

这些文化水平不高的青年,在谈论美术作品时闹笑话,还不足为奇。最奇是在文学工作中滚了多年的知识分子老编辑,也写出种种绝世奇文,简直变成了文盲。记得我们有一位被"揪出来"的文友龙世辉,平常喜欢写点寓言。有一篇寓言叫《白鹤的故事》,大约是说白鹤自以为了不起,其实他的作品不如普通的鸟儿。审查我们的造反派,说他这篇寓言是反党,白鹤就是公然影射最高领袖。这就批斗起来。他矢口否认,于是造反派居然在批斗会上亮出了"物证"。什么"物证"呢?原来是从新华书店业务员嘴里问出来的。她们说:"单行本的毛著是白皮,红标题黑字,一大排摆在书店书架上,只见白皮上露出红冠,就是有点像有红顶的白鹤的样子。"于是,这就成了"铁证如山",那几本白皮单行本成了"物证"。这话听了就叫人匪夷所思,但是,那时候都成了定成反党大罪的根据。

还有一件更有名的文字狱,罪状是我的。为了纪念毛主席的若干岁寿诞,各出版社都必须重印几本他老人家的著作。但是,印毛著本来是人民出版社的独家买卖,别家要出,只可另行编辑。人民文学出版社就编了一本《毛泽东论文艺》(其他社也编《毛泽东论军事》、《毛泽东论农业》等)。但是,毛主席的全部著作,本已编入选集,印数又大,在这范围内再炒陈饭,实难指望卖出。于是书店提出印数一万(以前已印了好几万),我未加思索就同意了。谁想到这批两个字"同意",竟成了我"反党反毛"的险恶行径。光靠炊事员、司机写不来批判文章,于是由一位老编辑就此事大做文章,说得我居心殆不可问。怎么能对于全国人民翘首盼望的毛著,只让印一万?怎么能对于全国文艺界迫切需要学习的《毛泽东论文艺》加以限制,不让他们学习?文章写得洋洋洒洒,他大约根本不记得只在两年多以前,我亲自去跑《毛主席诗词》一书,半夜三更起来去印刷厂看清样,以备天亮送到毛主席手里。那本书印了几十万,好像一百万吧。可是,这都无所谓。我们的知识分子自己写出这样的奇文,自己署名登报,也不怕丢人。

还有一篇批判"反资文学"的文章,叫我现在怎么回忆也回忆不起它到底怎么说的。最初,是宣传部长陆定一布置:我们老是反封反帝,这不够。好像资本主义在中国专做好事。不对!也应该出几本书反一反资产阶级。我们按他说的布置,勉强出了三本,完全为了完成任务。谁知"文化大革命"一来,陆定一先倒了。于是他的一切话都成了反革命言论,他提倡的"反资文学",也就变成了"拥资"、"美资"的"资产阶级吹鼓手文学"。这理由究竟从何说起?因为当时我就听不懂,只有糊涂认罪,所以到现在也想不出那究竟是个什么逻辑,实在奇妙。

不能说别人的逻辑怎样糊涂,自己实在也够瞧的。那时候,我们这些"专政对象"天天"上班",任务除了扫厕所擦地之外,还要天天写交代。有的是外单位来调查别人情况的,尚可按题回答。至于自己的交代,交代自己生平罪恶,真是搜肠刮肚,从祖宗三代的罪认起,也没有那么多可认的。例如我交代的,就有我的父母抽鸦片烟。我父亲做铁路局长,盖了房子,一定是贪污。我九妹和苏联有关的维吾尔人结婚,十妹常和住香港的姐夫联系,她们一定一个是修正主义,一个是资本主义……如此给自己一家大戴帽子,还算轻的。我本人在旧社会确实只是一个学生,无帽可戴。记得翻译家孙用,年龄较大,在旧社会当过一个小镇的邮政局长,这可就不得了。承认自己是贪官污吏还不行,还得承认旧社会的邮政系统全都是特务系统,所以自己又与特务有关。可怜那孙用,生平在群众面前讷于言语,直逼得他满脸血红血红,一个字也说不出来。

实在没的说了,就从思想、文化、作品上来"挖"。原主管外国文学的翻译家郑效洵说:"毛主席说我们文化部是帝王将相、外国死人部。那我搞的外国文学部就是外国死人部。"这话使我触类旁通。后来,我的女儿团团对我说:"以后我们什么书也不念了,只念一本——《毛泽东选集》,别的书都是反动。"小孩子这句话更使我一通百通。原来如此,一切文化,不是封建文化就是资产阶级文化,新的是修正主义文化。我从小接受的一切教育,自己推行的一切文化工作,全是百分之百"封资修"。照此向每个古人头上打一个叉子,则打不胜打,有何难哉?从此,我就天天手不绝书,在那里认罪。我还悄悄看过别人的认罪书,例如郑效洵的,就比我的还厉害,他骂高尔基是小资产阶级知识分子。连高尔基也骂,他大概是想开了。反正统统骂倒,一个不留,斩草除根。我们这些知识分子都没有根了,只请用剃刀剃就是,管什么革命知识分子?

我那洋洋十万言的"作品",后来没有全还给我,不知被造反派弄哪儿去了,但是也必然如此。我们全体罪犯约达七十人,平均即按每人每天二百字计,一天也要交上去十四万字。而管制我们的造反派多数是炊事员、司机们,还有一群初试自己文笔的大学生,一天哪里看得完这十四万字?所以,后来写来写去,我也知道了这些根本没有读者,写不写两可。懒得写,我就闭目养一会儿神,再看看别位难友的表情,或木然,或庄严,或悲,或笑,倒也有点意思。

到9月底,国庆节前两天,打发我们到湖北咸宁干校去劳动。所谓"干校",实系永无毕业期限的学校,只有"干活"一门课的学校。直到这时,一般革命群众跟我们一起下干校,他们才有点明白自己跟随造反的结果是什么。当然,一开始大家都还认为是下去革命的,也不知道此去的前途是不准回来,等于流放。

我们到达了咸宁一块湖区,住在老百姓家里,自己先盖房。我们社(改名为连)的全体妇女集中住在老乡的牛棚里,满屋牛粪味。工作首先是自己和泥做砖盖房,钉竹条搭棚做仓库,准备将来把湖里的水放干了种稻子,自己取名为"向阳湖"。我记得破土动工的第一天,大家倒也挺有点新鲜劲的。一个女秘书,干完了一天活,回来发表感想说:"我这才觉得我这个人一天干了活,不是白吃饭。以前我们成天干什么了?"她大概觉得自己的半生就是白吃饭了。一个文质彬彬的中年编辑,手持利斧,踏着竹条做的架子,凌空大步砍竹头,脸上毫无惧色。我的任务是和舒芜一起挖一个坑,修建临时厕所。我们两人累得大汗淋漓,才挖好了,欣赏欣赏,边也修光了。但是,一会儿上级传来命令,厕所要挖在另外的地方,我们只得搬家,还又回到原来的地方去凭吊了一番。这时候才有点明白"上边歪歪嘴,下边跑断腿"是怎么一回事了。

我们干,真的拼命干。一般的群众,在大家差不多的环境下,不再那样歧视我们这群牛鬼蛇神。但是,仍然有一些自视身份比别人高的人,用语言和表情来伤害别人,以为娱乐。我记得的,研究鲁迅的杨霁云(也是鲁迅的朋友),因为素无干力气活的习惯,铲土只能一次小半铲,就被我们连队那位首先解放的首任指导员取了一个绰号,叫"二两半"。然后,在一次大会上,由取绰号者向人提出讥笑的疑问:"还有这么一位'二两半',真把那点儿土算计得准,为什么非得二两半,再多铲半两,来个三两,就一定不行?"我没有看杨霁云先生的脸,因为这时候我不忍去看。他有什么罪?大概就是早年认识鲁迅的罪吧?而这时正是把鲁迅捧成毛主席以下第二大神的时候。

我们拼命干,多么希望得到人家一点点称赞,至少是同情。哪怕是来自非革命群众的。我记得有一次挖土,我是牛鬼蛇神们的临时组长。诗人陈迩冬也是向无多少劳动习惯的,这时他却一铲一堆,一铲一堆,一连许多铲,头上流着汗。我轻轻无意地说了一句:"陈迩冬今天干得不坏啊。"只见他脸上突现不好意思的谦虚之状,擦了一把汗,像小孩得到大人夸奖似的说:"不过……不过还是有点疲劳啊!"其实,我并未想到这句话在这时能给他以安慰,我们中国的知识分子是多么容易得到安慰和满足啊,而所得却如此吝啬……

我得到的待遇也是一样。开始时,每次劳动间歇就"开斗争会",毫无目的地乱骂一通。后来,大约由于这样的"斗争"实在妨碍群众的休息,才取消掉了。平时,我挑不动砖时就用胸顶着上。有一次,盖房子抹墙,三面高处都有人抹墙,我站在中间的踏板上,向三面供泥。下面给我供泥的是两个十三四岁的家属男孩子。他们也知道我是黑帮，就以耍我作为娱乐。这边一铲还来不及送上去，那边又喊："来呀！来呀！韦君宜呀！"忙得我几乎从踏板上掉下来，他们却大笑。可见人是有一种自然地虐待他人的恶作剧嗜好的，给别人以痛苦，自己并不介意。

后来，日久天长，劳动成了每个人的本分，既不觉得光荣，也不觉得受苦了——除了太累的时候以外。我记得在秋天挖泥做砖时，下午小休。这时已经取消了我的挨斗供娱乐的任务，可以休息了。满地都是供和泥用的干稻草，天上是暖融融的秋日太阳。我就找了一个附近没有人的大草堆，伸脚躺下，仰望蓝天，真比盖被子还要暖和，比睡在大玻璃窗下还要敞亮，一下子就让我脱离了这个受苦受难的人的世界，躺在了地母的怀里。

第二年我们要秋收，用大量的稻草，在湖田中心搭了一个休息棚。那里又凉快，又四面来风，旁边连（中华书局）的"战友"们走过，跷着手指说："真是文学出版社的杜甫草堂啊！"

类此草棚闲话，只要我们把自己当时身受的政治待遇忘掉，也未尝不可以怡情悦性，物我两忘。后来我们就这样过日子。

不久，我就热烈地投入为别人重审结论，实即平反的工作之中了。还有好些刚被解放的老干部，都使劲东奔西跑"内查外调"，以推翻造反派给人定下的部分（只是部分）冤案。我把我参加的几个案子都写进小说里。有一篇名为《功罪之间》，那时真是对于自己是功是罪并没有完全弄清的。我原以为自己参加革命多年便是功，那么别人未参加革命便是罪。如此看历史，如此看世界，究竟功欤罪欤？现在感到，至少要把眼光放得稍大点吧。这是后话。

（下）这些人的罪行

我们这些"走资派"被斗数年，翻来覆去，无非是工作中那点事情，还基本上是上级布置下来的。反"封资修"，反什么呀？反旧剧，反古代和现代文学，反上大学……一般老百姓真也找不出我们什么罪过来斗了。谁反对共产党？许多人没法，就从历史上去找反过共的人。说来说去，把历史上曾与国民党稍有瓜葛的人都拉出来斗，很有意思。凡历史上确查不出认识一个国民党的人，都"解放"较早，而沾一点国民党的，就拉扯不休，以致最后不是斗"走资派"，而是斗的所谓"国民党"、"叛徒"，斗得很热闹了。罪最大的刘少奇，被说成在长沙时代就抱着什么"四书"当叛徒出了狱，在满洲省委已叛变咬出多少人——当然全是胡说。可是骂得比他的"封资修"罪行还厉害。元帅中挨斗最苦的是贺龙，以至于不给水喝，只好喝屋檐滴下的水，加给他的罪名是那一回跟国民党私通了。我们文艺界死得最苦的莫过田汉、邵荃麟，全都被捏造为投降过国民党。邵荃麟病倒不能起来大小便，干在裤子上，他们也不准医治一下。各个单位造反派照方炮制，都大抓"叛徒"。我们单位也照样。我略举一些我单位内部的人为例：

一个许觉民，被说成叛徒。理由是他请假离桂林到上海后，没找到关系，跟几个同志改换招牌，自己挣几个钱维持生活书店，遂被定为奸商并反党。一个王士菁，中学毕业时按国民党规章履行过入三青团手续，这自然是反动党团员混入我党内。还有个蒋路，罪名也一样。一个黄爱，因在《毛泽东选集》上胡画胡批过,定为现行反革命。一个赵少侯,在日本统治时参加过新民会,是老牌汉奸。牛汉原来就是"胡风分子",又加上当学生时参加过革命组织,是反革命混入革命内部。向云休在重庆参加过妇女指导委员会,原系国民党组织,又加入什么"一六九",不知何团体,肯定应定为特务。程代熙曾在孔令俊(孔二小姐)单位做职员,显然系国民党嫡系反革命。谢思洁作为共青团员曾被捕,后又在国民党的机关工作,这就是叛徒。刘岚山曾被国民党关押在五台山集中营,出来时被列名于《劝共党青年脱党书》,当然是叛徒。程穗曾参加过国民党区分部任监察员,这不仅是国民党,而且是特务。刘敏如在日本统治时期当过两面村长,这就是日本一面的汉奸。萧乾本系老右派,罪恶重重,还加上叛徒。陆耿圣这个老党员也是假的,因为她在被日本拘捕时写过一句"我是良民",即是叛徒。丁玉坤是公勤人员,因在国民党时当过警察,也是反动党团。马义民的罪状类似。董恒山原是个京剧小生演员,过去在旧社会混的时候,曾参加过民社党,以便混碗饭吃,这一次就打成了反动党团成员。冯雪峰本来早打成右派兼"封资修"还不够,这时又拉出他在上饶时被国民党捏造登报的姓名,指为叛徒。周汝昌抗战结束国民党部队回到天津时,曾参加欢迎,写了篇《箪壶迎师记》,自然成了反动党派的奴才。陆浮在南洋被人诬指为出卖,后来公安部已经平反,造反派却仍按老账算。黄肃秋因姓名雷同被弄错,后来已弄清,也还要说那错案是对的……诸如此类,记不胜记。包括我,也差一点给算到叛徒里面。因为1938年我受党派遣去襄阳,后我外祖父前往襄阳,把我叫回武汉。这时造反派们查得我离襄期间凑巧与我一起工作的刘同志被捕了,他们就说是我出卖的。我不肯屈服,举出证据,刘同志被捕时我早已离襄到武汉,那晚上台儿庄大捷游行,还碰见过张光年、于光远二人,可以作证。我的辩解才算起了作用。

这种干法,哪个人都能胡拉乱扯两句。除了这大批"叛徒"之外,还有许多"阶级异己分子"。张健无罪,只因查出婆家是地主,便被揪出。郭凤兰只因丈夫自己拿钱办了个缝纫学校,便夫妻俩一同被打成"阶级异己分子"、"反革命"。杨立平只因丈夫重病不能教书,回父母家养病,而父母是地主,就此打成"异己分子"……数一数,仅我一社,只要解放前在二十岁上的人,如此揪出的竟达半数,还没有数完。

这是为什么?毛主席发动的"文化大革命",不是为了不走资本主义道路吗?为什么打了这许多不相干的人?而且其中主要的,如刘少奇、贺龙案,都是毛主席过问的吧?这事情我想出了一点门道。大致,毛主席所要反对的是资本主义,是封资修;可是,首先我国人民与封建关系很密,说反封,实际上反不了。不让唱京戏,不让学古代文学,已经反不下去,再多的更说不清。要反资本主义,说句实话,我国群众的思想还没有达到资本主义的水平。一定要反,不知道反什么才对。要不,就不上大学吧,不念外国书吧,不穿漂亮衣服吧,小姑娘都穿上军服……别的就不太清楚了。毛主席再三号召反,群众只好想:大概要反的就是反共的,一切与共产党不一气的。群众不太了解什么资产阶级文化,却知道人必须听共产党的,而且在五六十年前就得人人早有觉悟,紧跟共产党,不紧跟不行。什么历史背景,大家不懂。那就拼命打反共的,由此造成了这么多的叛徒、反共党团、阶级异己分子。有些命运不佳挨了整的人,只好哀叹自己命不济。

那个挨了整的演员董恒山,就曾当面对我说:"你多好啊。头一样你历史清白,他们除了思想,还能揪什么?"这话使人思之失笑。反对走资派,本来是为了搞思想,闹了半天,群众还觉得思想问题并不甚重要。换言之,反对资本主义,不走资产阶级道路,在群众头脑里,并不占重要地位。这实际上是"文化大革命"的失败。就连什么《红灯记》《芦荡火种》《海港》等等,不是也只知反叛徒,未见哪个戏深入讨论一番反对走资派的重要性吗?

就连我自己也是一样。用此眼光看文学作品,就看不出应当重视的作品来。这是题外话。

群众花了很大力气,打反革命、打叛徒,打了半天,稍有头脑的人自然逐渐发现:凡是年龄稍大,从旧社会过来的人,就不可能与那个社会毫无关系。我们一个出版社,竟打出这么多人,整个社会的局面就可想而知了。那样越打越多,必然只能把这个社会砸掉。

连我家的老保姆赵贵芳,听说在讲"成分",也说:"从前给闺女找主,自己再穷,都得想法找家里有两间房子二亩地的,谁把闺女给老花子(京话叫化子)去?"于是审查来审查去,才逐步把老头、老太太们"解放"了。而事实上,革命群众在干校所受的待遇,也与被打成反革命的相差并不太远。同样下田劳动,同样不许回北京,同样要把家属接到干校去。革命群众的积极性,日渐低落。

跟我们一起下来的不少"革命群众",渐渐由于自己身受的待遇而有点觉悟。但是仍有人一定想从别人身上找出"反革命"来,以证明自己的革命性。那一年,从北京忽然传来所谓

"五一六"反革命组织的政治传闻。这个组织名称既奇,其组织目标也怪,谁也说不清。只传说是"为了反革命的",那么反了革命之后要干什么呢?谁也说不出。后来他们大反起"五一六"来,我才明白,原来不是反别人,就是他们造反派自己反自己。实际是造反派的这一派打造反派的另一派,互相揪咬,越咬越多,到最后把年轻的造反派差不多全打成了"五一六"。证据罪行,什么也没有。也是一个个上台去坦白交代:"我参加了反动的'五一六'。"还说有介绍人、有宣誓、有上级,描写得和共产党的组织一样。他们斗这些"五一六",比斗我们走资派还厉害。有半夜里打的,打得附近老百姓都来提出抗议。有三天不准睡觉(审讯人轮流睡觉),逼问口供的,逼得那个"五一六"头昏眼花,头上一点水掉下来,竟以为是要拉出去砍头,跳起来就大叫。这个人就是造反派里边写文章批判我印少了《毛泽东论文艺》的陈××。"原来你也有今日!"一开始我心里觉得痛快。但是不久我就看到,这样荒谬的造反加造反,实在只能使这个国家走进无底深渊。他们无论哪一派,所搞的一切全都是胡扯,把这些胡扯作为国家大计捧出来,只能使人齿冷。后来,在我已经被"解放"当了连指导员之后,上级叫我仔细审查这些"五一六"案。当时"五一六"最大的"黑窝"实际上是造反派最大的黑窝,就是哲学社会科学部的"红卫兵联队"。杨述就是被他们那里的吴××"揪"出来的。这时,我们单位的一些人,要我亲征哲学社会科学部,去清查"五一六"案。我已初步看了一些材料,一看便知那些材料全是捏造的,张三和李四对不上,根本不值一顾。我当然不能说这不值得查,也不愿趁此时机向那些造反派报复,只能说这里不能分身,推诿了,没有去。

这"五一六"的案子又是从何而起的呢？也可以分析一下。这基本上是一些年龄较轻，揪不出多少历史问题的人。我们单位的"五一六"全体都是大学生。为什么要揪他们？因为想揪出更多的罪犯，想揪出更多的走资本主义道路的人，而找不到什么思想根据，于是创造了这个胡说八道的"五一六"组织。竟然也风靡一时，害苦了多少年轻的干部，乱闹了一场，最后结果全是假的。这番"革命"，当然不会不引起这些"五一六"的深思。觉得冤枉，觉得糊里糊涂响应"大革命"号召，原来是上了一回当。到最后我们单位的一个"五一六"向我忏悔，说现在才知道什么是整人，什么是挨整，以后不干了。另一个"五一六"在全体会上流了泪，表示自己过去乱打老干部是完全错误的，向全体老同志道歉。

年老的走资派和叛徒，年轻些的"五一六"，结果都是如此。那最年轻的，最早动手打人的学生们呢？他们一开始是到处挨门挨户斗争，被学生打死者，听说甚多，我不能统计。知道的有师大女附中的校长卞仲云同志，无故死于女学生之手。罪状没有，只因她是个领导。还知道分司厅中学的一个、育英中学的陈沅芷一个。大学校长知道高芸生被逼死。这些十六七岁的孩子，一时竟成了凶神恶煞，无人敢惹。开口闭口："毛主席是我们的红司令，我们是毛主席的红卫兵。"他们更不懂什么是资本主义文化，反正学校里念的都是，都不要。于是，先是把学校一律改名"抗大"，每日只出门造反，在家斗老师，不再上课。后来学校一律关门，学生们全国去跑。然后大学"恢复"了，要高小毕业生去升大学，叫做"打倒反动学术权威"……这些不必赘述。只说这些胡闹了两三年的学生们，最后结果是下乡去，"接受贫下中农的再教育",全体赶到北大荒、云南边境、内蒙古、陕北边区……种地去了。书,就是你想读也不让读了。孩子们在农村里受够了苦,才慢慢明白了自己那样对待父母和师长是错了。明白自己把青春白白扔掉,是难以挽回了。这一群"文化大革命"新一代,后来大多数都成了没有文化的人。有一些在农村里苦读,回来补十年的课,终归差得多。有些人把自己的苦写成小说,如梁晓声、阿城、张抗抗、史铁生、叶辛……现在已经成名。但是,他们的小说里,都只写了自己如何受苦,却没见一个老实写出当年自己十六七岁时究竟是怎样响应"文化大革命"的号召的,自己的思想究竟是怎样变成反对一切、仇恨文化、以打砸抢为光荣的,一代青年是怎样自愿变做无知的。

所有这些老的、中的、少的,所受的一切委屈,都归之于"四人帮",这够了吗?我看是还不够。

还有一批在"文化大革命"中起了很大作用的人,就是军队干部。这些人中的一部分,一开始就当军宣队,后来又当各级领导,可谓一直走红运,受崇拜了,但是后来也因林彪的垮台而垮台。北京却仍然长时期以军队统治我们文化部门,但是到最后也结束了。这一段留待后面再讲吧。

当代人的悲剧

近两年,需要哀悼的人太多,悼文占了我所写文章的相当部分。没有想到,现在我要来为杨述写悼文。他死了。

他和我一起生活三十九年,一起经过了胜利,也经历了无数酸辛和惨苦。现在,他所有的书籍、药包、亲手写的小条子、电话本,都还塞在抽屉里,与他自己为别人写的悼文手稿和别人吊唁他的来信混杂在一起放着。他的毛巾、脸盆都还在洗脸架上。我不愿收拾起这些东西。这样摆着,使我觉得我们的生活秩序还是照旧,他并没有从我的生活里消失,好像不久就会回来。

几个月中,由于他已经病重不能行动,我又得工作又得护理他,负担沉重,曾使我挺心烦的,常常我正在写着什么,他那里又在叫了,我就没好气地说:"真够麻烦!"当我提着包包去上班的时候,他坐在廊前藤椅上不能起来,总是在后边叫着:"早一点回来啊!"而我,往往回头腻烦地说:"哪里回得来,没工夫!"可是现在,不论我出来或进去,都没有人再叮嘱我早回来了。就是我想再护理他,再不嫌麻烦,全心全意干,都已不可能了。晚了!一切都晚了!

他是个平凡的人,生平没有什么重大成就和功业值得絮絮叨叨，当然也有些成绩，也有明显的缺点，而使我永远忘不掉的却是他一生的遭遇。

这是个老实忠厚人，有时简直老实到迂呆的程度，无论对党和对朋友。但是，他却在"三家村"被点名之后，立即作为"三家村"干将被登报在全国点了名，所受的残酷折磨和精神压迫，到了"逼得石头要说话"的地步，这真是个人间悲剧。

我要写的不是我个人的悲痛，那是次要的。我要写的是一个人。这个人在十年浩劫中间受了苦，挨了打，挨了斗，这还算是大家共同的经历，而且他的经历比较起来还不能算最苦的。实际上他最感到痛苦的还是人家拿他的信仰——对党、对马列主义、对领袖的信仰，当做耍猴儿的戏具一再耍弄。他曾经以信仰来代替自己的思想，大家现在叫这个为"现代迷信"，他就是这么一个典型的老一代的信徒。但是，人家那种残酷的游戏终于迫使他对于自己这宗教式的信仰发生疑问。这点疑问是不容易发生的啊！是付了心灵中最苦痛的代价的！可惜他并没有来得及完成这个自我解剖的过程，是怀抱着这些疑问死去的。我相信，如果他再活几年，他会对自己看得更清楚些。现在是不可能了，只能由我代他写下来。

我首先回忆起"一二·九"运动，那时我们都正在清华读书。我和另外一位男同学有些感情上的纠葛，心情很懊恼。而杨述本来是个一般的朋友，忽然跑来找我，正儿八经地给我留了一张条子，称我为"兄"，说："这种事情在一般女性是难以摆脱的，我愿兄能给人看看'我们的女性'的姿态。"这使我第一次感到，这个人能把女同学当做和男同学一样的朋友、同志来尊重。而同时，也未免感到这人有点迂。

后来,在抗战初期,我知道了他异常的"毁家纾难"的事迹。1939年我由重庆经成都往延安,他在重庆工作,介绍我到他家去住,并经过他家的关系去找党的四川省委。我本来不想去的,但是他的母亲接到了他的信,立即亲自跑到旅馆把我接回家,说住旅馆不安全。这时我才知道,他家本来是淮安县的商人兼地主,父亲在他才十岁时就死了。寡母很受族房里的欺侮,一个人带着六个孩子长大。叫他的大哥继承父业,而叫他(老二)去读书。他是家里唯一上了大学的。他在中学里就接受三十年代革命文学的影响,读《母亲》,读《拓荒者》、《语丝》等等,开始受到当地国民党当局的注意。母亲一方面不知道他到底在外面干什么,想要了解,同时寡妇人家也有个夫死从子的想法,她把儿子买的这些书都拿来看。这时候,他就把必须革命才能破除族房里那些封建家规的道理和挽救民族危亡的大道理,一起讲给母亲听。同时,又影响了已经当少掌柜的大哥和更小的弟、妹。到抗战开始的时候,他本人去武汉做党的工作,写信叫全家赶紧出来,不要做亡国奴。他的母亲竟真的听信了他的话,把土地、房屋、商店全部财产都丢弃,率领他的哥嫂弟妹一齐到武汉来了。他在武汉的身份是个流亡学生,来了这一大家人,怎么办?他就把三个较大的弟妹一起都打发到延安。后来母亲、大哥、大嫂和小弟弟以及侄儿又撤到了四川,杨述又把他们拜托给成都党组织的同志。他叫母亲、哥哥一切都听党组织安排。这位可敬的母亲把家里带出来的细软变卖做了党的活动经费,党组织开办一个战时出版社,出版发行进步书刊。出版社楼上是革命青年的活动据点——星芒社。母亲的家则是党的地下机关,四川省委扩大会议在那里召开,油印机密文件由他的哥哥亲自动手,母亲则担任站岗放哨的差事。母亲兄嫂全都入了党。哥哥后来终于被捕,被国民党半夜拉出去活埋了,腰间还挨了一刀。母亲在成都失去了关系,穷居乡村,以后被周总理知道,指示八路军办事处四处找寻,才给接回延安。我知道了这个故事确是吃惊。我们有不少同学出身剥削阶级家庭,包括我自己,我们能做到背叛那个家庭来革命,但是像他这样能把整个家庭统统带到革命队伍,统统献给党的,真是少有。这时我感到这个人对党可真是一个心眼,不留一丁点后路。他家如果按划成分的办法当然应划为资本家兼地主,我不知道他是用什么样的话竟能把这样家庭的母亲和大哥都感动了,让他们一起背叛自己的阶级。这简直是个奇迹。大概只有对党像对母亲一样地老实忠诚,才有可能感动母亲的心吧。

在我和他结婚之前,我只觉得这个人一方面在政治上忠实得让人吃惊,同时在生活中又傻到很值得同情的程度,让人可怜。他成天讲工作,写旧诗,嘴里老是滔滔不绝,可是脚上的鞋子全破了,床上的褥子脏破不堪。我说:"你不可以买块布请一位街上的老大娘给做一双鞋吗?"(那时候绥德没有鞋店)。他摇头表示从来不懂得可以这么做,我替他办了,他倒觉得顿开茅塞似的。

直到后来,我才看到了这个老实迂呆的人是怎么在党的政治生活中间适应起来的。我们一直在一起工作,1954年以后才分到了不同单位。我们共同编过报,共同写过稿,共同开过会。起初,他在清华的时候曾是下笔千言的,写的文章题目叫什么《两千年来哲学的总清算》,使我笑他大而无当。到大会上卖一回《北平学生》(刊物),也能来一篇《编者卖报记》,文字来得满快当。但是,到后来他在党内工作的时间越长,地位越高,写东西便越加谨慎,文字也越来越短,思想越来越不放开了。到解放初期,他已经是每写一篇文章必先弄清当前党的宣传中心,然后照着去考虑。对宣传办法,他是动了脑筋的,可以"摸精神",是每写一篇之前必须先摸一摸的,从不越乎规矩,而且这后来慢慢变成了他自己的思路。我记得他在1940年写过一个小册子《一二·九漫语》,写得还活泼真切,当时我们那些人的神情和心理还跃然纸上。到解放后把这本小书收入他那本《记一二·九》时,他自己动笔大加删削,亲手把一切带有生活气息的东西和不符合出书当时宣传要求的东西,砍得精光,只剩下几条骨架,使人读了简直索然寡味。我看了实在不满,但是他自己却觉得当然应该如此。他自己原来对中国社会发展史有兴趣,曾想写这么一本书。已写了几章,由于党给他的任务不是这个,他就完全放下,不去搞了。他是做青年工作出身的,对中国的青年运动颇有点看法,认为由于中国的特殊情况,产业工人的力量一开始很薄弱,革命主力部队由农民中产生,因此知识青年在革命中的作用比西欧国家大得多,应当充分估计,不能照抄西欧党的看法。他认为历来写的党史中对阶级力量的分析都对此估计不够。但是就这一点看法,应该说是学术见解吧,因为不符合党一贯发布的宣传方针,他就只是零星透露,从没有系统发表过,也不写一篇像样的文章。直到临死前半年,才在脑子已经不好使的情况下,在共青团举办的青运史研究会上作了一次远远没有说透的发言。1957年,他也知道把许多大学生、二十来岁初学写作的青年作者都打成右派,实在不近人情,也争论过。但是最后还是执行了——按党的决定划了他们。1957年我因为言论出了圈,也受到很严厉的批判,这时候作为夫妇,他是同情我的,在我苦恼到极点的时候陪着我出去散步,但是,在散步中却几乎没有什么话可交谈。我当时觉得,我们的心恐怕已经不能相通了。他担心的是我要受处分,怕的是我的思想对党动摇;而我所想的是:值得担心的不是我,可悲的是,对敢于发言的人这样大量摧残,国家的前途将如何得了。他认为既然党决定发动"反右"运动,那就不会错。有错的只是个别人,掌握不准。我则觉得批斗会上那类发言几乎没有多少真心话,这不止是个别人的事。我们中间的距离一下子很难缩短,但他仍然忠实待我,想法子哄我高兴。

三年困难中间,他自己吃着咸菜,眼看老百姓饿得腿都浮肿了,多少人在发牢骚,在谈从农村里来的坏消息,他可是从来不谈。不论是对家里的保姆、孩子,还是对从农村来的我下放时期交的农民朋友,都是一本正经地跟他们宣传党的政策——要熬过困难,要相信党。人前人后,从无二话,以至有的亲戚开玩笑说他真正是个"彻底的宣传家",不择对象地进行宣传。只有一次,中央文件提倡吃"双蒸饭",刘仁同志说:"那还不就是稀饭!"他回来告诉过我,承认刘仁同志说的是实话,只是咱们对外讲不得。可是,要说他完全僵化吗?也不是。一旦党的政策稍有变化,他就又活转过来。到1961年,人民受的苦太多了,中央的政策才开始松动了,他这时带着调查组去北大,以贯彻知识分子政策为目的,这一下他又很积极地去找教授谈话,听取已经当了教授的老同学的诉苦,而那和学校党支部对于这个教授的估计完全对不上茬儿。他检查教学质量,回来向我讲一个文科大学生背不出一首李白诗的笑话,说这样的学生不把他们"泻"

出去该怎么办,同样说得痛快淋漓,思想明澈。他们的调查为后来的"高教六十条"做了准备。

反正他就是这么一个人,真正做到了党怎么说,他就怎么想,所谓"指到哪里就打到哪里",老老实实,不愧为"驯服工具"。生活又很朴素,谁到我们家来也挑不出多少"特殊化"的陈设。依我看来,他实在是一个标准忠实的党员,忠实到和古代的忠臣相仿佛。

我怎么也想不到,"文化大革命"中会把这样一个人当做"反革命修正主义分子"来打,而且打得那么惨。当他已经被造反派挂了黑牌,剃了"阴阳头",弄得满头刀痕,被打得遍体鳞伤之后,他回到家来,见到了造他的反的十七岁女儿,还嘱咐道:"我这次可能被乱棍打死,但是我实在不是反革命,搞革命总有牺牲。我就是死了,翻不过案来,你也一定要永远跟着党走。"使女儿对于自己幼稚的"造反"也不由得产生了一点动摇。当时,我也在挨斗中间,暴雨一般的造谣、污蔑倾到我头上,我实在不能接受了。在还允许每周回一次家的那一段,有一次我们两人单独在保姆的住房里,我曾偷偷对他说:"我实在没法接受这种侮辱。看这形势如水下坡,是不能扭转了,我们不如到厨房把煤气打开,了却残生,免得零碎受苦吧。"他声音很低,却是义正辞严地,就像平时开会分析问题一样地对我说:"不!我估计这次运动搞成这样一定是有反革命分子混进来了,也许是国民党进来搞的,这种事早晚能弄清,你得忍耐,得等待。"

就这么忍耐着,等待着,一直到他被隔离审查,我被发往干校。在隔离审查初期,还允许家里送食品和衣服,后来忽然根本不准去见。有一次他来条子给家里,要跌打丸和接骨膏,我叫孩子把药送了去,却不准孩子和他见面。我猜得到一定是挨了重打,打伤了筋骨,但是直到他后来释放出来,单独和我见了面,都没有详细讲过究竟怎么挨打的,只说了打得他不能翻身,但更重要的是骂那个打人的造反派,说那人是左手拿着小红书,右手拿着棍子,嘴里还念着"文斗与武斗相结合"。他只形容那个造反派的荒唐丑态,说那个人坏,坏得很,却不详细说那个场面。直到他死之后,才有知道情况的人告诉我那真情:是用直径一寸多的铁棍子打的,先把人打倒在地,又打,打得他在地上爬,肋骨折断。但是这些,他却连对他的妻子都没有细谈过。现在我想,他不是只为怕我听了伤心,他总是认为这是个别坏人干的事,怕我会由此联想太多,会损害了我心目中对党对革命的信念吧。

后来,他也下了干校。去干校时他已经是五十九岁,原来有心绞痛,可仍然从事繁重的体力劳动,弄得心绞痛越来越厉害,到了隔天痛一次的地步。但是,这些他也都没有告诉我,是在他临死前病重昏迷之后,我开始整理他的日记,才发现的。

我们隔绝了几年。我不知道他是怎么过那种难堪的日子的,只是在每年春节时,我们才能到武汉或信阳相聚三天,两个都瘦得像人架子似的。在林彪坠地的那一年春节,我们在武汉见面,他抱着满怀的希望,说这一下毛主席可该把那些专会吹捧的坏人识破了,老实人该有出头之日了。在陈毅同志逝世的时候,他偷偷写了几首痛悼陈毅同志的诗,他写道:"总是戴尧天,奸宄终授首。历史亦有情,誉声满众口。"见到报上登载毛主席和张茜同志握手的照片,他掉着眼泪笑,说:"这一来,陈老总死可瞑目了。'二月逆流'的案子要翻,这几年颠倒的是非该颠倒过来了。"

他坚信所有的坏事都是个别坏人打进党内干的,与党无干。他的根据主要是,在延安时期,毛主席曾亲手对他的一首诗作过批示:他的那首诗中把毛主席说成"平民",毛主席说没有问题。1943年整风审干,他和许多干部遭到"抢救",打成特务,而毛主席一经发现错误,就亲自在台上举手行礼道歉,所以当前的坏事情总会变,毛主席总是英明的。他把这些话再三嘱咐儿女。

他告诉我,已经允许他参加十八级以上干部的会议了,大约"解放"有希望了。

后来,由周总理下令,让哲学社会科学部全体回到北京。他回到家里,成天就看当时上海《朝霞》上发的东西和已被砸烂改造过的人民文学出版社所出的书。这时候我已经下决心脱离这个已遭砸烂的文艺界,对这些东西一本不看。他却称之为"时兴书",买了一大堆。大约也是想看看这里面有什么新"精神"吧。

1973年初,我也由干校回来了。下放边疆的女儿探亲回来,"文化大革命"初期还幼小的男孩子也已长大,全家重新团聚在郊区永定门外小小的两间屋里。但是,他所盼望的"解放",却仍旧是遥遥无期。前几年的希望,看起来还是要付之东流。这时候,过去曾造过他反的女儿已经经过了几年艰苦的农村生活,看尽了当时社会上的种种坏事,也明白了在中学时期怀抱的那种红卫兵式的革命思想有多么荒谬,弄了一脑子问题。这正是"文化大革命"初期的群众性狂潮已过,群众没人再造反了,只剩下"四人帮"那几个头目在那里作威作福的时候,周围眼见耳闻的种种荒诞事情,使任何人也不能不考虑考虑了。而在机关单位里,这却正是必须每天上班说假话,不说就不行的时候。于是,我们家也只好像别的家庭一样,上班"政治学习",天天照报纸瞎说,晚上回家才是过真正的政治生活。每天吃过晚饭,父母子女坐在一起,讨论时局和一些带根本性的思想观点。这个"家庭政治小组会"总要开到十点钟才散。这时候,我们自己作过"政治排队",最"左"的是他,其次是女儿,再次是儿子,最"右"的是我。但是不管左右,大家能坐在一起讨论了,这就和几年前大不相同了。一开始,他还是抱住了他的信念不放。女儿问他:"怎么把国家给弄成这个样子?'文化大革命'是不是不对呀?"他就连忙警告:"可不能这么说!'文化大革命'是毛主席亲自领导的,怎么可以说这话!"女儿也就首肯,认为一个干部子弟的阶级感情就该表现在这里(所以她才能排第二位)。说他是左派,就是因为他总是把形势发展往好处估计,认为不久就要转好;而我总是往坏处估计,因为我实在看不出好转的迹象来。我当然也并不愿意自己的估计实现,但是可惜得很,以后的事实却总是证明我"不幸而言中",事情越发展越坏。

关于他自己的结论,他原来认为只是造反派的胡搞,而吴传启大概是混进来的国民党;后来认为最多再多加上关锋,中央是不会知道的。所以,在那一段,他成天写申诉信、控告信,复写、重抄,到处去送,自己寄,托人送,还打听到"门路",到国务院门口树林子里等信访处的人出来,送给这个组织那个组织,一切领导都告到了。但无论怎么申诉,都等于石沉大海,而他却总不死心,还是跑,还是打听。几时又开组织工作会议了,关于划敌我做结论的"杠杠"又有什么改变了,他便拿自己去和那些"杠杠"进行核对,然后再写信,说明自己够不上"杠杠"。所有这些,足足进行了六年!六年来,一次一次的失望,一次一次又重新点燃起希望,然后又摧毁……这是一个能磨碎任何人的精神的石磨子啊!六年来,他就在这个磨子缝里活着。我自己算是"解放"了,虽然工作不顺心,总比他强些,我感到无论过去怎样,现在我也得同情他,决不可以在家庭里显示出自己在政治上比他"优越",那会真正伤他心的。于是,凡我能去参加某些会议听到某些"精神"的时候,回来就和他谈谈。这时候他已经没有了别的消息来源,我每次和他谈,他总是拿出笔记本来严肃工整地记录,我说:"这不是原文,也没有什么重要。"他不管,还是记。我明白了,他是把我嘴里这些话当做党的声音的,没有了这些,他就没有了必需的精神生活,尽管已经翻天覆地,他这一点还和十年前一样。

在这样越来越坏的政治环境下,我们的"家庭政治小组会"从一般的议论发展到互相提供情况热烈争论。他这个左派,对于自己的问题长期解决不了只有忧心、着急,这时候,和他同病相怜的许多老同志除了已进监狱的之外,都在家里挂着等结论,这时便兴起了一种新风气,大家互相来往起来了,这叫"三看干部"。大家互相一"串联",就知道了很多骇人听闻的惨剧。有好多我们所熟悉的从少年就参加革命的老同学、老同事,被活活逼死了,打死了。那一个个熟悉的名字和面容,一个个我们完全清楚的历史情况,同当时所听到的惨死状况连在一起,怎能不叫人毛骨悚然?连贺老总如何死去的消息也是这时才听到的。还有些同志的罪名完全是被别人编造出来的,可就硬是变着法儿不给解决,叫他们一年一年地虚耗年华,搞垮身体,直到白了头发。这些事实太无情了,太可怕了,杨述不得不发出疑问:"到底为什么要这样想方设法地非把我们都打垮不可呢?"他已经没法再相信这是国民党混进来搞的了,国民党决没有这么大的本事!

在北京住了二十年,他从没有像这时候这样频繁地出去找朋友。大家的遭遇都一样——人人头上都有一顶可怕的"叛徒"、"特务"、"反革命"之类的帽子。要按过去的习惯,杨述是从来不大和已经"定性"的人们来往的,要来往,也只是讲些勉励改造之类的话。他那样做不只是为了怕沾边,而是他真的认为党既然给这个人定了性,我们就不应当再去公然表示支持同情,顶多是劝他回到党的立场上来。为了他这样的看法,我们俩也曾吵过架。但是,这时候他却自动去找这些人了,而且还向我发表过一句感想:"真奇怪,过去一个人出了问题,戴了帽子,就被孤立起来了,自己也觉得无颜见江东父老了。现在怎么风气大变?不管戴多大帽子,开除党籍,大家还是来来往往满不在乎!"好像是非标准改了。的确,就连我们家,在"文革"头一两年,真是谁也不敢上门,连自己的弟妹也都不敢再来。但是到了这个时期,却又都恢复了来往。杨述自己则每逢听到一个老朋友从监狱里放出,必连忙赶去看望,也不问自己是否会拖累人家或人家是否会拖累自己。

对于那些"批林批孔"的文章,起初他还说:"批孔是对的,我年轻时就赞成批孔,还写过一篇《孔夫子什么东西》呢。"他毫不了解这时所谓"批孔"后面的阴谋和背景,还老老实实去看那罗思鼎的文章,以为罗思鼎是上海什么大学的老教授,回忆自己怎么会没听说过这个名字。但是,后来报上那些文章越讲越不像话,直闹到把中国两三千年来的一切政治家、文学家……一概划分成儒、法两大家,而且出现了什么"法家战友"这种怪头衔的时候,他也不能不说:"这简直成了延续三千年的两大政党。全世界从来也没有。"再到看了有的"论文"把李商隐的无题诗也说成"法家战斗作品"的时候,这个老实人终于不能不正式向我表示:"这种文章真是胡说!"再不看了。后来批《水浒》,我们出版社印了一百回和一百二十回本《水浒》,当时倒也风行一时。我带回家两部,按老例,他对这种"时兴书"总是特别热心,赶快捧读的,但是这一次他却翻了翻就扔在一边,说:"后边写得太不好,一百二十回尤其差,干吗要特别多印它啊?看不下去。"他只是认真阅读了我借回的郭老的《十批判书》,叹口气说:"人家这是好几十年前写的啊,现在忽然成了这样,叫老年人心里怎么过得去啊!"他甚至想去看看郭老,安慰他老人家。但是郭老的秘书误会了他的意思,以为他是有求于郭老,代挡了驾,没有见成。

后来,学部进行"整党",按老规矩是每人把自己无限上纲一通,便可通过。他这时候已经有点明白,自己的纲即使上得再高,大约也没有可能恢复党的生活了。于是他对我讲:"这次我只讲错误,要我再承认反党,承认叛徒,我誓死不说了。"结果,在整党小组会上,有人又说他的《青春漫语》是反党,质问他为什么不检讨。他回答道:"《青春漫语》是有错误,但是不反党。"别人就骂他翻案,他气得用手指敲桌子,于是这又变成了他"翻案"的一件大事,为此又批了好多天,一直到"四五运动"前夕,周总理去世。

杨述在重庆和总理有过直接关系,而且被捕时还是总理给保出来的。出来后,在红岩办事处门口,总理当面嘱咐过他:"老老实实在办事处躲着,可别出去跑又闯了祸。"按规定,总理去世,允许总理的旧部去参加辞灵,他合乎这个规定。但是他一再打报告要求,却终于不被允许,甚至连跟着群众去参加追悼会都不行。他哭了。到"四五运动"前些天,天安门前的诗和花圈日渐多起来。"四五"的前一周,秩序还好的时候,他决定率领全家(我、儿子、女儿,包括保姆),一起整顿衣冠到天安门前去行礼致哀。到"四五"的前一天,天安门前已经是人山人海挤不动了,他就和我两个人从邮电局这边挤进去,进去的时候他说:"千万可别遇见学部的人。"可是刚走进去没有多远,就迎面遇见了一位。那人和他点了个头,一语不发,擦身而过。他问我:"这个人会揭发我吗?"我说:"大概不会,现在情况可不一样了,他也许还怕你揭发他哩。"他表示这想法对,放了心。我们一起挤进人丛,看那些诗和那些大花圈、大牌子,一面看一面议论,回来后他在灯下也写了一首诗,次日却没有来得及贴出(后被收进《周总理,你永远和我们在一起》一书)。

在那人心最激动的时候,血洗天安门的消息不断传来。亲友中间有那天恰好在场的,这个说清华那个坏蛋如何被追进人民大会堂,那个说群众如何被打,血水被水龙冲掉……杨述仔细地听着,他的感情一下子从缠绕他近十年的个人结论问题中拔出来了,愤怒地和大家一起议论。

这时,我们的家庭政治小组会内容又有了改变。以前,杨述总是说话比较少,即使说也常是只就我们讲的事情加以评论,而且还常常有带提醒式的评论——"可不要说过了头!"可是,这以后他的话越来越多起来了,他说了许多我们大家都不知道的事实(早先他在市委,知道的许多事情本来是我所不知道的)。他说过刘少奇同志去天津那次关于资本家的讲话的前前后后,根本不是少奇同志个人的主张;说过彭真同志从中央开会回市里怎样立即传达,要求执行,因此市委才老是深夜开会,"针插不进,水泼不进"完全是冤枉;说过所谓"畅观楼反党事件"的实情根本就不是那么回事,马南邨写的"健忘症"并非指向中央,他亲耳听邓拓说过的……反正说过好多好多。尤其是关于迟群等人评价的突然改变,使这个老实人怎么也无法想通。怎么起先明明传达过"迟群是一霸",没过多久,忽然变成了"反对迟群就是反对毛主席"?他在我们的"家庭政治小组会"上详细介绍情况,因为迟群就是他们学部工宣队的头头,所以学部的人都是亲眼看见的。迟群有一阵垂头丧气地回清华去了,还曾招待学部全体人员去清华参观过一次,以拉拢群众,连被审查对象也可以去。那次迟群身穿劳动服,手持劳动工具,和颜悦色地出来招呼大家(杨述这次没有去,听人家说,迟这次的和蔼是空前的)。可是转眼之间空气变了,迟群立即又恶狠狠地回来整人。不但整别人,连他们工宣队内部的人给他提了意见,也被打成了"投降派",贴了满墙满院的大字报。这算怎么一回事啊?杨述多次在我们的家庭讨论会上搔着脑袋提出这个问题,他的思路显然受到了猛烈的冲击。

我们开始认真讨论江青究竟是个什么人,他不再按老例说她也许是个特务打进来了,他说:"这个女人不要说没有到过工厂农村工作,就连机关科室工作也没有真干过,就是个太太!竟让这样的人领导全国,实在不能想象。"他的话匣子一打开,真使我觉得惊异。逼啊,真是逼得石头也要说话了。

到了毛主席去世之后,他和我们继续讨论政治,他认为毛主席毕竟是个功劳极大的人,伟大的人,后来一些事做错了,但是他不能忘记这位青年时代就给自己指路的人。他自己在家写诗悼念毛主席,诗末尾有这样两句:"玻璃帐里无言语,分道扬镳惜未成。"觉得他老人家躺在玻璃棺材里未必闭得上眼睛吧,对于自己弄成的这种局面,恐怕只有无话可说了。对于他老人家,他的主要感觉是惋惜。

那次悼念的规模那么大,瞻仰遗容时不但我能去,连由他带进革命队伍的他的弟弟、弟媳、妹妹,我们的女儿、女婿都去了,却只有他仍不被允许去。这次他气得简直发了狂,失去了忍耐的能力,在家里骂道:"我革命几十年究竟犯了什么罪?我已经成了贱民了吗?连街道老太太、小姑娘都不如了吗?"他又写信,只此一条,要求去瞻仰遗容,但是仍然被拒绝了。

由此,他的愤怒代替了悲伤。在毛主席刚刚去世几天之后,他就要求外出疗养。

当时哲学社会科学部的领导干部也知道杨述不可能定成敌我矛盾,但是上边没有批,没法正式改结论,在下边就对他宽松一点了,他要求工作,就让他到一个研究所里看看稿;他要求自费出去疗养,就也予以同意。"四人帮"倒台的时候,他正在上海,忽听这个喜讯,他高兴得跟着群众走上街头,那年他六十三岁了,又有病。在万众欢腾中间他整挤了一晚。喊口号,跳脚,而且还口占诗二首,其中有两句就是"一片欢腾人海里,老夫聊发旧时狂",这是真情实景。

他本来可以马上回来工作了,那时候精神体力都还过得去。但是还不行。多年的冤假错案积压如山,他的问题由于是过去的"中央"画过圈的,别人无权去动,就又拖了两年。这两年才是他最痛苦的时候,"四人帮"统治时得下的心血管病转化成了脑血管病——脑血栓。这个病是最忌气恼忧烦的,可是一些同难难友陆续得到解放了,只有他还是挂着,老是挂着。他心急得要死。他万万想不到"四人帮"已经垮了,却还不能把他们定的"案"完全否定。这可超出他的思想所能承受的程度。但还是继续拖啊,拖啊!他终于像蜡烛一样,燃烧尽了。到1978年11月,才好不容易算得到了结论——整整十二年,受了无法言说的折磨虐待,组织上也花了巨大的人力财力,所得结果是一句:"维持原有结论。"好比绕地球一周回到了原地。

这简直像开玩笑,但是我们这个人间就是有这样残酷的玩笑。杨述为了这一句话,把自己的生命赔了进去。他的病情越来越重,反复发作,脑子已经不好用,步履也艰难了。这时即使想再叫他工作,他也已不能再工作了。就这样,他终于抵挡不住死神的召唤。

为什么?不为任何具体的东西。实际是他只为了要向党证明自己的纯洁,自己的忠心。为了希望党承认他这一点,得不到这一点他就不能活。而我们那些年频频搞运动,就偏偏常要踩蹋这样一些人的孩子似的心。到了十年"文化大革命",索性一概打倒,随便歪歪嘴,批一句话,就把这些人弃之如敝屣,不以为意。好像我们生活在另一个星球上,不论怎么对待人,也不怕人们和他们的思想能插翅飞出天外去。可是这样做的后果是使年轻的后来者觉得,这里完全不重视忠诚,忠诚信仰只会换来乱批乱斗和无穷尽的精神虐待,这叫后来者在抉择道路的时候怎么会不瞻顾徘徊啊!这局面,才使我们终于不能不幡然改图,不只搞掉"四人帮",而且必须认识到搞运动整人的做法必须改变。自然,这是题外的话。

他死前的一年半,还挣扎着写些短小的悼文,还去参加听报告,听会,还去要求工作。但是,他已经说不出几句意见来了。过去的"宣传家"姿态完全消失,要叫新认识他的人来看,这人大概不过是个老废物。而他自己还不肯承认,还老和我计议能做什么工作,到哪里去工作,至昏倒的前一天还对我说过:"大夫说过我还能好。"我知道这已不可能,也没有安慰他使他宽心,我们的家庭政治讨论会已经无法举行——他即使在家里也发不了言了。我也就不再同他多谈。他的突然去世才使我感到,自己在最后的时间里实际上也是在虐待他,我自己也同样有罪,虐待了这个老实人。号啕痛哭悔恨椎心都已无济于事。在稍稍静下来之后我才来回想这个老实人的一生——一个真正的悲剧,完全符合于理论上"悲剧"两字定义的悲剧。

我哭,比年轻人失去爱人哭得更厉害,因为这不只是失去一个亲人的悲痛,更可伤痛的是他这一生的经历。为什么我们这时代要发生这种事情,而且发生得这么多?人们常说年老一代与年轻一代间有一条沟,不能互相了解。我要哭着说:年轻人啊,请你们了解一下老年人的悲痛,老年人所付出的牺牲吧!这些老人,而且是老党员,实际是以他们的生命作为代价,换来了今天思想解放的局面的。实际上我们是在踩着他们的血迹向前走啊!你能不承认吗?

忆大寨之游

大寨我先后去过五次。

头一次接触大寨,是看刘德怀写的关于大寨的小说。头一章写的是陈永贵在灾荒年头如何去赶集卖馒头,别人多要钱,他还按过去的老价钱要,写得挺朴素。我觉得有可取之处,就答应到大寨去,谈谈稿子,了解了解情况。

这时候,"全国学大寨"的口号已经喊出来了。但是我们还不知道学大寨运动的规模。到了昔阳县,进了大寨村,却只让我们在村子周围草率绕了一圈,没和一个农民谈成话。回到县里,见到一个宣传部的干事,大约是个知识分子吧。天已经黑了,刚挑水回来,一身是汗。他说:现在县里正抗旱。陈永贵提的:"没有见过的大旱,要没有见过地大干,来个没有见过的大变。"所以,全县干部、工人,不管干什么的,一律得跟农民一起,下地挑水浇田,而这里水太珍贵,挑一担水,一般近的要十里,远的要二三十里。算二十里吧,挑一担水,来回数十里,能浇十棵小苗。这样全体动员,一个人一天浇二十棵,要走八十里。这庄稼,是没法用使用价值和交换价值来计算的,简直是用人命换来的!这回我没去多看,也不想多看,就走了。后来在县委招待所听别的客人说,要了解这里的事,只能找名记者宋莎荫,主意都是他出的。

第二次我又来取经,这回碰见了名人宋莎荫。他知道我们是出版社来的,果然给了比较"优厚"的待遇。没有跟着参观大队进村,而由一位专门的讲解员陪同,走得也慢点。不过,我们新看到的也还是差不多。看了"先治坡、后治窝",看了"苦人树、乐人树",看了大寨展览馆,都是从报纸上找得到,背都背得下来的。

所以,后来那几次,我本来没有兴趣再去了。那是没法子,身负"任务",不得不去。又屡次进村,屡次参观,听讲解。记得其中一次,参观了人造梯田,四个农民连背带抬一块很大的石头,吭哧吭哧安在半坡地下,当然,这样的梯田很美观。可是,田地由这样的人工修成,我不禁不直感到,四个人用一下午的工夫安上四块石头,中国人的劳力真是比牛力马力还要低贱了!当然,他们这样苦干,对这种精神应当佩服。可是当又一次进村,参观到刚建成的"人工下雨"时,我可不能不当时就哎哟一声了。这下雨的方法,原来是在一块田的周围,安装了若干根自来水管。好像公园里喷草地的水管一样,开关一开,管子喷出水雾。只是范围太小了,只有一亩地大小。如果中国的田地都用这种方法来下雨,那中国非首先工业化到钢铁比农田还要多才行。要不,哪里来这么多铁水管?

下午回到县城,已经不早了,我不想再去跟这里的县委宣传部打交道,就说:"天不早了,人家也下班了,明天再说吧。"那位陪同的宣传部干事却说:"这你不知道,昔阳的规矩和全国各地都不一样,这里的一切机关都没有上下班时间。早晨睁眼上班,晚上上床下班。这是老陈说的,农民有什么上、下班？所以不论什么时候到机关都有人,不信你看看。"他的话倒引起了我的好奇心,我真在晚饭以后时间跑到县委宣传部去。果然灯火辉煌,虽然不是每张办公桌上都有人办公,反正坐着几个。有正看报的,见我们过来,推开报纸就谈工作。不一会儿,还把宣传部长陈明珠(陈永贵的儿子)请了来和我见面。据他说,星期天也是这样,他们没有星期天。

这好不好？我不知道。也可能他们发动起了全体职工献身的积极性。但是,这些人还是人。要他们不管家务,一切推给老婆,也许可以。但要他们不管孩子,不休息一会儿,不买东西不上街,甚至不换衣服不洗澡,可就太难了。这不得不使人做出坏的推测:弄不好,天天都是星期天。

后来见到宋莎荫,他请我们吃饭。就在县委招待所里,里边有间小餐厅,平时我们进不去的,他随口叫菜,随便叫人,一看就知道了这是真正的主人。然后他把县里准备培养的几个青年作者向我们介绍,他们不但要自己建设大寨,还要自己写大寨。这几位未来的作家,每人分配了一个题目,文章还没有一个字,就这么跟编辑联系上了。

以后,大寨就成了我们编辑部的人常去的地方。我也再去过,并没看到太多新东西,却是人越来越多,排场越来越大。我记得又一次去时,还看见穿藏族服装、傣族服装的……真是全国东西南北的人,无不来此瞻仰,来听讲解员那无数次的重复。我们也又看见一点新建设,即"人造平原",把上回刚修好的梯田,又推平了,让它"平"的面积稍大一点。

宋莎荫也再次和我见面,这次显得熟多了。他跟我闲谈,谈老陈怎样一回山西就到昔阳,谈老陈家里的事。老陈给儿子陈明珠找了个很朴素的媳妇,陈明珠不要,要漂亮的。又谈到他们关于大寨的宣传计划。关于这,老陈说了:"是你当副总理还是我当副总理?"显然这计划是宋莎荫提的。

计划不是区区一本书了,是一套丛书,有大寨史、大寨英雄列传、昔阳学大寨典型录、昔阳的英雄人物在山西各县……当时我不知怎样去完成这一大套任务,而他说:"这是跟老陈商量好的,就要这样成套。你们可以各处采访,我们的作者也要出去跑。"这时,这群年轻"作者"也已经在宾馆里出出进进,看样子已经脱产写作了。我无法可想,只有含糊点头,说以后再详议。

就在这以后不久,我最后一次来大寨,原因是大寨那批年轻作者的短篇稿子已陆续交卷,但经我们的编辑看过后,认为实在无法出版,这下子惹起了陈明珠在全国有关出版会议上愤怒的抗议,原来负责答应出这本书的编辑组长也不答应,而编辑人员们跟这本书打了多次交道,谁也不愿再去昔阳了。没办法,只好由我出马,带上一个从未去过昔阳的编辑杨匡满,另外还有我们出版社去编诗的、编舞的,也都在昔阳。

这次我们的队伍浩浩荡荡,人家的接待也十分隆重,让我们住进了新建成的"大寨宾馆"。尤其使我受宠若惊的是,因为宾馆宾客如云,高级房间不够分配,竟蒙宋莎荫特批,让我住进了这里为陈永贵特留的房间,引得我们社一群编辑都进来参观,说:"这次你可受到了'国宾'待遇了。"但是,陈副总理这个房间究竟如何?按其设备来说,不过是一个普通宾馆的带套间的房间,尤其使人想不到的,是室内那些铺在茶几上的、垫在高脚花盆上的台布,不但不是挑花网扣之类的纱巾,连普通塑料布也不是,而是农村小女孩常穿的红地绿花点子花布!不仅如此,好像怕台布滑下去,还在每个桌子角都用针线缝成个角角(也许是为了不必换洗?),台布变成了未完工的枕套,这个设备实在新奇。当然,这实在太土气,土气到任何旅馆也不会这么办。我当时就想了,除了陈永贵,别人谁也不会搞这个摆设。在这里,陈永贵让我们看了看他自己。

然后就该我们分头下去"采风"了,诗歌组要搞一本《昔阳新歌谣》。这本最容易,那时候村干部无人不会凑两句合辙押韵的,随便抄抄就是一本。编舞的那一本就相当困难,说是什么民间歌舞要在昔阳会演,要专出一本昔阳创作的歌舞集。这时候,音乐出版社已经并入人民文学出版社,我虽然管不着人家的工作,却也算挂名,我就跟她们下去观光了一次"采风"。地点是昔阳某村一个小学校,演员就是小学大约四五年级的女学生。内容是我们小时候谁都学过的表演唱。农村女孩对歌舞大约很难有机会接触,动作非常迟钝,配不上曲调。那位老编辑简直用尽平生之力,像给大乐团、名舞蹈家记录作品一样,记曲谱,画舞步,就是为了要出这本书。(后来还为了要出这么一本太麻烦的书,出版部说来不及,干不了,我不得不帮着音乐编辑室,要一切让路,把这本大寨任务书硬安排了进去,抢印出来。)

我个人的"采风"任务,是按照那些年轻"作者"的作品所列,挨村拜访这些模范村。

那是1975年,我和编辑杨匡满两人坐个小吉普车,到每村之后,都是跋山涉水,尽力实地参观。但是可惜现在叫我怎么想那些村的特点,除了拼死挖土这一条之外,再什么也想不起来了。挖掉了一个土岗,挖通了一条渠……都差不多。只记得各

131

村都向我们介绍,他们村原来的支部书记现在都到邻县当县委书记去了,模范的经验要推广嘛,所以现在昔阳附近各县,已经全由昔阳人做主,包了。听了这话,我不由得想到,这有点像殖民地政策,再过几年,昔阳的干部不愁出路,一个个出去走马上任吧——但是,当然不能光这样挖苦人家,看不见他们真正受的苦。有一个现任支部书记,在介绍完情况之后,曾偷偷地对我说过一句:"别的没有什么,就是这两年干部的牺牲,提起来有点瘆人。不管发大水、出沼气,不管什么要人命的事,支部书记都得把心一横,头一个跳进去。死的是真不少!"他也算是提着脑袋在干的,我不得不为之默然。

参观学习任务完成之后,回到北京,那本书得出啊。别的过去跑过昔阳的编辑,都冷眼看着新责任编辑杨匡满,他既然没有成见,那就看他怎样编这本书吧。等他看完了,他却把稿子往我办公桌上一搁,说:"这怎么能出啊?是中学生的不高明的作文嘛!"我苦笑了,说:"我早知道是这样,哪用得着细看?你去瞧着办,凑合事吧。"于是他把稿子拿回。在我社出版部的书稿印数、发行范围单子上,有书稿质量一栏,一般编辑对于看中的稿子,总是填个"优秀",勉强一点的,填个"中常",杨匡满却在这一栏填上了"很差"两字。这是从来没有的。我也只能把心一横,只当没看见,签上字发了出去。那些舞蹈诗歌的书,自然也都由各书的主管副总编辑签字发出。

但是这时我下了决心,这一次就凑合了,以后的《大寨丛书》可不敢再奉陪,慢慢拖着办,走着瞧吧。我再也不想上昔阳去了。那个"国宾"别墅也不想住了。

很快就到了1976年1月,周总理去世的消息,使人们都陷入了巨大的痛苦和悲哀之中,后来又加上了深沉的愤怒。正在这时,我社的上级单位忽然来了通知,叫我们去人参加大寨学习参观团,去人越多越好。许多人对于这次活动都不想理睬。后来拉了一些人去了,他们大概本来以为周总理去世引起的波澜,很快就能过去,所以循例参观了一通,就回来了。谁知天安门的诗歌和吊唁,这时正到高潮。全社的人,大都在禁令之下偷偷跑去。天安门成了人们向往的中心。上级单位便又发通知,大寨参观学习团要作详细的传达报告,占工作时间,叫全体同志去听。结果,礼堂的位子大部分空着,因为人们不去。于是又上楼来叫,还是没几个去的。我安坐不动。有一位来"掺沙子"的军代表(就是身穿军服,跑到我们这些文化单位来当领导的军人,号称"沙子"。见毛主席关于林彪指示的文件),用手指着我说:"身为党员,连党的号召都不响应,连大寨都不去学习!"我的愤怒已经塞满胸膛,还说什么?这时我只淡淡一笑,说了一句:"我去过五次大寨了,比一趟参观知道得多!"还有几个不去的党员,一言不发,怒目而视。他才没意思地走了。

大寨,竟变成了反对周总理,抵制群众的一块招牌。在这种状况下,使人们听见大寨当然齿冷。这怪谁?

我想:陈永贵原来大概是一个很好的朴素的农民,诚恳地想做好工作的农村干部,但他并不是一个农业科学家,不是一个宣传家,更不是一个政治家。硬要他去当这种角色,结果就演出了不少令人哭笑不得的滑稽剧。至于对他本人,则简直造成了一场悲剧。

至于借有利于己的机会登台出乖露丑的角色,那是无论什么年代都会有的,不足深责。谁叫你听信他的出谋划策来?

更应该惭愧、没脸见人的是我自己和我们这些知识分子干部,跟着那种丑角去参观,甚至还随着帮腔,点头赞扬,闭眼不管,还签字……这是干的什么?是不是帮同祸国殃民?我们能够不再这么干了吗?我只希望自己在没有去见马克思之前,能坚持这十分可怜的一条,不再帮这种腔,不再点这种头,想想古人,好像该并不很难做到这。

"取经"零忆

和几个同志一起散步闲谈,不知怎么偶然提起各人的游踪。有一位同志说他没去过大寨。我说:"我去过!那个年代的那些供'学习'的红旗单位,我差不多都去过。"

"你去过大庆吗?"

"去过。"

"小靳庄呢?"

"也去过。"

于是引起别人的羡叹,都惋惜自己当年没去,此景已不可再得。这一谈,我倒真想把当年那些"游踪"都写下来,以免自己和别人忘记了。不过,得都再去一趟,看看今天的样子,才好写。想想只有一个地方,是用不着再亲眼去看,作一番对比的,那就是大连红旗造船厂。不妨一叙。

这个造船厂也是当年的红旗单位。1976年春,我奉命前往"学习取经"。一个文学出版社的编辑,跑到造船厂去取什么经呢?原来,这个造船厂据说刚造出一艘五万吨巨轮,要举行下水典礼。而那时"中央文革"正在大力批判"造船不如买船,买船不如租船"的"外国买办洋奴思想",据说造出这艘船就是对这种思想的一个重大打击,因而不管对于什么行业的人,都有同样的教育作用。

我们北京每个大出版社都派了人,包括出版局负责干部,组成一个相当不小的代表团前去学习。到了大连,才知道这厂里已经集中了全国各大厂矿来的人,还有交通部的领导干部,还有哲学社会科学部(中国社会科学院前身)的领导干部,共约上千名代表,竟是一个全国规模的盛会。大家都挤在造船厂的招待所里,八人一室。虽然到了避暑胜地大连,却绝没有一个人提出要去海滨顺便游览一下,大家连街都不逛,一心等着"学习"。

过了一天,由于我们出版社先前曾来人在这个厂里约过稿,于是得到特殊优待,先上那明天就要下水的船上去参观。

我们几个怀着挺庄严的心情,跟着一位厂革委会领导干部,还有那位被约稿的工人作者陪同,上了船。一登上甲板,一位同行的老同志就差点绊了一跤。原来那甲板上横七竖八全是铁链、橡皮管、螺母、焊条……简直没有容足之地。船上丁丁当当一片敲打声喧,工人正在忙着干活。怎么明天就下水,今天还这样?是扫尾活没完吗?我们自知不懂工业,也不懂管理经济,对这问题姑且闷声不响。再往里走,到了船主体部分,上面是扶手栏杆,凭栏下望,只见船肚里空空如也,像个大空海碗。我虽没有工业知识,但对于这里是应该装机器的地方,还是知道的。现在既然没东西,只能潦草一望,便随众下船。

第二天就是下水典礼,工厂用汽车把代表们都运到海滨。那真是万头攒动,海滩上满满的都是人,那船已经用五彩带和红绸、红花打扮起来,沿海滩还搭起看台。交通部的部长等领导干部有桌椅,坐在前排。我们这一群就站着挤在人堆里望。那位工人作者站在我身边,我小声问:"这船能开下水吗?"他答:"用千斤顶顶下水就完了。还没装机,是个空壳,怎么开?"一会儿,厂革委会以及来宾陆续讲演,痛斥"买办洋奴思想",然后是盛大的剪彩典礼,礼炮轰鸣,船被推下水,群众欢呼。

是否世界上轮船的下水典礼就都是以船壳下水?我孤陋寡闻。但是想也想不通:若是如此,没有机器,焊成十万吨、百万吨的空壳推下水去,不也都可以办到?越想越别扭,已经有些兴趣索然。

我们要向这个厂取的"经"并不止这条船,接着厂里就让我们去学习他们意识形态方面的成就。原来这造船厂办了一个哲学社会科学研究所,还有刊物。(怪不得要把哲学社会科学部的人也叫来!)厂革委会宣传部长申述理由说:"我们厂既然有一个船舶研究所,工人占领上层建筑,为什么不可以同样有个哲学社会科学研究所?!"于是我们去参观了那个"研究所"的展览会,看了他们的"哲学社会科学"刊物。其内容无非是那个时代那些吓人的空话,有些陈列的原稿,确是工人写的。而我光看了看那密密层层黑压压的小字,就突然产生一种又烦恼又哀怜的情绪,不愿再看内容了。

然后,还访问了一次市委宣传部长王某。这位部长坐在将近一丈长的大办公桌后面,口气和他的办公桌一样大,说他们市里承揽了《鲁迅全集》的注释任务,动员了一万人参加(据我所知,只是一篇短文的注释,是由一家学院分下来给他们的,最多不过十条注)。听了更使人晕头转向,无法想象。

最后,我还进行了些个别接触,那位有稿约的工人作者找我谈他的创作情况。革委会给他的任务是写一部长篇小说,主题是工人学哲学,要把工人在学"哲学"的路上如何当家做主的过程塑造出来。他已经努力写了几万字,现在怎么也写不下去了。作为编辑,我本该告诉他:"停止你这种无效劳动吧。"但是,这是厂革委会与我们社先来组稿的一位新领导协商好的,我束手无策,只得含糊支应过去。然后还有市里指定的"三八"女子炼钢炉的工人要写小说,一个岛上的小学"开门办学"也要写小说……都来谈计划,都得应付,而作品还只字全无,简直使人弄不清这究竟是计划,还是梦话。

最难堪的还是在这里遇见了田手——"一二·九"时代才华横溢的青年诗人,延安文协的干部。如今秃着头,赤脚穿双没有鞋带的破球鞋来看我,说他也是市文化馆的"创作员",来问他该写什么。唉!可怜的老田,你怎么还要在这里把你的头脑和生命白白送给这些人糟践?我对他却无法再像对那些人那么应付了,什么也说不出来,只能问问他的生活,有没有老婆,有地方住没有。

从那条空壳船到那些荒谬的计划,整个就是一篇荒诞派小说,田手的模样更使我惶惑不安。

我在干什么呢?"取经",实在是取不下去,也听不下去了。我急于想走,大家都想走。偏偏那个造船厂又不管订回京的票(据说也有订票,曾在食堂里广播过,凡未听见的就都作为自动放弃论)。我们无法,各自想出路回家。最后我和两个同伴自己买了硬座火车票,熬了一天两夜,才算在深夜昏头昏脑狼狈地跑回了北京。所以,直到现在,谁再提起去大连度假,我还都心有余悸,毫无胃口。

那时,我对那条空壳船下水有些不满,对那些哲研所,写小说,万人注鲁迅,则更是讨厌透了。这里工业经济方面的虚假和他们在意识形态工作上的荒谬,交错着在我脑子里滚来滚去。直到回来之后,才慢慢知道他们攻击"造船不如买船……"的口号,实际就是攻击周总理。这才有了完全上当受骗的感觉。而且触类旁通,倒也领悟了经济基础决定上层建筑这条颠扑不破的马克思主义真理。一切都不是偶然的。如果经济基础搞糟了,意识形态大概就不可能搞得太好。反之亦然。

现在,我已经确知那种万人作注释、荒谬的哲学和文学计划,都早已不存在了。由此逆推,那样的造船,那样的下水,那种搞工业、搞经济的做法,也必不再存在了。想到这里,心里释然,写下这一段。

那几年的经历

——我看见的"文革"后半截

许多文章和电影表现了"文革"十年,但多半写的都是"文革"初期的场景,抄家呀、打人呀、游街呀……很少写到后几年我们是怎么熬过来的。

我来说说后半截。

1973年,已经是"文革"第七年了。我们那个干校的"学员",已经陆续被指名调回北京。凡是到这时还留在干校住"早稻田大学"的,都不免心里窝囊,嘴上牢骚,不知几时才回得去。大家人同此心,"文革"初期那种你斗我、我斗你的"革命情绪",早已烟消云散;"军管"也已管不住我们这些军心已散的兵。人们在闲谈时、歇工时,不由得从心里冒出怀疑:究竟我为什么要到这里来?为什么要把一个出版社解散?是为了编辑不会种地,都来学种地吗?不能多说,三言两语,总要说几句。

1973年春天,我被调回北京。临走之前,那些还走不了的"学员"送我,自然有的跟我叹叹苦经,希望我不要忘掉一同在这里"流放"了几年的干校"同学"。我们在这里平时也看看报纸,也知道文艺界已经全归澌灭,再无文艺可谈,只希望回去看看家人孩子,度过余生而已。至于人和人的关系,在干校这最后两年,倒还有所缓和。

我可没有想到,刚回机关报到,就又看到了几年前的那种"战斗气氛"。回去以后第一次党委会,我蒙恩准出席。抬眼一看,只有文井、李季和我算是原文艺界的,有一个水暖工人和一个大学新出来的工农兵学员,算是群众代表,此外满堂都是身穿军服的军代表,完全是我们刚到干校时迎接我们这些"走资派"的那副阵势。

第二天,一位现任现代文学编辑室主任的军代表就来访问我,问我的历史,是不是军人出身。我实在不是军人,但在我初到晋西北那时候,也实在没有把老百姓、干部(群众运动工作者)和军人区分得那么清楚。我是晋西北青联的干部,又穿军服,也背过枪,跟三五八旅民运部行军,也算民运部的人,所以我无法回答他的问题,只好"唔,有的"含糊答应。对方一听,立即发表高论,说:"还是要军人出身,这才能路子正啊!"一面说,一面立即把我杯里的开水倒在地板上,又不停地添水,弄得我满屋水,想是在表示敬意。可是我心里立刻明白了,他很快就会知道我并非真正的军人出身,而在他眼里,仍一如过去林彪所说:"人分三等,军、干、群。"有如印度的婆罗门、首陀罗阶级,其等级差别与生俱来一样。——其实,他在参军前是一个县里供销社的售货员。

很快,我就知道了,从干校调回的老编辑,没有一个当上组长,没有一个恢复原职。担任组长以上职务的,不是军代表,就是由军代表从外单位干校调来的人。这些军代表,为首的是一位师政委,当兵出身;两位担任部室主任的,是连长或连指导员;

其他是排长。其文化水平，有一个是高中，其他都是初中。至于到外单位调人，主要看一项：出身是否工农；再有，在干校是否是左派。从外单位调来的人也曾告诉我们，刚进文学出版社，就由军代表告知，这里是黑窝，要小心、小心。我们的兄弟出版社还有好几个，也都有穿军服的政治领导人，但是业务主任由军代表担任，而且如此济济一堂，那是只有我们出版社才有的。至于放在党委会里这两个"旧文艺界"的人哩，后来才明白，原来是弄回来专供做靶子用的，后文再表。

我碰上的头一件事，是党委会讨论从干校往回调人的事。各位军代表和外来"左派"，根本不认识我们的干校老编辑，都像"乔太守乱点鸳鸯谱"似的："要这个吧。""那个历史还简单，要那个吧。"我坐在那里，心想提两个从政策上来说最有理由的，也许能通过。两个都是老编辑，非党员，历史都清白，从来没有划过任何分子，政治上一个是民盟北京市的宣传委员，一个是从抗战开始便归国参加抗战的老华侨。现在"中央文革"虽然批资反修，摆的样子却很讲统战，有好些外籍华人回国，就很受欢迎，我想，难道现在还不该放他们俩早点从"早稻田大学"里回来？就是作为政策上照顾照顾，也是应当的吧。于是我这样说了。

但是我的提议却受到在座军代表和"左派"的一致反对。他们说："凭什么照顾？要照顾，得按中央的杠杠，中央一级的。他们是民主党派和华侨组织的中央委员吗？""政治上靠不靠得住，没有保证。"于是我碰了一鼻子灰，这才知道我在这里无权提任何意见，也知道了自己还不懂这里的"杠杠"是只指"中央一级"的。但是，我还没懂得在这里发言就有危险。

开始工作了,送来许多根本不能看的稿子,词句都不通。我说了一句:"这没法出书。"那位在我屋里泼过水的军代表便大发议论,教训我:"出书有什么要紧?我们的目的,是育人!把这些学习写作的工农培养成人,不能只看出书这样小的目标!"我想,出版社的目的,不是出书,而是花钱费力来"培养"思想文辞都无可取的投稿人,我们是跟那个人有什么特别关系吗?他不再讲下去,我也不能再问了。

紧接着,又叫人出去"取经",我到大寨、小靳庄都去取过经。第一批被派到上海,取回来的经是"不要提篮买菜,而要自己种菜"。即不要经常出去组作家的稿件,也不要外边的投稿,更不要作家的思想、感情和创作冲动,只要编辑拿着"上级"发下的"菜籽"来捏咕成菜就行。那时上海有一本《虹南作战史》,是一本小说体的报告文学,据说就是这样"种"出来的,称为"一个萝卜一个坑"。我们也便照方抓药,派人出去,到各处指定"坑"来栽萝卜。

说老实话,我们对于这些实在说不上是"文艺主张"的主张,当时确实未敢发表任何议论。如果真要议论,哪里是三天两天说得清的?我们只是低头照办,把自己关于文艺的一切基本知识一概扔进东洋大海而已。可谁也想不到,就在这种完全缄口不语的局面下,竟然还是闹出了一场"反黑线回潮"。

"反黑线回潮",顾名思义,就是反对我们这些"文艺黑线"旧人的复辟行为。但当时,并没有任何人对于八个样板戏、"三突出"公然提过任何不满,更无处可发表,要"反黑线回潮",从哪儿说起?

从与文艺"黑线"、"红线"都毫无关系的闲话说起。原来,有一批曲艺演员,应江青、于会泳之召,来北京会演。曲协老主席陶钝去看望他们。这些老演员不忘旧谊,在宾馆房间里给陶钝唱了几段。这件小事被江青知道了,竟变成一场大风波,说陶钝在宾馆里听演出是抢在"中央领导"的前面审查节目,这就是篡夺领导权,就是"旧文艺黑线回潮",得在整个文艺界全面开展"反黑线回潮"的运动!

于是到处反起来,我们这个出版社自不能幸免。我社有一个曲艺编辑贾德臣,因为曾送稿给陶钝看,这回人事处长秉承上意,把他打成了"篡夺领导权"的阴谋者,关在机关里不许回家。我们这几个文艺界的旧人,自然又成了靶子。李季和严文井的罪状,因为与文艺毫无关系,所以我实在记不太清了。只记得李季是为了他在下火车来社报到前,向外人说明身份时顺口说了一句:"我是个作家。"大概还说了那军代表并不懂文艺,于是这就成了他妄图压倒军代表的"重大罪行"。严文井是什么罪,似亦相似。至于我自己的罪行,倒记得清楚:

第一罪行是阴谋"挤沙子",想把军代表挤出去,以便恢复"黑线"统治。事实是曾有一位姓何的军代表,就是那个高中程度的,对自己有一点自知之明,曾觉得在此工作不甚合适,而且家属也不能来京,他自己提出过回部队。当时小组开了欢送会。我在会上发言,表示走得很可惜,要走我们欢送。后来其他各位军代表提出不让他走,也就没有走。这时,前一阵这几句未成为事实的话,竟突然引起了各位军代表的群起而攻,开会批斗,他们说:韦君宜为什么不竭力挽留何某?这就是要挤走沙子,仇视沙子。上次为什么要调那两个非党干部(一个华侨,一个民盟)?就是因为他们俩才是她的心尖子。他们还大声责问:"你和他们俩什么关系?"(其实我和他们二人连闲谈都很少,老编辑谁不知道?)

然后,我们的人事处长(新由外单位调来的转业军人)又揭发我的老底,说有一次我曾跑到人事处来要人事档案看,还说:"人事处的事,你有什么权力来管?这分明是阴谋,要在档案里找革命左派的茬子,好去挤沙子嘛!"——这话一说,在座的穿军装干部哄然响应,齐声说:"就是排挤我们!是典型的黑线回潮嘛!"这就又抓住了我一条"回潮"罪证。可怜我哪里晓得,我这个所谓"党委委员",根本无权去了解自己所管部门的干部档案!(我在干校当指导员时,还把全连队学员的档案通读了一遍哩!)这与文艺一点关系没有的事,却也成了"文艺黑线回潮",这是第二件罪行。

我的第三件"文艺黑线回潮"罪行,是那位泼我一屋水的军代表,在还未发现我不是军人以前,跟我说过一句客气话:"我在这里当领导,真是困难,不如在部队工作。"我把这话告诉过别人。这怎么又是"文艺黑线回潮"?更是莫名其妙。

后来,由为首的军代表做了决定,给所有军代表提到连级以上,据说这样即可把在农村的家属一律调来北京,想必这就是把"红线"请进来,就是"反黑线回潮"的行动了。我这才多少摸到了些何谓文艺"黑线"与"红线"。

这类令人哭笑不得的事情,记不胜记。记得军代表叫我们"出门去向工农兵学习"。于是有的去部队,有的去农村,有的去工厂。都说是"由工农兵当家做主人",要由工农兵为主写稿子,我们便跟着帮忙。实际上是工农兵写了头一遍,一般由编辑重写二遍,能剩下三五句就算好的了。我跟工厂那一组下去,写鲁迅研究。最妙是工厂党委书记,非常郑重地出来介绍他们厂的人员情况,他首先就说:"为了重视这件工作,我们决定我们厂的党委委员亲自参加写作工作,由她负责领导。"接着,门一开,党委委员和别的成员庄严地进来了。万万想不到,打头进来的,竟是我们的小琴——我们干校一位老"学员"的女儿,跟爸爸下来干活的干校子弟(很多家的孩子都是被军宣队赶到干校去的)。去年她十七岁,回城找活干来了,如今成了工厂党委委员,我们(包括她自己的爸爸)得向她学习。只见她有点忸怩,几乎要开口称阿姨叔叔了,可又不敢叫,也不好意思摆出作为"工农兵"以供学习的谱儿,一句话没说。还是文井机灵,忙打招呼说:"我们是干校的同学呀。"我坐在那里,既觉得在此"受教育"的自己十分可怜可笑,又觉得在那里被迫"教育"人的小琴也够苦的,这实在是一场由别人导演,我们老少一起出场的滑稽戏。

滑稽戏一多,人们就无法不笑,无法再郑重地对待它了。后几年,这些琐碎故事,实在连缀起来不成章句,碎拆下来不成片段。在"文革"初期,像我这样的"走资派",固有自觉冤枉之感,一些小流氓、调皮鬼是想趁此捞便宜,而一般老实群众还是相信伟大领袖的号召,以为这次革命将扫荡污浊,使中国变成一个新天地的。然而一年一年,结果却是如此,以前那些真心革命的造反派,最后就把现在"造反"得势的造反派编成笑话来说了。例如,那一阵上海干部最时兴,大家就在办公室里开玩笑,比如推选哪个上海女同志,说她有希望当部长,或者背地给军代表起外号,叫"少爷兵"、"白脸兵"、"张沙子"、"李沙子"。特别我们单位有那么多沙子,比其他各出版社都多。我虽非扛枪打仗的真正军人,但毕竟也是戴过胸章臂章的八路军。我们社还有近十位真正的转业军人,本来,谁会不怀念自己曾在过的军队呢?可是,我们一下子都成了垫茅坑的泥土。这使我们和他们的感情被拉远了,怪不了我们。

我们社有一位全社数一数二的老实编辑,老王。"文革"开始,他一言不发,却全力拥护,以为一切最初做得幼稚的都出于革命动机,可以理解,中国从此要翻身了。到"文革"中期,我已好久没有跟他谈过话了,这时得到"解放",趁探亲假去他家中拜访了一趟。他跟我谈了几句之后,忽然小心谨慎地对我说:"我想,这次'文化大革命'恐怕还是解决不了问题。"我嘴里没回答,心里却忍不住哈哈大笑——"文化大革命"已经成了普通老百姓都已看穿的闹剧,书呆子,你还在等它解决什么问题!我不想跟他说什么了。以后到周总理逝世,天安门"四五运动"轰动了全国,天安门的诗到处抄,抄诗成了罪,最后忽然有本铅印的《天安门诗抄》秘密流传起来。当时,冒着被逮捕、枪毙的危险,秘密编印这本书的文艺界朋友是谁?我可真没想到,就是这位最初热烈信仰"文革"一切最高指示的老实人老王!

还有另一个老实人,向来领导说什么就信什么,人家说谁是坏人,她就认为谁是坏人,领导都愿意使用她。在干校,我被"解放"当了指导员之后,就也把她调来当了文书,交了一堆"专案"材料叫她整理。所谓"专案",基本上都是胡言乱语、捏造诬陷之类的。我们查清楚了,要重新整理档案。她接受了任务,每日埋头伏案,什么话也没说。几天后,我下班时,她突然严肃地对我说了一句:"从今开始,我才知道人并不都说真话。人有真话,也有假话。"

人们对"文革"的态度,早期和晚期不一样,这一点现在大家都承认了。早期跟着斗的人多,晚期跟着斗的人少。而这些晚期继续跟着斗的人,其目的究竟在哪里?是仍然真心实意地想打倒"走资派"吗?尤其我们文艺界!在"文革"初期,被打倒的文化人、演员,罪状是主张演帝王将相、才子佳人、外国死人;被赶走的医生,罪状是主张给城市老爷治病;挨打的校长、教师,罪状是主张以学生为敌来进行考试……这些人主张"走资",所以非打倒不可。这都是当时起来"造反"的群众所真心相信的真理。而我们——这些文化人、医生、校长、教师,则的确就是多年来各司其职,不知自己有何错误,并未对自己所作所为有过怀疑。现在上级"中央文革"和群众忽然都说我们多年以来全错了,全是"走资派",一律撤职、赶走,那就不能按原来那种走法走下去了。我们听上级的,听"中央文革"的,按着"中央文革"的指示,叫怎么办就怎么办吧!自己的主张都取消!承认错误吧!所以,到了"文革"后期,实在已经并没有什么公开的两派主张之争了,但是却仍然不断地打"黑线回潮",说:"走资派还在走。"打的是些什么主张呢?如上所述,我看是什么也没有。如果说有,那第一大概是看出我们内心的不满,必欲尽数消灭之而后快;第二没有别的,就是自己要当权,而实无主张。如是而已。

所以对后期这些造反派的真实动机,我是不能不怀疑的。

但是,说他们完全没有任何主张,也不完全正确。在"四人帮"被抓起来之前不久,我偶然碰到了一本稿子,仿佛为了一句不妥的句子,编辑拿来问我。而稿子已由组长(军代表)和主任(有终审决定权的那个军代表)都看过了,已经排成铅字,只等着出书了。我把这部稿子的清样放在桌子上,偶然翻阅了几页,发现内容太不像话,说的是一个小学放了暑假,孩子们如何坚决抵制老师,如何去搞阶级斗争,抓了一个搞破坏的地主。那些孩子完全不像孩子,满嘴阶级斗争,开口就训人,实在叫人讨厌。我就说:"我不大赞成出这本书。"

一会儿,那位军代表组长进来了,他解释道:"我要出这本书,因为它可以教育儿童,在假期里也不要忘记阶级斗争。"我看着他,暂时隐忍,没有反驳,因为这种人的脑子不是几句话讲得通的。

又过一会儿,军代表主任(就是那位正路子出身的)进来了,瞪着眼睛对我说:"我是有终审权的,你不能推翻我终审过的稿子!"我也没说什么,只觉得稀罕。我们过去终审稿件,怕有疏漏,总常常找人参谋,哪有这样开口闭口"终审权"的。

我用无言的抗议把他们打发走,然后我到校对科把该书原稿拿来细看,看看到底是什么奥妙。

一看之下,我简直跳起来。这本书里有很多"四人帮"时代最红最红的"革命语言",已经在发排时被删掉了,原有这种话:"我们要一枪两眼,把邓小平打个透心凉。"这是什么话?如何能出书?于是我表示坚决反对,对方两位军代表却仍坚持要出。在争议中间,正是"四人帮"覆灭的时候,我的胆子也大起来了。我就出了一张大字报,把这样几段话抄出来以供众览,闹得全社轰动。但是对方并不让步。他们说:"大字报上抄的这些话,是发排以前已经删掉了的,所以发排的书稿并没有问题。"这时候"四五运动"早已经过去,邓小平同志的"三落三起"已经成了群众关心的大事,但是"批邓反击右倾翻案风"还登在报上,所以这两位军代表就仍继续同我吵,不服输,一张一张别字连篇的大字报,贴在走廊上。我气极了,人心所向,大势所趋,你们都看不见,你们是什么人?代表什么"文艺思潮"?气得我说:"删掉了,也还是这个人写的,你们不是要'育人'吗?育这种人,专门要替他出书,育的什么东西?"连邻舍的另一出版社的同志都被惊动了,登楼看大字报,到处传说我们这段文艺新闻。

两位军代表这才没的说了。当然,此案早已过去了。但我想,如果现在重提此事,他们可能会完全否认,说这件事从未存在过,凭那气势汹汹的派头又会宣布自己是左派。但是,这份白纸黑字的清样和原稿档案,至今还在!

到最后,费尽心机,总算把这一批"沙子"和"左派"陆续送了出去,欢送时还都给他们写了挺好的鉴定,以上事件都没有说,因为如果鉴定写差了,人家部队不会要他们。这是我在"文革"结束时做的最后一件自欺欺人的事。我在"文革"十年中扮演丑角,总算洗脸下台了。

这些军代表目前状况我都不知道,只知大概回到部队以后,没有担任文艺领导工作(如果担任了,我总会听得到的)。有一次,我对一个在部队做文艺工作的朋友讲起这些苦恼,发旧牢骚:"如果你们《解放军文艺》要这样的人当编辑部主任,那就给我们也行。可为什么你们没要?"他笑着安慰道:"我们的命运未见得比你们强多少。至于这些人,不就是些初中学生吗?只是不懂什么,与文艺路线无关,你别生他们气。"

但是,这批"不懂什么的初中学生",的确颐指气使地决定了文艺界好几年的命运。说这算文艺史料,未免荒唐;可若说它不是文艺史料,又掩盖了历史。后世青年只知那十年的文艺仅似一片白纸,没有文艺,好像是跳过去的。这并不是事实。为了还其真面目,所以我把它写下来。

编辑的忏悔

卢梭的《忏悔录》,记录了他平生见不得人的事情,有损自己人格的事情。我想,我们中国知识分子,如果尽情去写,写写这些年都搞了些什么运动,写了些什么文章,那真要清夜扪心,不能入睡了。

"四人帮"当权那十年,我不能说自己完全没有做好事情,如下田种地。而随众呼喊,以"最高指示"骂人,似乎既算不得好事,也非坏事。不过也不尽然。我就记得在自己被"解放"那天的全体大会上,一个革命群众循例发言,骂我是"狗胆包天"。这句话竟使我一直牢记,无法忘怀。(其实像这种坏话,自己岂有不讲之可能?)好事呢,也还是做过的。就在我已经被"解放"之后,在干校里没有被调回京的时候,那一段暂充连指导员,搞专案,任务是把前一段军宣队和造反派所定的案重新审查一番。这时,地方军宣队已换了班子,对前案弄不清,更无精力去细细审查这些糊涂账。于是我钻了这个空子,自己做主来搞这些所谓"专案",取消了几个荒谬透顶的所谓"结论":例如那些"结论"把一个从不认识吴晗的人,说成与吴晗勾结;把一个前八年公安部就早已查清没问题的人,又说成"特务";把共产党自己的机构名称套在国民党头上,然后给人定罪……分辨了这么几件有些政治常识的人都能分辨的事,却使我觉得心里极愉快,夜里开始睡得香了。多年对我冷冰冰的下级,如今见我也有了笑容。我回京探亲没有几天就急着要回干校办我这些没有完的案子。杨述奚落我:"忙什么,你这数不上数的干校小官!"我撇撇嘴,说:"算不上官的小官!可是我做这些年工作,还从来没有现在这样做得高兴哩!"

所以说,别人的文章只讲自己在干校受的苦,我除了受苦之外,倒也有些安慰。

1973年离了干校,回原单位,算是得到了真正的"解放",实则是回到了真正的囚笼,真正去做自己应当忏悔的事情去了。

我虽不再当领导,上有军宣队,却也算做了社领导小组的一员,管业务,就是管组稿出书。但是,这时哪里还有什么作家来写稿出书呢?有的进秦城监狱了,有的下干校了。要出书,就要靠"工农兵"。换句话说,靠不写书的人来写书。我才从干校回来,那些先回来的被结合的"革命派"就告诉我,今后一切必须依靠党——先依靠党委选定主题和题材,再依靠党委选定作者,然后当编辑的去和作者们研究提纲;作者写出来,再和他们反复研究修改,最后由党委拍板。至于"三突出"等等原则,不必赘述。

我心中想定自己的原则,今后决不再发表只字作品。但是对于别人的作品,我却不得不管,无法逃脱。于是我开始一个一个地和这些作者接触。

这些作者,大部分是生平从未写过任何作品的人。往往是组织者接到党委指令,某某题材重要,于是便把这些人集中起来。这些人中有具备一点写作能力的,有勉强拼凑完成任务的,有想学时髦写几句的,还有很想写自己的生活但是对于这生活没有认识的,或者自己的认识与领导上的意图完全两样的……而我这时的任务,就是把着他们的手,编出领导所需要的书来。

我记得我第一条需要编进去的内容就是"以阶级斗争为纲"。这一条使得作者和我都动尽脑筋。有一本在当时销了好几十万的书,叫《千重浪》,故事原是写的"走资派"不准搞机械化,农民积极分子弄了些拖拉机零件来,自己制作了一台拖拉机。生活内容很少,也不大有现实性,但好歹也还算一件说得过去的事。但是,不行,要阶级斗争,那就得把意见不同的双方写成两个阶级,敌对阶级还要具体破坏,这就更难了。作者想出一个隐藏在地窖里多年的人,这是从报纸上抄录的。但是,还不行,如何破坏拖拉机?作者从没有见过。我这编辑的主要任务就是帮助作者把"作品"编圆。于是我带着作者跑到一个有拖拉机的农场里去,请拖拉机队长给我们讲破坏拖拉机的窍门儿,如是,就算我帮助作者深入了"生活"。

我这样做,曾想过这完全不是艺术吗?当然也偶然想过一下。但那时想的最主要的根本不是什么艺术不艺术,而是任务。这个时代,给我的任务就是编出这样的书来,使它像个故事。我是一个补鞋匠。记得有一本书叫《东风浩荡》,写一个"资产阶级思想"的工程师和一个无产阶级思想的工人的斗争,一开始就是两个人整整空论了一章。我一看,这样多空话,读者看得下去吗?劝作者删一删,这就是我的"艺术加工"了。

浩然的《金光大道》,是当时的范本,因为他能编得比较像个故事。其中当然必须有阶级斗争,又必须有故事,他就编了一个"范克明",地主化装远出当炊事员,搞阶级破坏。自从他这一招问世,于是纷纷模仿,有男地主化装为女人的,有用烟头破坏自己的脸化装为麻子的,所谓"十八棵青松"都是如此栽成。几位作者听说阶级斗争要提得越高越好,不能只写些农村土地主,于是就提高到局长是混进革命队伍的坏人,又提高到"苏修"和国民党直接派进来的特务。既然一定要写这些东西,而作者对这些又实在毫无知识(不是说生活),于是要编辑帮忙。我实在无法,正赶上文化宫有公安局办的特务罪行展览会,我就出主意,带着二位作者去参观。也真亏他们的脑筋灵,看了两回就有了故事,后来小说居然出来了。

这样的小说,那时还多的是。像:《伐木人》、《铁旋风》、《无形战线》、《朝晖》、《晨光曲》、《钻天峰》……一年好多本,完全不能算做艺术。但是,是这些作者有意逢迎上级,破坏艺术吗?不是,有几位作者很有生活,例如森林生活、农村生活、学校生活,有的段落写得很真实,很动人,但是整体构思却完全是捏造的,作者不得不随波逐流地去捏造。如果现在我不说出这真情,我将永远都对不起他们。

我记得当时的大作家浩然,他那个《金光大道》的架子实际上是由编辑帮他搭的,先卖公粮,后合作化……前边我不清楚,到写第二卷时,我从干校奉命调回社来,接任责任编辑。管这部书的编辑组长,是由外单位调来没当过文学编辑的一位造反派,他看了稿子就说:"书中写的那个时候,正是抗美援朝呀!不写抗美援朝怎么成?"但这一段故事,实在与抗美援朝无干,作者只好收回稿子,还是把抗美援朝添了进去。那编辑组长再次提到,在四五页稿子上,每页均加上"抗美援朝",又把小标题《堵挡》，改成颇有战斗性的《阻击》，把《让房》改为《让房破阴谋》。记得浩然苦笑着对我说："我不同意他这么改，没有别的意思，只是还想保护一点点我的艺术创作……这个人像念咒似的一句一个抗美援朝……"

还有一位中学教师胡尹强，写的中学生活，主题是按照当时的教育思想，反对死读书，要动手做，内容还是真实活泼，符合生活的。我又是在半中间接手这本书。书中的老校长，可以看得出是一个热爱教育、一心教好学生的人。但是到了我接手时，已经被改成了一个"走资派"。作者写他为了让学生及时回来参加毕业考试，自己连早饭都不吃，拿着两个包子亲自跑到水利工地去找学生，这实在叫人不忍说他是"走资派"。可是怎么办呢？他的性是定了的。作者最后无奈，改成发了洪水，全县生命财产危在旦夕，这校长竟为了学生成绩，把正在战斗的学生从堵洪水的大坝上硬拉走了。我说："不行，如果全县发了这样大水，县委也得下令各单位先停止业务，大家抢险。这么改说不通。"但是没办法，必须让这个校长当当"走资派"。我也别无他法，竟同意了——同意把一个艺术形象砍杀了。

有一本我奉派去延安组织插队青年写的，歌颂"第一号英雄人物"的小说。我物色到了两个下放插队的姑娘，文笔不错。"第一号英雄人物"选定为她们插队青年中一个挺泼辣能干的姑娘。第一稿，老实说是不错的。写这些青年想法儿改善那穷得要命的陕北农村，做种子改革实验，和不卫生的习惯斗争，自己冒险学做医生，救活农民的孩子……大概都是作者亲身经历的。糟糕就糟在那"以阶级斗争为纲"，要找出一个地主来做斗争对象。但是，陕北土改已经过去五十来年了，又是真刀真枪干的,不是和平土改,那时候人人知道的口号是肉体消灭地主。到了这时候,哪里还找得出地主?不是杀光也是死掉了。说陕北还有土地革命前遗留的地主,当地农民听了也会诧为奇谈。我主张可以写一个新生资产阶级分子,作为斗争对象,闹一次反贪污就完了(作者原来有写贪污案的意思)。但陕西文化局派来指导的同志认为,这样的阶级斗争还不尖锐,坚持用地主,于是把这地主编成是从外地偷迁来的。最后要生死斗争,是地主开闸放水,女英雄拼死堵闸门。作者说:"我从未见过这种水闸。"那位同志就领着作者去参观并讲解,最后这样照写了。年轻的女作者对我悄悄地说:"我实在不愿意让我的女主人公(也就是真实生活中她的同学)去和那个老地主在水里肉搏一番,那成什么局面?怎么下笔……"我懂得她的意思,这不是叫她创作,这是侮辱她。干脆说,侮辱一个作者。但是在我们那天开会"集体创作"中还是通过了。我也屈从了。天,我干了什么事情!

这类事情我还遇见过多次。起初是斗地主,后来提高为斗负责干部、老干部、知识分子干部。记得那部写伐木人的,起初是说那个局长在育林指导思想方面有错误(主张大伐,而不主张着重多育),这还说得过去。到后来追他的思想根源,原来那位正确的书记是工人出身,这位错误的局长是知识分子出身。再追下去,当年他参加革命不是真的,参加学生运动也是骗人,甚至他还偷偷做过出卖人的事,说什么老干部全是假的……这还有什么说头呢?

接二连三,都是这类情节。一个很难得的蒙古族工程师硬要搞保守,只有工人出身的技师(技术员)才肯搞创造;一个现在北京的大学教授、学术权威,原来是个大特务,在指挥破坏矿山……当小说已经写到凡知识分子全是坏蛋的程度之后,我起先觉得,这无非就是按照现在的大字报给我们满脸涂黑而已,我本人只当登台陪斗,看着书中人物挨骂却无能为力,叫我有什么办法替他们一个一个翻案?

到后来,看稿看得多了,渐成习惯。好似看那些诬陷别人的刀笔吏的讼状,知道它反正是假的。只有一点难过之处,就是我自己必须参加帮忙制造这种刀笔吏的讼状。这里面有些文章,说的那些罪状,好似过去我确曾见过的某些人的罪行,都是通告了的,罪大恶极,而实际上竟不是那么回事。

记得一位比我早三级的同学熊大缜,平时不大活动,很用功,从抗战开始,他这个书呆子便抛弃了出国留学的机会,大学助教不当,跟到冀中参加革命。他是学工科的,在部队主持科研工作,制造了炸药、手榴弹,还跑北平为部队采购药品和电台,谁想到,这个人后来竟以特务罪被枪毙,而且正式通报,明正典刑。同学们见到都既惊讶又传以为戒,一提起他就是"隐藏的坏人"。又是谁想到,过了几十年后查清,原来是场冤狱!

还有一位,北平"一二·九"运动中的知名人物,北平市学联的常委王文彬,1938年还在武汉负责筹备全国学联大会。会散后,领导上留他在武汉工作,他却执意要回山东微山湖拿枪杆子抗战,说:"我们给国民党帮忙帮得够多的了,我要回去拉我们自己的队伍去了。"这样一个人,却在微山湖的"湖西肃反运动"(闻为康生领导)中,被定成"反革命",枪毙了!可能因为他是学生运动中的名人,消息开始传来的时候,都没有人告诉我们真情,只听说他是抗日"牺牲"了的。所以杨述曾写过追悼他的诗,还说是:"我闻君就义,矢志与君同。"到后来才知道是这么一个死法,早知如此,是决不能"与君同"的。

这些人,他们的身份就和当时我们那些小说里写的知识分子坏蛋一样,公布的罪状也一样。但是,这是多么可痛可恨的捏造,多么无耻的罗织诬陷啊!这也能叫做"文学"吗?我为什么特别喜爱朴素的真实的作品,而一见到想以编造一鸣惊人的作品就往往自然地反胃,非有他也,就是这点病根。

由此我联想到当时很多很多小说,凡写知识分子的几乎全坏,凡写工农兵出身的全好——这就叫"歌颂工农兵"(自然也不是真的工农兵),否则叫没立场。当然,知识分子也有投敌的,也有怯懦的,也有庸庸碌碌的。各种人都有,都可以写。但是,让我们这些当编辑的掌握这么一条按阶级出身划分清浊的标准,而且一概按此执行,这是什么?这不是作者给人物抹黑,也不仅是当编辑的自己陪斗,这是人对人的基本态度!

后来我想了很多很多该忏悔的事情。我为什么抛弃了学业和舒适的生活来革命呢?是为了在革命队伍里可以做官发财吗?当然不是。是认为这里有真理,有可以救中国的真理!值得为此抛掉个人的一切。那么又为什么搞文学呢?自然也不是为了挣稿费或出名,是觉得文学可以反映我们这队伍里一切动人的、可歌可泣的生活,叫人不要忘记。但是现在我在干这些,在当编辑,编造这些谎话,诬陷我的同学、朋友和同志,以帮助作者胡说八道作为我的"任务"。我清夜扪心,能不惭愧、不忏悔吗?这一点自知之明,我早就有了。

"四人帮"垮台之后,我才忙着下令,让当时正在炮制中的这类"青松"式作品赶快停工。但是有许多部作品正在进行中,有的编辑单纯从业务出发,觉得半途丢掉太可惜,还有的已经改完了,发排了。为了这些事,我和一些同志争论过。同时,我尽力帮助一些好作品,反映真实的作品,能够出版,和读者见面,这实际上都是一种忏悔自己错误的行为。后来有的同志写文章,对于我这样当编辑颇有褒词。而我还能有别的改正自己罪过的做法吗?我有罪过,而且没别的改正的做法了。十年内乱,自己受的苦固然有,也应该把自己的忏悔拿出来给人看看,不必那么掩饰吧。我这么想的。

有人说自己当时是"拉车不认路",真的吗?真是看不见路吗?让我们想想当时暗路两旁的状况吧。

十年之后

"四人帮"垮台了,十年的黑暗结束了。

严冬过去,寒风不再吹了,最后终于吹来了温暖的风,吹开了夭桃秾李。群众为了这迟到的春天,在天安门前拍手欢歌,中国有救了。

多么好啊!青年说:把十年来的不公平、冤狱,把拿人不当人的思想和行为,一下子清除吧。中年知识分子说:把解放以来,1957年以后,把人不当人的规章都解除掉,让人们真的解放吧。还有人则想得更多更远:我们这个辛苦创建,身上还带着不少旧痕的国家,要彻底变革,行吗……

人们一面欢呼歌舞,一面没有从前那么天真、容易放心了。

"四人帮"垮台之后,我碰见的第一件别扭的事,是诗人郭小川之死。

小川之死这件事本身还查不清楚——他好好地睡在招待所被窝里,怎么会被自己抽剩的香烟头点着了自身而活活烧死?——只说我们这些刚刚得到"解放"消息,还没有"安排"的文艺界朋友,听到了无不惊讶,痛心。应该追悼他呀!可是这时候,既没有作家协会,也没有任何文艺团体(除了那些样板团)

出面来召集追悼会,奔走来奔走去都不成。后来听说办成了,凭通知到八宝山入场。我收到这么一张油印的小条,问我们社其他与他熟悉的人,都说不知道。开会头一天,我接到冯牧一个电话,说:"人家通知的范围非常小,只好这样,咱们分别口头通知大家,你也通知一些人吧。"我说好。于是见人便讲,动员了一车。赶到八宝山一看,满满地站着一院子人。不管是作家还是名人,全都站在院子里,我忙挤进里边休息室去看,才知原来只开了一间第六休息室(按八宝山的规矩,一般要开六、七、八,三间,给吊客休息,规格再高一点的,增开一、二、三,三间)。今天如此,吊客只好都站在院子里,在悲哀之上又加了气愤。

我听见站着的吊客们窃窃私议,今天的规格不知怎么样,据说特别高,由中央主持……什么中央人物,当非文艺界所能够得上。等了一会儿,叫我们排队进去,站好之后,奏哀乐,然后上去了主持并致悼词的人。我眯眼看了半天,既看不出是哪位作家,更认不出是哪位首长。是一位三十几岁的妇女,手拿悼词,结结巴巴在那里念。

谁呀!

直到会散了,人们往出走了,我这才打听清楚,原来这位主持会的人,是中共中央组织部副部长,原长辛店铁路工厂的一位女工。想必是造反成就极大,才能占据这样的高位。但是她和郭小川有什么关系?和诗又有什么关系呢?"四人帮"垮台了,她还在做她的官(不过,后来她下台了),她又着实与文艺及政治方面都联不上,所以至今我也说不清这位为死去的小川做结论的女部长的名字。

如此对待文艺界对一位著名诗人的追悼,这就是"四人帮"

刚垮台时对待我们的姿态。这自然已经比开口就骂黑帮强了很多。但是,不能不使人感到,我们依然比别人矮一截。

许多还活着的人被放出来了,但是他们的问题还解决不了,有的去山东,有的去山西。中央专案组还掌握大权,说一声"不解放"就不解放。

我到清华去看望老校长蒋南翔,结果只找到一间单人宿舍。门锁着,隔钥匙孔看见两只满是泥的布鞋扔在地上。后来他算是"解放"了,却没有工作,住在万寿路招待所。我又去了一趟,这次是事先电话联系好的,我和老同学魏东明同去。进屋一看,一间空屋,四张床,住他一个人,就算优待了。到吃饭时候,他到食堂去打了饭来,又说:"这里还有肉,我们烧了吃吧。"说着便取出一个塑料口袋。我一看,竟是一个生的猪蹄子!问他哪里来,答曰是今早他自己到菜市场排队买的。真亏了从来不会买菜、做饭的老蒋。现在三个人吃饭,只一个我多少知道点烹调,我只能当仁不让。我就问:"你的锅呢?"他指指自己吃饭打菜用的小搪瓷饭盒。"刀呢?"他取出一把削水果的小刀。"炉子呢?"他领我到里面盥洗间,那里有一个小酒精炉。看了他这些炊具和那个大猪蹄,我不由得笑起来,你就是马上到饭馆请大师傅,也做不出这个菜来。何况是我?但是老蒋盛情可感,我不能不动手。于是我用那水果刀把猪蹄子稍微削下几丝,没有油,就加上打来的菜,放在搪瓷饭盒里炒了一阵,火又太小,哪里炒得熟?我一边炒,他们二位一边蹲在旁边吹火。这顿饭吃得实在狼狈,自然也别有风味。

临走我告诉老蒋:"下回可别这样招待我们了。"下回,他自然也不敢这么办了。这是我们的大学校长在"四人帮"初垮时的状况！当然，这在群众中间得算水平很高的了。书呆子闹笑话，只可算做运动结束后茶余饭后的轶闻，说着玩的。真正运动的尾声可没有这么轻松。

好些初得"解放"而无处安身的人，免不了东跑西走，看看朋友。记得有一回，我刚下班回家，见老同学李昌和老同事王汉斌都在我们家里，他们都是还没安排工作的。见面自然要打招呼，我说："刚回来，忙啊！"李昌忽然笑着用手点着我说："你啊，你现在是当权派，是忙哩。"我说："那你们是什么？"杨述说："我是走资派兼叛徒，到现在帽子还没有摘哩。"

的确如此，许多人虽然已是人所共知没有什么问题了，但是头上那顶"帽子"就是摘不下来。为了杨述的摘帽子问题，我找过当时新成立的中央，跑过中组部，求见邓大姐，都没有办法。后来，甚至中组部新上来的同志已经跟我推心置腹到这种程度："他没有问题我们知道。可是，他和另外一位×××同志，是过去中央画过圈子的，现在的中央专案组就不许我们推翻。这事怎么解决？我们得慢慢想办法。"

过去的"中央"（主要是"四人帮"）圈过圈子的人，就不许动，依然铁案如山，只能慢慢想办法。我还在不停地奔走。后来，有人告诉我说："你去求新组织部长胡耀邦同志。"我认识他，但是我没好意思去求。再后来，又有人告诉我："杨述和那位×××的事大约快了。胡耀邦对别人说了，对于这些事，他比当事人还着急。"果然，对这些被圈过圈子而没有什么结论的人，逐渐松动了。我又听人家说："快了，中组部正在和他们顶。"我们等到1978年11月，杨述果然算是比较快的"解放"了。

还有比他的"案子"更重得多的人："三家村"、"四条汉子"、彭、罗、陆、杨……这些经"御笔亲点"过,而人人都知道并没有什么罪的大罪人,也陆续获得解放。原来神圣不可侵犯的"中央专案组"竟被解散,这真是天大的事!当时轰动九城,大门口排了长队的地方,不是像后来这样的百货公司、食品店,而是中央组织部。各色各样受冤几十载的人写血书上告,城里传说着"胡青天"的故事。我的一个老同事李兴华,早被划成右派,告过多少次状,不曾有过结果。这一回,他得了癌症,把申诉书赶写出来,委托妻子去中组部门口排队。照理该是十分迫切的,但是他却不,居然躺在家里和朋友聊聊文坛近况,自己还想写一点文章。对于交上去的申诉书,他挺放心地说："会有结果的。"果然,后来在他去世之前,接到了平反的通知,使他得以安然瞑目。中央负责干部能得到党员群众这样的信任,在我的经验中,是除抗日初期投奔革命那时之外,后来再也没见过的。

先是这些受冤的"右派分子",后来平反到"胡风分子",然后是"右倾机会主义分子",再然后是无根据的"特嫌",最后甚至到了死后也不得翻身的"地主阶级孝子贤孙"。这种局面真是自从开国以来甚至开国以前所从来没有过的。随手给人扣帽子,搞运动,早已经成了我们的习惯。

能这样改变吗?一个出身定为"国民",无资格在祖国之内自称"人民"的人,也能获得"人民"的普通身份吗?人们将信将疑。就在我们出版社里,有好几个从解放以来一直表现极好、要求入党的人,却外调十几年不能批准,只因为家庭出身是地主。几本写得很好的小说,军代表不让出版,只因为作者的爸爸有"历史问题"。好几家我们眼看着长大的孩子上不了重点中学,因为孩子爸爸的"结论"没有做。连小孩们都说:"我念书有什么用?现在爸爸是纲,纲举目张,纲坏了目怎么张嘛!"这些还稀奇吗?到了这时,我头脑才稍稍清醒,才觉悟到,原来我也只是在出书这一点业务上,比军代表们稍微明白一点,其他,我的思想不也是一样无知吗?首先得把人当人,然后才谈得到研究人与人之间的关系。例如开口说阶级,怎样废除阶级?没大想过。

这点"新思想",我们还不习惯。

我开始想到了,我应该去认真看看这些年人们是怎样在生活的。特别是农民。

我曾遇见一件案子:

一个亲戚在"文化大革命"中被农村造反派揪回农村去,打死了,罪名是地主分子。而此人早在抗日战争期间已经弃土地从商,进入城市。他的现已五十多岁的儿子,已经根本不认识那个农村的"家"了。他不是地主,其实很明白。而我们那时奇怪的法律(或者是不成文法),凡属地主,就没有人权,犯有天然的死罪,而打死他的人无罪。因此,直到"四人帮"垮台后,他家出头来打官司,还不敢堂堂正正提出无故打死人命案,而只敢提出"成分"划错了,还向我打听,是否认识该县老干部彭书记,请帮忙讲一讲。

中央下去了工作组,临走以前,我曾拜访过工作组长,请为清查。结果回来之后,既未查出他确是地主的根据,也没有相反的任何资料,只是一句话:"当地县委说,已经问过当地支部了,支部坚持不能改。"然后就是工作组长同志的一大串苦经:下去就得先声明服从他们的领导,想当青天大老爷,难!

我作为记者下去了一趟,去的就是这个县。正是农村开始改革的时候,我看到了一个办法虽然有点乱,但是劲头很大的农村改革家,也听他毫无顾忌地讲了县里好几个冤案,包括他本人处理的,明知张冠李戴冤枉了好人,他写了报告,而县里硬不给平反的案子。于是我们谈得非常投契。他说:"来吧!多住一阵吧,多住一阵你才知道我们这里的事多难办。"我也动了心,我觉得我需要下去认真地体验一次生活。不是作家为写作去体验生活,而是作为党的干部("干部"是这些年来真实生活的主宰)去认真再生活一次,如同解放前下乡土改时一样。于是我去找中央办公厅冯文彬同志,他是跟胡耀邦同志一起上台的。我要求下去当工作组员,首先再体验一下我们这些年给老百姓戴帽子搞运动,究竟搞到了何等程度。我也是党员,搞运动的也有我,现在我本人也吃过一回苦头了。在我的头脑开始清楚之后,我要去看一看我们过去对人民干的事究竟是些什么,想想怎样才改得了这种习惯,如何才能把这种对待老百姓的习惯翻过来。

冯文彬同志答应了我,而且说如有什么值得反映的情况,可以直接向他通气。

这个工作组是中央派的,系国务院各部出一两人组成,基本上是各部的处长。我跟他们到了刚经过地震尚未恢复的唐山,有间房子住就是好的,但是地委还是对我们极其客气,开会就称"汇报",要听什么就把谈话对象叫来,而且说:"你们要叫谁就叫谁。"

在我作为新闻记者来的那次,已经查清了那个成分案。连支部所属公社的公安委员也说:"我在这里工作了二十年,档案捣过来捣过去查了多少次,从来没听说过有这么一个外逃地主,怪!"我还听说了一点这里县委彭书记的情况:农民,抗日民兵出身,文化很低,却忠心耿耿地执行上边的一切指示。抗震中有功,登报成了模范,现已升任了地委副专员。在这种情况下,我想暂不可过问该案,先去听听别的案子。

我们住在招待所里,晚上就有老百姓来访,谈一些案子,其中谈得最多的是邻县(就是我去过的那个县)的一个命案。一个种菜的农民因小菜窖被挖,用刀子自杀了,闹得全村老百姓给他送葬。县里意见也不同,为此还撤了些干部。现在县里说,这是"那时候执行政策执行得死一点,农民想不通,自己抹脖子死了。已经由公家发了抚恤费了,还怎么样?"的确是不能再怎么样,他是自杀的,能叫谁给他偿命?工作组也拿不出什么办法。

但是老百姓还是议论纷纷。有一天晚上,我在屋里听招待所的工作人员聊这件事,说那个农民苦是真苦,老婆在天津住院,交不上医药费,小孩才一岁多,全仗这窖菜手艺挣点钱。彭书记一下去,下令各村菜窖全挖,谁留下就是资本主义尾巴。那人跪下磕头,最后掏出刀子来,说是砍菜先砍我。彭书记还是一个字:"砍!"这么着,一个人,硬被逼死在菜窖跟前了。

这时,听见了更多的关于彭书记的轶事:他如何坐着个吉普车下乡,一看见一群小孩用水桶浇菜,就下车来赶;如何在农村里召开"拔钉子会议",各村汇报那些种菜的"钉子",一个个拔,到最后剩下这个持刀自刎的,当然非拔不可。说到最后,这是中央下来的政策,彭书记执行了,你能把人家怎么样?

在这种情况下,我们听了原县委副书记和原县公安局局长的汇报。他们都挺委屈,声明自己原来都很服从彭书记的领导,都是尽量按他的指示办的,但是事情实在没有办法,当他们到村里时,话刚出口,已经被当地老百姓包围起来了,老百姓不干呀!他们尽量解释,到菜主家去听人家哭,听本村支部书记诉苦,说他也活不下去了,见不得那家人!死者的妻子在天津急死了,家里剩下一个瞎眼老太太和那一岁半的孩子……真是没办法,他二位才在群众面前认了错,也没有干别的,可是这两个干部都被撤下来了。公安局局长说,彭书记升了地区副专员,我现在幸亏调到了市里,不归地区管,要不,今天我也不敢来说这些话。原县委副书记现在穿一身军装,很详细地把自己当年如何下乡照彭书记的意思开会,如何因为老百姓有意见不能不调查,如何自己回去汇报,在县委会上提改正的意思,如何一次在县里好容易说通了,自己去跟老百姓也说过了,可是二次又翻案……细讲了一遍,底下他就不说该怎么办了,只说了一句:"关于彭副专员的事,我听地委的判断。"

显然,原副书记和原公安局局长都有意见没有说出来。会散之后,我想了一想,便拉着同来的一个编辑,一起到本地部队系统,去找那位县委副书记。

我们找到他家里。这位政委见我们来,已知道我们实际上是记者,非常高兴,他自己倒茶,抓花生招待我们。重新细谈这个案子,他讲了他从乡下回县,如何突然知道县里要开会批判他,说他包庇了资本主义道路,又如何在全县的广播大会上批他,不通知他会议内容,而叫他去出席……没等他讲完,我已经知道,他所受的这些委屈正是过去我们常受的,但是现在还要他受。帽子还在人家手里,还可以随手扣下来。

他又对我讲了这位彭副专员是怎样当上模范的。地震了,他毫无办法,陈永贵来视察,他拍胸脯表示全县自力更生,一点支援也不要。于是得到上级赏识……

这些材料,我不能写进工作组的报告。农民为什么被逼自杀?不能写上由县委书记负责。那个并非地主的人,被错划为地主而遭打死,也只能写他成分划错的冤情。假如原来成分没有错,本来就是地主呢?其内含便是:打死人者无罪,被打死活该。

我们的农村这些年就是这么过的。

我只能把我的记录稿不加抄录,卷成一卷,原件送到中央办公厅冯文彬同志那里。那个被划错成分的,我还尊重其家属意见,没把被打死的情节附上。后来呢?后来结果比一般的上告户好。那户被逼死的已经从优抚恤。那户错划为地主的,后来也纠正了,改为商人,没收的财产由公家退还。那位已经升任专员的彭书记,则撤了职,不知是作为年纪大了退的呢,还是有什么犯错误的说明?反正就是不让他干了,回家了。对这种干部,给这样的处理,实在已经算很难得了。真是过去没有的做法,我知足了。

白死的人命,没法再追究,甚至无权再追究。我懂得了这一点。那个地委这样处理,也有他们的道理,并非袒护彭书记。"如果都要追究起来,事情怎么办呢?一个地区的事,压下葫芦起来瓢,十几年前的冤案都拿出来翻腾,局面不整个儿都乱啦?"这是过了几年之后,一位经常下去的纪检委员劝说启发我的话。她认为一个记者这样做就是想把局面搞乱,有罪。她的话使我越想越觉得有理,同时越想我越睡不着觉。

我们文艺界自己的扫尾工作,也并不容易呀。过去给我们戴的帽子,已经一顶一顶取了下来,使我们突然感觉到了自己做人的资格,所有这些都是几十年未有的。这一条的重要性,不是经历这几十年的人,不能体会。这是真正的歌颂。搞文艺的人,要揭示这一点,要写出这一点的要求,出自内心。但是这点要求在中国却太天真了,被说成要弄乱啦,造成工作困难啦,别有用心啦。这说明焚尾春风,善后工作并不好办。

不是光说上级的决心如何如何,人群之中也有人改不了原来的习惯。我就亲身碰到过一个写匿名信反对当时文艺的"解放"潮流的。实际那还完全说不上什么"解放",只是老老实实写了一点不那么太光明的阴暗面,例如《班主任》、《大墙下的红玉兰》之类。匿名信作者就认为这样不得了,认为这等于爱伦堡的"解冻",把光明的社会主义抹黑了。用匿名信转寄了来,说明这确是他的真实思想——他认为的确应当只准歌颂光明,不准指出任何黑暗。只准"左",向"左"转,不准向别处走。不是别人强制他这样想,是他自己已经形成了一套思想,已经不习惯于做一个平等自由的人,也不能以平等之心待人了。不过这还可以理解,可以等待他。而眼前还有更近的人,也是成天讲文艺理论的"三性",谈性解放之类,和别的时髦人物一模一样,然而一旦听到上边一点消息,错会了意,马上就很熟练地拿出当年造反派的全套把式,翻脸不认人。这就更使人不敢只把这些看做十年或二十年、三十年、四五十年……之前那么深的积习,一切都过去了,一切忘记了,现在只拍拍手讴歌而已。我跟不上文艺界的新浪潮,只能作陈旧的老生常谈,但是至今还不能多谈。到了这类老生常谈,不妨茶余酒后谈谈的时候,我想我们的文艺,且只说文艺,大概真的焚尾春风,群芳结果了。

记 周 扬

1979年,我到北京万寿路中组部招待所周扬同志住处,第一次去组《周扬文集》的书稿。当时他很踌躇,不肯点头。我肯定地说:要弄清中国现代文学史,就离不开你的这些文章,无论怎么说也得出。为这部稿子,我追了他几年,到后来,终于了解了他整理这些旧稿时痛苦的心情。想起来,我真不应该催他审阅这些旧稿,要出的话,更应该好好地出一部注释。这部稿子,简直就是周扬一生的注脚啊。

周扬,这位从延安起一直长期担任共产党文艺领导干部的人物,作过无数次报告。那时真的说一是一,说二是二,多少作家的一生成败都决定在他手里。然而最后,他竟对自己生平的所作所为作了痛心的忏悔。这件事,本身就是中国文艺界最重大的事件之一,也是文艺界讲开放,讲重写文学史的最值得研究、最有价值的。

我并不熟悉他,只从头说一点他给我的印象。

首先不了解他作为一个文艺理论家的最初的真实思想。可是我猜想他最初可能也有跟我这种人差不多的地方,当然深浅不同,他起初大约也真的相信自己所宣讲的一切。

我最初见到周扬,是在1953年第二次文学工作者代表会上。我作为青年团派出的代表,听周扬在会上讲话。那时我差不多不认识任何一个作家,也不懂什么文艺,真怕作家看不起我们。可是周扬讲到我们团组织出版的《卓娅和舒拉的故事》时,用手指着我微笑地说:"你们出那个书,青年很需要看嘛。"会场上的人回头看我,我心里高兴,觉得我们也得到了文艺界领导的承认。

后来,我到了作家协会,办《文艺学习》,几乎变成了青年团在作协的代表。我们的刊物成天介绍一些苏联得斯大林奖金的作品,什么《金星英雄》、《钢与渣》等等。没想到我这个不知文艺为何物的人,竟很快成了作协党组成员。开起会来,周扬怎么说我就跟着怎么说,他总是对我微笑着。周扬说:"现在文艺界团结了,就是胡风派,这个小宗派,还有些问题。"我不知道什么宗派问题,也不认识胡风,也就信以为真。胡风写了一个三十万言书,作协把它印发了,说要批判它的错误,我也认为其中必有错误。到后来,忽然在报纸上宣布:胡风不只是文艺观点错误,而是反革命集团,是潜伏的国民党特务。这一次,大家才真的震惊了。我在武汉看过胡风的《密云期风习小记》,虽不甚懂,却认为总的说来还是革命的,万想不到他竟是潜伏特务。周扬在会场上连说了几句:"想不到,真想不到。"看样子他也没想到。底下他就说:"只有毛主席才能如此英明,察觉问题。我们文艺界哪一次重大问题都是毛主席发现出来的,我们就是不行。上一次,《武训传》是如此,《红楼梦》问题是如此,这一次胡风问题又是如此。"他说的《武训传》事件,包括他自己没有首先出来批判那部电影,因而挨过毛主席的骂,这我知道。大家唯唯,我自然也点头称是,只怪自己笨到如此程度。我还写了篇文章,批判胡风,以为自己这样做是听党的话,紧跟周扬。我实在不懂胡风和周扬的理论根本争端何在,以为毛主席真的发现了匪巢。

但是后来局面越搞越大,越出越奇。从胡风发展到丁玲、冯雪峰。我不知道丁玲有什么罪,只知道因为她提倡一个作家应当写出一本打得响的书,叫"一本书主义",她就属于反党了。而冯雪峰同意了发表俞平伯的论《红楼梦》文章,就成了"有犯罪感",而且说是他们想办同人刊物(还没办),就是反党刊物,由此抹掉他几十年的革命历史,成了右派。后来,发展到与丁玲有关的陈企霞也成了右派,然后是与陈企霞一起办刊物的编辑被一概网罗在内,再然后是丁玲的秘书也算了进去,及至后来,与丁、陈、冯毫无关系,因自己写了《现实主义广阔的道路》,真正和我一样听党的话,老解放区出身的秦兆阳,也进去了。再以后就打到了比我还要纯洁年轻的王蒙以及陈企霞在老解放区教过的学生、一味歌颂解放区的徐光耀……我的天!不懂文艺理论的我,也不能不接受现实的教育,脑筋开动起来。慢慢地在我所编的刊物《文艺学习》上,发动了关于王蒙小说《组织部新来的青年人》的讨论。接着,我自己也写了不属于口口声声歌功颂德的小文章,于是我就由紧跟右派突然掉到了右派的边缘,作协党组成员被撤掉,中直党代表也撤了,被遣送下乡。

那几年,我下去又上来,上来又下去。记得在一次下去之前,听周扬作报告,他点名大骂黄秋耘:"什么中不溜儿的芸芸众生?芸芸众生就是人民大众!你眼睛里还有人民大众没有?"听了这话不由我全身震悚,觉得周扬可以决定我们的命运。

那篇周扬署名的《文艺战线上的一场大辩论》,以及批判艾青等等后来成为毒草的文章,使人迷惘。令人分不清何谓香花,何谓毒草。若说这些都是毒草,是右派,试将文章译成外文介绍出去,不告诉他们作者是谁,外国人准得说这是左派。人的是非左右观念已经弄乱了。我就是想学,也学不来;我跟,却跟不上。

由于我自己的逐渐明白,我自然与周扬同志越来越少接近。我下放农村工厂两年之后,被调到作家出版社,叫我编一个栏目。后来又真是不知从何说起,我忽又变成副总编辑,然后又合并进了人民文学出版社,成了负责人。事情实在奇怪。我为了这件事,曾去周扬同志家恳请免去此职,因为这时已经知道在文艺界实在不敢言是非,自知何德何能,不能堪此。我在周扬家院子里说:"这原是冯雪峰、王任叔这些前辈干的。怎么让我干这个?完全是偶然性,我不能干。"周扬却坐在藤椅上喝着茶,一笑,道:"多少人干工作都是偶然性,叫我现在做这个工作,也是偶然性嘛。"当时我听不懂他的偶然性是什么意思,也不知道周扬把我这样的人看成什么人。想来大概是已打倒的人太多,敢信任的人太少了,因我不属于任何派,不必狠批狠斗,只要平时老实听话就可以,那就"偶然"用用吧。但是后来,我越来越不老实,为写了两篇小说《月夜清歌》、《访旧》被列名送到北戴河会议去批判。我们这些并非什么集团亦非右派的人又一次被找出些破绽,被送下乡。我下去之前,情况已经又有了大变化,已经开了夏衍的批斗会。夏衍跟周扬的关系,是大家都清楚的。夏衍尚如此,何况其他人?陈荒煤、邵荃麟、齐燕铭……也无一不遭贬谪,这时只有周扬还在。我还想,文艺界竟只有他一个是正确的了。可是他经手批判过多少人啊,我是抱着必难苟免的心情下去的。

我下乡回来,是1966年,整个局势全变了,被贬谪的人关进了监狱。我一下火车就被送进了社会主义学院(文化部文艺界的总牛棚)。批斗的大字报贴满墙,田汉、林默涵等,都关在这里。周扬的名字赫然在目,人已经病倒,而且抓起来了,文艺界最后一个批判人的人,自己被批判了。文艺界最重大的问题,已经全部被英明地发现出来。文艺界就此彻底瓦解。这使得像我这样的干部反倒放了心,反正无可系恋,去劳动改造就是。在干校,我们谈起将来的前途,差不多都说:"将来若有解放回去的那一天,文艺这行决不干了,编辑决不当了,文章更是打死我也不写了。"

直到1976年,"四人帮"垮台,人们好像从梦里醒来。有一回,我到中组部招待所去看"解放"不久的蒋南翔。老蒋对我说:"周扬听说你来了,他想看看你,好吗?"我说:"行。"于是我和周扬同志在老蒋屋里见了面。他见了我,微笑握手,好像没有多久不见,问我:"你怎么样了?"我当然只能回答:"这些年,犯错误,受了些罪。"他仍然以从前接见我时的平和仪态向我轻轻点点头,安慰似的说:"那没有什么,你是犯的小错误,我犯的大错误嘛。"后来他问我文艺界一些人的情况,大概这时他见到的人还不多。他犯的大错误是什么?没有明确告诉我。但是我已经有感觉,他不再自认为是正确的了,而且可能也不再认为那些由自己的嘴说出来的全是英明正确的了。

他重新和大家接触之后,我又一次听到他的报告。会场上人不算太多,他坐在没有台子的主席台横位上,我坐在直位上,离主席位不远。这是我第一次见到他讲话流泪,虽然他没有当众——批判过去的事,但是明确地说了:"很多好同志受了苦,我对不起大家……"

那以后不久,我去上海,曾和一些青年作者座谈,记得其中有张胜友、孙颙、叶辛这些当时才露头角的人。他们正在思想刚刚得到解放的火头上,提出来:"像周扬这种人,整掉了文艺界那么多人,我们现在为什么不跟他讲一讲理?"我不能完全代替周扬声明他的苦衷,只觉得摸到一点门,只说了一句:"事情看来很复杂。"

广州召开文代会,那是很热烈的一次会。周扬、夏衍、张光年、林默涵、李季……全都去了。我并无资格专程前往,却由于组稿,也碰巧去了。会上这几位领导都讲了话,批驳了江青的"黑八论"之说。会后几个人同游肇庆七星岩,林默涵、光年和我像青年一样,奋勇登山,周扬、夏衍上不去,笑着站在山坡下指点。那个晚上,大家同宿波月楼,各人执笔题诗,诗人张光年、李季写了,不会写诗的也都写了。十年苦难不能见面,此时真是逸兴遄飞。诗写完了,大家赏月,又坐在周扬屋里闲谈话旧,谈得无拘无束,记得周扬同志笑着,指着我说:"王作民告诉过我,你原来是个大家闺秀出身哪,怪不得会写诗。"大家做打油诗说:"两条汉子又重来……"人们笑着,享受着这二十年来从未有过的朋友的气氛。

广东之游后回到北京,就逐渐有点故事了。有一次周扬住院,我去探望,他虽很简单但很恳切地告诉我:"我跟默涵说了,我们批评错了很多问题,我们应该认错,我希望他和我一起改。"

为了组《周扬文集》的稿子,我开始跑中组部招待所。一开始,周扬是一般地推托,说稿子太多,自己全部看一遍来不及,稿子没有传世价值……但是到后来我去得多了,要这部稿子的诚意表达明白了,他终于跟我说了很简单的实话:"这里边有些文章,有些段落,是毛主席改的,还有毛主席写的。那篇大辩论就是。如果要用我的名字发表,我必须一一说明。所以很费事。"后来我们才又找了别的同志帮他整理加注。但是叫他给自己的文章加上这样的"注明",并一一过目,这无疑是一件很痛苦的事情。所以他进行得很慢,到后来他提出:"慢点出第二卷吧(就是批判文章最多的那一卷),先出最后的一卷(也即"四人帮"垮后属于他自己的文章)。"他的意思其实很明白,他希望读者群众能了解他本人,本人真实的思想!他不愿意拿那"偶然"的正确面目再和读者相见。但是作为编辑的我,却希望出全集,因为这样才能表现周扬这个人的历史全貌。在这件事上,我实在是对不起周扬同志,让过去的矛盾和痛苦更深地折磨了他。

那几年,听说了周扬跟好几个被他批过整过的同志谈话道歉。我自己也听周扬说过:"要说划艾青右派,我本来不主张的。"可是不主张怎么又划上了呢?他没告诉我。我见过胡风来开会,周扬跟他握手。冯雪峰跟周扬历来不对,这我知道。我们为雪峰补开追悼会,由人民文学出版社负责主持。我在门口张望,心里一直不安,不知周扬会不会来,但是最后他居然来了,站在群众队里。而且后来还听说,周扬自己刚释放出狱还没有彻底解决问题的时候,就早写过一个意见,提出恢复雪峰的党籍了。我想:啊!原来如此。

他在忏悔了。他在开始把自己的内心拿出来与朋友们相见了。这是使二十多年遍体疮痍的文艺界大家欢喜、大家弹冠相庆的事情。人们全身放松,都同情了周扬,谅解了说真话的周扬。他自己也开始把自己的思想写成文章,这就是他所要出版的那一本近作。他在文艺界也开始按他自己的意见做工作,任免干部,我们又开始有事情去找周扬了。

可是,大家天真地、随心所欲说真话的时间并不算太久,就发生了关于人道主义问题的争论——别人写了文章,认为可以讲。周扬也发了一篇,却为这文章受了批判。而且与批判唱反调的文章不许登。一时,我们这些紧张惯了的人又紧张起来,又得纷纷表态。

我们社里一位同志说:"我前两天刚看了周扬这篇文章,觉得很对。今天再看了批判,才知道错在哪里了。"这种调子是人们这些年当众表态的常态。适逢这年春节,我去周扬家拜年,与老李同车,他问我:"若有人问起周扬这篇人道主义文章,该怎么表态啊?"我说:"我作为一社之长,那只能推。就说这是哲学问题,我不懂。要是机灵人,还听不出我的态度?"

到了周扬家,果然一会儿他就谈起这个问题,神情很压抑,说:"我想不到这么一篇文章会引起领导上这样重视。"然后就问,"你们的态度怎样?"这时正巧又有两位客人,我当即不假思索地按原准备的回答,以"不懂哲学"四字打马虎眼。我当时以为,我在这时赶到他家来,不是同情慰问他还能是什么?态度已明,不必再多说了。

后来周扬就又不大管事了,也不再在公开会场上露面。我虽然再见过周扬,从来也没提过一句他挨批判的事。

这年冬天,周扬跟几个作家去广东游览散心。黄秋耘接待了他们。不久,秋耘来京,告诉我:周扬这次在广州曾经单独与他深谈,忏悔自己过去对他那个"中不溜儿芸芸众生"的错误批判,同时谈到我们大家能否认识自己的错误,提到了我,说:"韦君宜这个人嘛,对是非分不大清。"这句话给我震惊很大,他怎么会认为我是非分不清?我自认为是非还是分得清的。我没想到他这样看我,我心里难受。

周扬回京以后,不久就病了。我曾到医院去看他,因为有别人在座,没有提出我心里的问题。

我听说了周扬这些日子的郁闷,我反复想过自己向周扬说过的话。想起那句"不懂哲学",不禁越想越愧汗难禁。我知道错了,完全错了。我以为自己已经改正了过去多年没有思想,跟着周扬闭着眼睛跑的毛病,其实没有。我还是那个不分是非,不敢在是非面前挺身而出的旧我。我分不清是非吗?头脑里没有是非吗?应该是有的,可是我为什么不敢在周扬面前和别的客人面前响亮地回答:"我不同意那个批判,完全同意你的意见!"

周扬是犯过错误,说过许多错话,可是现在他忏悔了。他以前说的赞美卓娅的话,批判《武训传》、《红楼梦》文章的话,大约都是真话,但是后来他知道错了。他说了实话,就以为我们这些人都在说实话了。他没有想到,我还在他面前说为"表态"而推诿的话,还在说要他猜测的含糊世故的话。比我长十岁的周扬是天真的,而在他面前做世故性表态的我,却是虚伪的!

我觉得我应该在周扬面前忏悔。后来,我就又一次假借看望别人的名义,钻进了已禁止探望的周扬病房。抬头一看,周扬闭目张嘴躺在床上,一动不动,完全昏迷,不省人事,已不可能听我再说一句了。我只得默默地在床前站了一会儿,然后悄悄退去。

周扬现在还活在人世,我多么希望他能醒来听我的忏悔啊。我还等着。

我探病那时候,正是作协开代表会,周扬不能来了。当主席台上念到他的贺词时,台下掌声如雷,达三分钟之久。然后又有青年代表发起给周扬写慰问信,响应签名的不分老少,几乎是全体(包括我)。许多年轻人不会熟悉他,并不甚了解他干过的具体整人的事,但他们为他鼓掌。可见他的忏悔之心已经传遍了文艺界,为大家所谅解了。

周扬仍然怀着一腔天真的痛苦,不能听,不能谈,躺在病床上。虚伪了一番,而又不想虚伪的我,常常想起周扬。"四人帮"垮台,波月楼那一次,难道依然是一场梦?朋友的气氛呢?忏悔的真诚呢?我又不敢信了。

结　　语

不论怎么说,在"文革"结束之后,在全国范围内,取消了几十年来搞运动,搞"集团",在人民中间任意划分等级,任意指定罪人,打倒一切,否定一切的国策。虽然还有些不彻底,有时候在罪证不充分的时候还有随手指人为反动之类,也就是说还不能下决心民主,但是像过去那样无故株连,扣帽子一扣几十年,送进监狱的情况,已经不再出现了。

胡耀邦过去是一个十分崇信毛主席的人,在"文革"之后他有了相当彻底的醒悟,努力改正大批冤案,我们大家感念他是必然的。不把过去那打倒一切的错误方针从根推倒,如何能够开始改革?不许人做一个人,一个与人平等的人,他如何能够自由地思想?又如何能够动手做他要做的事(改革)?经济改革是重要的;但是,要把那种把打倒一切当方针,动辄取消人的人格,动不动"戴帽子"的路线永远推翻,使中国人也有发挥聪明才智的平等机缘,是更重要的。

如今是 1989 年初了。国家经济形势很不好,物价飞腾,贪官不少,假借官位去发财的"官倒"既多,老百姓中间想法赚老实人钱的奸商也大量增加。于是民生困难,谤议沸腾。买菜比前贵了五六倍,收入只增长一倍,日子怎么过呀？群众中间就有随口乱骂这个政府的。有的青年人不动脑筋就说这样的政府是过去从未有过的坏政府。有过去在"四人帮"时代只看过热闹未受过什么罪的老年人说:还是毛主席领导得好！他们觉得还是高明的独裁比拙笨的民主好。

我完全不同意这种议论,我也承认现在的政府有不少缺点错误,就像世界上别的国家政府也有不少问题一样。许多国家有贪污,有奸商。这都不好,但是谁也未能根除。日本还有田中角荣、竹下登,美国还有卡特,中国就再不好吧,也是五十步与百步之差,而且以后还能改善。可是像过去几十年来那样地搞运动的政策,一会儿你是右派,一会儿他是反革命,如前所说,由于多年积账,把许多与共产党没仇没恨的普通人吓跑。这种做法,却是全世界所没有的天下最大坏事。我们把这一条最坏的国策取消了,这才是最大的成就。天下最拙笨的民主也远胜于最高明的独裁,它使我抱着最高的希望。

我觉得我们这个国家即使目前再搞得不好,也还是会好的。至少我们已经是一个甩掉了包袱可以与世界各国竞赛一下的国家。我们可以开步跑了。至于经济嘛,若有了政治民主这一条,它总能开步走。何必胆怯？

我将欢迎能下决心的拙笨的民主！

一九八九年四月三十日

思痛补录

心中的楷模

——参加邵荃麟同志追悼会归来

在邵荃麟同志追悼会的前几天,我匆匆写了一首挽诗送到追悼会去。诗是这样的:

初来艺苑谒良师,
教我深观教我思。
语带春风评练笔,
颜犹温厚责狂痴。
闻道沉冤难白日,
再睹遗容雪涕时,
代辩人多未识面,
是非始觉不难知。

早就想写一篇悼文了,总觉写不出这位我极为敬爱的领导同志的音容笑貌来,迟迟不能下笔。就在追悼会散会后的归途上,我和另两位同志一起议论如何为荃麟同志编选文集的事情。一个同志说:"为他编文集可比为别人编遗作更为困难。因为别人都出过书,而他的所有文章都散见在报刊上,他从没有考虑过为自己出一本书。"另一个说:"他在解放前发表的文章还多些,解放后就更少了。简直没有工夫写文章了。"这时我也说了:"解放后十几年,他的全部时间都花在开会和谈话上,不论哪个青年作家去找,他都谈,都留在家里吃饭。再就是给别人仔细地改文章。他哪有时间写文章啊?"是啊!直到这时,我才更深地感觉到了我们这位文学修养很深的前辈作家,是怎样地把他的全部心力献给了党交给他的工作,以致连执笔写作的时间都牺牲了。可是,这样一位为了工作忘却自己一切的人,竟至冤沉狱底,不明不白地死去怎不叫人痛哭!

　　我第一次见到他是在一九五三年。那时我刚刚由一个青年团干部转到作家协会来工作,不过三十五岁。在这以前,我虽然也读过几本文学作品,而且,自己以前也写过几篇小说;可是,自从参加青年团建团工作以后,我就全部抛弃了那点业余文学爱好,努力按照工作需要去学习写文件、写社论,写分析青年思想的论文。对于文学,我沉入了完全的"功利主义"。我们的青年刊物是围绕着解决当时青年思想问题办的。什么文学作品能针对当时青年思想发挥教育作用,我们就宣传提倡什么。同时,我自己也就跟着读什么。例如《卓娅和舒拉的故事》、《普通一兵》等书,都是为此看的。我们这样干,当时自然不能说没有发挥作用,作用确实还不小。但是我自己的那点文学趣味也就从此淡忘了。

　　进入了作家协会,我见到了荃麟同志,也见了冯雪峰同志。为要筹备出版《文艺学习》,开了个会。我就还是把我以上那一套搬了出来,仿佛记得说要介绍苏联的《钢与渣》之类作品(得斯大林奖金二等奖的,因为一等奖全介绍完了)。刚一说完,冯雪峰同志就变了脸,很生气地说:"这怎么行!我们为青年办个文学刊物,这么办行吗?"当时弄得我很惶恐。散会之后,荃麟同志却抚慰我说:"不要紧的,他就是那个脾气。停一会儿,你到他家去一趟,诚恳地询问他,刊物究竟该怎么办。你多征求一下人家的意见就好了。"现在回想起来,不用说,荃麟同志当时自然也是察觉到了我那"文学主张"是实在幼稚的。但他却是这样耐心地对待我。使我不能忘记。

当时,我遵照荃麟同志的指教,跑到雪峰同志家去了一趟,果然得到了荃麟同志意料之中的效果,随后,荃麟同志就和我闲谈似的告诉我:作协最近准备讨论一下苏联两个作家的作品,一个是波列伏依的,另一个是安东诺夫的。波列伏依的作品是我熟悉的,他的《真正的人》(即《无脚飞将军》)和《建设伟大水道的人们》专写英雄,是我们再三向青年推荐过的。安东诺夫我可不清楚。荃麟说:"我觉得他那个写法很有意思。你看看他写的那个在电车上的十六岁男孩子,快成为一个大人了,但还是个孩子,刻划得多细致。"他讲了一些细节的出色之处。我就按他所说的把这两篇作品看了,也看出点味道来,后来荃麟同志就办刊物如何培养青年的文学兴趣上,又和我漫谈。他说过:"我们认为文学应该是生活的教科书,而不是伦理的教科书。"他这两句话使我咀嚼了好久。我想:伦理教科书,那不就是我小时候念的修身课本吗?告诉小孩子:你要怎么孝敬父母、讲究礼貌,要学什么司马光、文彦博……那个功课可没几个同学喜欢啊,我也不喜欢。文学就不同,十一岁看《水浒》就把我迷上了。我们不能把全部的文学都变成伦理教科书。尽管这伦理已不是封建主义的伦理而是共产主义的伦理,这么做法也不行。那将失去

189

文学感染人的力量。

在荃麟同志耐心的教导下我有些开窍了。而他是不论我说些什么,从无疾言厉色的。至今回忆起我不好意思地喝着葛琴同志为他保养健康炖的鸡汤,听着他对世界作品的议论的情景,难以忘怀。听他长谈的时候,心里不能不油然产生对这位渊博的老前辈的敬佩,而同时,又感觉得到,他对我这个于文学所知甚少的人是在平等地谈论。老是在征求意见:"你看怎么样?"

后来我在作家出版社和人民文学出版社工作,和作家们打交道越来越多了,发觉荃麟同志对于作家,特别是年轻的作家,真是每发现一个就好像当妈妈的添了一个宝贝孩子似的,见了人就津津乐道。我就听他说过多少次王蒙怎么有才气,这次一划右派太可惜了,教我还应该注意鼓励他继续创作。曲波到他家来一趟,他说:"小鸥(他的小儿子,那年才念初中)特别崇拜曲波,早多少天就盼望看一眼曲波什么样儿了……"他爱惜这个队伍,爱惜人才,到使人感动的程度。他本人就是个人才,读一读他那论点精严、词汇优美的论文就可以知道。可是十几年他把自己全部献给了组织别人推动别人创作的工作。

一九五七年,反右派的暴风突然卷起,许多年轻人由于响应号召"帮助党整风",乱说话,而成了右派。那时我还和黄秋耘同志一起在《文艺学习》编辑部里。他写了一些赞扬《本报内部消息》这类的评论,我写了一篇抨击公路管理工作混乱的报道,另外,由于我们编的刊物登了《组织部新来的青年人》的讨论文章,便遭到一顿大批判。荃麟同志当时身带重病,他咳着喘着写了一篇万字长文:《评〈苔花集〉及其作者》,评论秋耘同志的作品。他这次的态度是严厉的,少有的严厉。但是"定性"是明确的——这个集子的作者不是敌人。就这样,使黄秋耘同志未致陷入"右派"的可怕罗网。我自然更从轻了。这件事使我们想起来就不能不感激。这决不是他对我们个人的偏私"包庇",他是尽一切可能努力,在这场大政治运动里保下几个他确认并非敌人的干部。

到一九六二年底,又传来警报,中央开工作会议发现了"利用小说反党是一大发明"。于是由上面(大概就是那个有名的"顾问"吧)发出十万火急的命令,立即搜集当时各报刊上有问题的"毒草",报往北戴河。我这个向来忙于事务很少写作的人,偶然一年写一篇半篇小说,竟也有一篇即将荣幸地入选。这消息是一个朋友偷偷走漏给我的。当我知道这件事后,急得不知如何是好,就立即跑到荃麟同志家,没头没脑地向他讲自己写作的意图:我想写一个人,一个我亲眼看见的农村妇女。我以为一个女人经历过那么多苦难,依然能够倔强地、忍泪含笑地生活,不愧为英雄。这里面哪有任何想攻击社会主义的意思?……谈到激动处,我忍不住掉下泪来。荃麟同志听我讲着,他不断点头。最后,他没有十分明确地告诉我对这篇小说的判断,只是说:"我明白了你是想写一个性格。你没有注意后果。不要着急,一定不要着急!我们也不过是想了解一下情况。"听了他的话,我才放下一半心,走了。后来到"文化大革命"期间,把我到他家去这趟,也列为我同他的一条"阴谋勾结"。我想这是我连累了他了。

其实,也不是到"文化大革命"时才知道这种状况。早在一九六三年,作协开一些创作座谈会,他尽管在频年辛劳中已经更加消瘦,但依然是穿得十分整洁(这大概是葛琴同志的功劳),

每会必到。这时候我们议论到柳青的《创业史》中,梁三老汉和梁生宝哪一个人物写得更深刻的问题。当然大家都知道,在政治上梁生宝比梁三老汉进步得多。但是,是否判断一个人物写得好与不好,应与人物的政治态度成正比呢?好些人觉得梁三老汉其实是写得比梁生宝更妙的,寥寥几笔就全画出来了。(尽管我们完全承认作者写梁生宝是花了最多的心血。)我记得当时我也插过言,荃麟同志对这个意见表示首肯,我决没有想到,这也成了后来在"大连会议"上他犯"中间人物论"大罪以至终于送命的起点。这样,岂不成了我们这些发议论的人害了他吗?

后来,他终于遭到严厉批判。当时我不能再去看他了。偶然在文化部开会遇到葛琴同志,我总问她:"荃麟同志怎样了?"她每次都答:"他身体还好。"身体还好者,心情不会好也。这我当然懂得。我心里难过,想到这位思想明锐、学识渊博、工作勤劳的长者,庇护了我们不少人;在他领导下的作协,在一九五七年的寒风刮过后不久,又能感到仿佛大地春回。而他自己最后却终于难逃大劫,我怎能不难过。以后不久,我就下乡去搞"四清","四清"还没有完,就"文化大革命"了。大家一下子都成了"黑线人物",失去了一切写作、申辩、谈话、交往以至吃饭、生病的权利。——我是在被审查的"文化部学习班"里亲眼看见田汉因为在食堂吐出一块咬不动的肉骨头而被当众申斥的。也亲眼看见别人给葛琴同志贴的大字报,说她"把社会主义的学习班变成你伺候邵荃麟的疗养院"。但是在这个"学习班"里,我却始终没在公共场合碰见过荃麟同志一次。可能这时他已经卧床不起了吧。而到住室去拜访,那当然是严格禁止的。

后来,就是所有的人消息全断了,我不知道荃麟同志流落何方,只有人告诉过我他归"中央专案组"管,案子重。一九七三年,我由干校回到北京,连葛琴同志是否生存也不知道。直到一九七六年底,"四人帮"垮台之后,我才由黄秋耘同志嘴里得知葛琴还活着,已经瘫痪,荃麟同志早已死在狱中,而且冤狱一直无法平反。后来我们一起去探望了葛琴同志,看到那间过去我常来坐的客厅堆满各种箱笼杂物,和被抄家者弃而不取的旧书,已经化为一个杂乱的库房,葛琴同志坐在旁边的小屋里,见到我们时,口不能言,掉着眼泪,露出笑容。这整个一座房子里没有敢悬挂一张荃麟同志的遗像,不敢对他做出一点纪念的表示。后来我又自己去过,悄悄问荃麟的大儿子,怎么还不为他父亲的案子去告状?他摇着头表示:早已告了无数遍了,难啊!

我在夜晚走过那熟悉的小胡同,回想着过去走来这里的情景,心中重得像坠了一块铅。

直到现在,才听到他终于平反昭雪了,得到为他开追悼会的通知。我在追悼会上才再次看到了他那消瘦的遗容,是没刮胡子照的,真是"仿佛生平"。令人不能不深沉地感到,文学界失去了一位很好的领导人,青年作家们失去了一位很好的老师和朋友。他若死而有知,看见了今天盛大的追悼会,或能安慰,但是他是永远不会再回来的了!

他是个评论家、作家,又是个好领导干部,更重要的,他是个好共产党员。当读到挽联中"楷模"两字时,我不由得感到,这两个字用在他身上绝非一般悼文的俗套,正是我心中切实的感受。

一九七九年

纪念冯雪峰同志

冯雪峰同志是文艺界的老前辈、老作家、评论家,又是曾亲身参加二万五千里长征的老红军干部。但是,我熟识这位老同志,却是在他已经倒了霉,开除了党籍,撤了职之后。

在一九五七年以前我也见过他,那只不过是在作家协会的会议上见过几面,知道他是作家协会副主席、人民文学出版社社长。当时只觉这位老同志对意见很坚持(我听到他讲过:"古人和外国人积累了几千年的文艺财富,应该让文艺青年学,不能只用革命两字就把人家全否定。"说得正颜厉色的),但当你在会后去找他请教时,他可是十分亲切接待,直到最后非亲自把你送出门不可。

一九五七年,他被划成了右派,原来的任职都被撤掉。后来在会议上就不再看见他了。直到一九六一年,我自己被调到人民文学出版社工作,才知道他一直留在这个出版社,当了普通编辑。——也就是说,已经变成了我的"下级"。当时,我不知道应该怎样对待他才好。幸好社里许觉民同志提醒我:"逢年过节,应该常到雪峰家里去拜望拜望。他到底还是老同志。"于是,第一个中秋节我和别的社领导同志一起登门去拜节。这时候,他的"帽子"还没有摘,见我们来,他的态度是十分从容庄重的。拿出许多月饼和巧克力糖来请我们吃,随意谈谈工作,一点也看不出他有什么愁苦或自轻自贱的样子。就在这年春节后,他的"帽子"第一批摘掉了。他提出了一个计划,想写一部描写太平天国的历史小说。

　　写这么一部长篇巨著需要时间,该不该给他创作假呢?为此,我到他家去了解情况。没想到,他这次接待我是把我当做一个来谈创作的朋友和同志一样的。留我坐下,吃着水果,听他详详细细讲自己的故事。原来详细提纲已经有了,他要以一个太平天国的女英雄贯穿全篇,写出整个天国的兴衰,包括最后怎样分崩离析的。我听得非常有兴味,看着他讲得眉飞色舞的神情,不由心里发生一种感动——他没有把我当外人啊!我也只有把他当自己人才对。

　　我看社里别的同志对这位老领导也都是怀着一种自然的尊敬的。汽车司机就曾告诉过我:雪峰同志过去当社长时家住一条窄胡同里,一下雨路上就有泥。他恐怕汽车开过去会溅行人一身泥,逢下雨天就总是一到胡同口就叫司机停车,自己下车步行回家。而这些话是在他早已划成右派之后,司机同志告诉我这个"新领导"的。大家心里谁也没有把他当成"敌人"。

　　过去,文艺界每年都要举行春节联欢会。他总要到会的。这时候,当然再没有他了。但是,次年春节,我们在社里开联欢会,他还是来了,而且和大家一起欢笑。我至今记得在茶话室里他问我年龄多大,然后笑着说我是"基辅姑娘"(电影片名,剧中主角与十月革命同年)的光景。后来他要到广西金田村生活和考察,我们同意了,写了信给广西的熟人,拜托照料他的生活。

好像一切都还正常。但是,就在这一年,他要求重新入党,我们可都傻了眼了。怎么办呢?从没有听说一个"摘帽右派"可以重新入党的,我们哪有这个权力?要正面拒绝,真不好说。人家入党的时候我们都还是小娃娃哩。我们凭什么把人家推到党的门外?无可奈何,只有含含糊糊去告诉他:"再等一等,以后再慢慢想办法解决吧。"

他的事情已成定局。就这么无限期地等着。在雪峰同志要去广西生活的时候,我们接到周扬同志打的招呼,说要我们照顾雪峰,让他去广西。可是,对于这样的定局,他也已不能再改变了。

到一九六四、六五两年,社里得派干部去参加"四清"。一九六五年去的河南安阳,由我带队。在发出了报名的通告之后,雪峰同志忽然来找我,他要去。这时候,他已经六十五岁了,而且有胃病。我说:"这怎么行呢?"他却说可以。说他的胃病只是需要怀里经常揣着一点馒头,过一两个小时吃一点就行了。我说:"农村里没有交通工具,你跑不动。"他却大笑起来,说:"跑路我是完全没有问题的。"反正怎么说他也非去不可。实在没办法,只好同意他去了。为此,当时的文化部还专门研究了一下,让我们替他化一个名字。因为怕冯雪峰划成右派时,名气太大,公社里万一有人知道,会不利于他的工作。

我们到了安阳,他和我在一个大队。我们每两个人包一个生产队。人数不够,由安阳邻县的地方干部和我们合作。雪峰同志也不例外。他年纪大了,又是一口浙东话,我实在担心他怎么工作下去。但是,他工作得很不错。他和两位地方青年干部住的房子比较宽一些,我们"四清"工作组就经常在他屋里开会。总是在晚上,老老少少十好几个人,大家沿墙一排坐在床上,又是烟气,又是汗臭,又是嘈杂,乌烟瘴气的真够呛。可他从来都是很高兴地欢迎大家,等人走了他扫地。在会议中间,他的话越来越多。后来有一次他自己说:"以前我也有点怕我这个人下乡还能做什么工作?现在有点信心了,我可以当会计!"他把他包的那个生产队的账详细查了一遍,找出问题,挨门挨户在群众和干部中作了调查。像一个普通农村干部或"四清"工作团员一样,向工作组汇报。

他辛辛苦苦地工作,被完全不知道他来历的地方农村干部看到了。结果,在六五年冬要评选"四清"工作团模范干部,地方同志们就提出了他。他能当模范吗?我想是能的。但是,一起从北京来的某些人认为他不能当,因为他被划过右派。硬要我去到地方同志们面前提出把他撤掉。我也真去婉转地提了一番,可是,说不出个具体根据来。人家地方同志就不同意,一定要选。我没有理由反对,弄到最后还是选上了。后来在"文化大革命"中这也成了我"招降纳叛"的一大罪状,其实我是对不起他的,我在地方干部面前提过那种错误的意见。应当向他认错。

"文化大革命"的到来真是谁也想不到。我们本来是高高兴兴在安阳搞"四清"的,自己觉得也还有些成绩。没想到工作还没有完全结束,北京就来急电叫我们回去。这时候已经听到"三家村"被揪出来的广播,人心已不安宁。但是还想不到一下子就连到自己头上来。结果,一下火车,迎接我们的不是欢迎的队伍,而是冷冰冰的脸色,像运输猪羊一样地用卡车运回机关,迎面就是铺天盖地的"打倒……揪回来"的大字报。我是毫无疑义的"走资派",立即被赶入牛棚,戴上高帽。雪峰同志却也不知何故,变成了"牛鬼蛇神",一齐进牛棚了。

在牛棚里的生活除了天天"请罪",随时接受各种辱骂之外,就是不停地写检查,写材料,应付各种各样的"外调"。雪峰同志资格最老,又与当时文艺界被打倒的首要分子打过交道,自然他就变成了各个外调机关所争夺的对象。他们一方面把鲁迅捧成神,同时又把与鲁迅共同战斗过的或者交往过的人踩成鬼。他们要雪峰按他们的意旨出来证明:三十年代除鲁迅外没有一个好人。当时,虽然同在牛棚,我可不敢跟雪峰同志说这种关系重要的话。但是看他经常被叫出去,经常被要求:"老实交代",被骂成"投降了四条汉子",我也就有点明白了。如果这时候他想爬上去,想落井下石,那是很容易办到的。有许多人在等着他捏造出一点什么东西来,好用以打击过去和他作过对的人。但是他没有这样做。

为了找他的人太多,他恐怕这些人把他的话胡乱记录传抄,会出乱子,尤其是三十年代的左联那一段。他就认真仔细写了一篇长材料,自己留了底。找他要,他就只给这一份。这篇材料现在已经公开(载《新文学史料》第二期),我们都看到了。在那种一天到晚被"勒令交代"的状况下,他能写出这样一篇材料,没有按着造反派的口径诬陷任何一个人。我觉得这是值得佩服的。

这时候他也被戴上了许多帽子:叛徒、修正主义分子。说他在上饶集中营里就叛变了,说他曾登报自首,还有就是他投降了"四条汉子",等等等等。在一九六九年,他即将满七十岁的时候,被下放干校劳动。

在干校他和年纪较轻的人一样,起早睡晚,下田插秧,半夜起来巡夜,还放过一阵鸭子。这一段对于比他年轻二十岁的人来说也不轻松的生活,肯定损害了他的健康,但他仍然坚持干着,而且真出力。

到一九七一年底,我在被"解放"之后参加了专案组。这个专案组基本上由新"解放"的干部组成。七二年春,按中央通知进行复查,落实政策。当然,那时候要想完全落实是办不到的。像我这类的人也只能落实到"犯有走资派错误"为止。但是,总比不复查不落实要好一些。于是我们就进行调查,把雪峰同志的档案拿来看。结果证明,雪峰同志在上饶集中营曾自己担着风险拿钱拿衣服来帮助别的同志越狱逃走,敌人曾在他早已到重庆的时候把他当时用的假名列入了上饶自首人员名单。再有,就是解放后有一个在押的国民党特务因希图出狱而乱咬人,咬了他一口。去调查的人只一问,就把这个在押犯问得目瞪口呆了。这就是他的"案情"!几个专案组的同志当时都说:"胡闹!定案的真胡闹!"我们能够替他平反这一部分。平反的这一部分使我们都理解到了雪峰同志是怎样一个人。但是,另外的部分我们却不能动,也不能提。

后来我们都回到了北京,他仍然当他的普通编辑,搞鲁迅著作注释。出版社领导已经换了,我算是"参加领导"。七四年由于周海婴同志写信给毛主席,《鲁迅全集》的出版工作重新开始,尽管这时候他早已什么官也不是了,但是,鲁编室的同志仍然时常去请教他,仍然尊敬他,像过去一样。我也就仍然保持着逢年过节去看一看的习惯。他又曾提过重新入党的要求,自然,结果仍然只有含糊的答复。

到一九七三年底,有人附和"四人帮"操纵的"反对黑线回潮"的运动,突然又来了满墙大字报,大叫大喊,要把几个刚回到文艺工作岗位上来的人统统重新打下去。六六年"文化大革命"初期的造反派这时已经有些醒悟,不再热心于这种造反。另外出来了一批从不知文艺为何物的人们,来大反"文艺黑线回潮"。雪峰同志这时已经完全靠边,躲在家里根本不到机关来了。他心里一定是很郁闷的。一年以后,到七五年,突然发现了肺癌,人已经七十四岁了,要开刀是很危险的,但是他自己仍然决定开刀,毫不犹疑。在他手术之后,我跑到医院去,怕开刀的后果成了问题,不能不去看看。我进了大病房走到床边时,见他安然躺着。我安慰他的话还没有说完,他就双手抱拳,上半身微微欠起,嘴里连声地说:"谢谢!谢谢!真是感谢党委的关心,感谢党委关心!"当时我不能讲这并不是党委派我来的,党委领导权被一些派来专门进行"改造"文艺出版工作的人们操纵着,大反了"黑线回潮",现在又赶上"反击右倾翻案风",怎会想起来看你。我只有含糊答应:"没什么,没什么,应该的。"我想,不应该最后再伤老人的心了。

他出院之后,起初还好,过了九个月,到冬天因天冷感冒转成肺炎,突然恶化。在他去世之前的两天,正是旧历除夕前一晚,我和一位同志一起又到他家拜年看望,见他独坐在床边,声音嘶哑,说:"就是咳嗽,咳嗽……"过了一会,鲁编室的王仰晨同志也来了,说:"我来照料他。"当时没想到他会立即病危。我就此与雪峰同志握别,从此不能再见。

本来是没法开追悼会的。他已被开除党籍,他的生平事迹都已不能再公开向人讲。可我们还是为他开了一个特别的追悼会,这个追悼会只有一个项目:奏哀乐、默哀,此外一句话都没有。许多人眼里含着泪,我想,这还是一个真正的追悼会。

直到"四人帮"已经粉碎以后,直到一九七九年三中全会以后,中央通知可以讨论右派改正问题,我们出版社才得以重新讨论他改正的事。这个会开得简单极了。群众讨论后提到党委,新改组的党委会众口一词:"早就该改正了,这还有什么可讨论的!"然后,大家纷纷举出他生前如何正确对待干部,如何严于律己,如何在那种艰难的条件下还努力工作……会议开成了追念他学习他的座谈会。这是一个资历多么老的革命者,但是受到了多么不公正的待遇!这是大家早就有的看法,现在才说出来。多么好啊!现在终于说出来了。只是他已经听不到了。

他的太平天国小说,听说还有写长征的小说,都未能完成。他是老党员,却要再三要求"重新入党",而这个愿望在他生前,终于也未能达到,他死了是难以瞑目的。到今天,我们才能对他的遗像说:"你是中国共产党党员。"可惜,我们不信有天国,能使他知道而安慰。

我在想,作为一个普通干部,我没有对这位老前辈尽到责任,没有多想办法保护他。我们经常不对他说真话,老是用含糊的态度对待他。这是我所永远感到歉疚不安的。我多么希望得到他的原谅啊!

一九七九年

天安门情思

我向来很少写名胜古迹的游记,因为自己与那个名胜古迹素无关系,游了一趟,除去明媚风光之外,还有多少话可说呢?唯有天安门,这个全国第一的名胜古迹,是例外。

我是北京人,从上小学时起,由东城往西城,就天天经过天安门。那城楼上的"天安门"三个字,是我刚认识了"狗、大狗、小狗"①之后,就接着认识的字。孩子时代,我只觉得这个地方跟我很熟,简直和我家住的胡同一样。

到我上大学之后,我们的国家已经到了危急存亡的关头。日本帝国主义占领了东北,华北的覆亡就在眼前。有些爱国热情的年轻人再也忍受不下去了。我决意舍弃一切参加了地下党,干救亡活动。我是郊区清华大学的学生,党给我分配的工作却在城里。只好常常下午进城工作,在家住一夜。次早乘头班车回校。我家就住在天安门附近的南池子,于是,我就常常在街灯未灭、晨光熹微的时候站在南池子南口外,也就是天安门下,等候校车过来,招手上车。有一次是天冷的时候,街上暗沉沉

---

① 这是当时小学一年级语文第一册的第一课课文。

的,路灯稀疏可数,简直没有什么人行走。我一个人紧裹着大衣站在路边,望着东西两面两个高大的建筑物,西面的天安门和东面的洋人与高等华人聚居的北京饭店。每晚华灯闪烁音乐悠扬的北京饭店,这时只有一星半点光,想必是清洁工在开始扫走廊。它像一个沉醉的贵妇。天安门比它高得多,但是从来没有过声,也没有过光,漆黑地站在那里,像一个伛偻的老人,孤零零地站在黑糊糊的长安大道上。我望着这两座建筑物,想起昨夜的秘密碰头会,真是"一面是庄严的工作,一面是荒淫与无耻"啊! 我望着我那从小熟悉的天安门,觉得就好像北京饭店要张嘴来吞噬她似的。当时我无法预料我们究竟何年何月才能把天安门改个样子。思绪喷涌,路这么黑,又这么长,又没有人,看着那微弱的路灯,不由得记起了刚学会的《新女性》的主题歌,就一个人唱了起来:"头回声,响嗡嗡,享福的人们都还在梦中;二回声,赶路匆匆,街头灯影暗,夜色正朦胧。……新的女性,产生在受难之中,新的女性,产生在觉醒之中……"没有第二个人听见,歌声在我自己的耳边回荡。我忽然自己感动了。心里产生一种揉和着痛楚、希望和自豪的感情——黑夜将有尽头,天安门总会亮起来,而渺小的我能用双手把这黑夜结束——就是为此而死去,也值得啊!

这一个清晨的心灵感受,当时是对谁也没法说,也没的可说的。但我却老记得。

天安门,这是当时常常发生斗争的地方,"一二·九"那天,请愿队伍被阻在中南海;"一二·一六"晚上,我们郊区学生冲进了外城,却进不去内城,内城被国民党军警把住了。我们在宣武门下冻饿了一天,最后,只有撤退回校。经前门和崇文门,沿着城墙步行回西郊。这时候,大家已经疲累不堪,心里却充满了燃烧的火焰般的悲愤。大家不分男女,挽臂前进。当走过前门外,远远望见天安门的时候,我们都跳了起来,不用事先准备的口号单了,好些人自己从心里涌出口号,就自动领着大家喊,我也在内。我不再记得饥饿和疲劳,双臂举起,迈开大步,拼命地直向天安门高叫:"打倒卖国汉奸宋哲元!""打倒卖国汉奸秦德纯!""打倒卖国汉奸肖振瀛!"好多同学也都跟着大喊,其实后来我党对宋哲元还是采取争取的策略的,但是,那时候我们哪里还顾得这些!对敌人和对奴才的仇恨,使我们每个人都像狮子,恨不得立即咬死这些坏人。

抗战开始,我们都离开了天安门,直到一九四九年,重回故土。四九年十月一日,要在天安门举行开国典礼。这时候我已经成为一个小孩的妈妈了,我的孩子才三个月,正吃奶。我们单位还有好几个吃奶孩子的妈妈,机关里指挥队伍的同志就再三劝阻我们,不要去天安门参加典礼。但是,谁肯听啊?不行!就是把孩子饿一天也得去!结果是全体妈妈都去了。我们都脱去了土布衣服,换上了机关新发的黄色平纹布新制服,整整齐齐意气扬扬地排着队伍走向天安门。只见许多群众挤在南池子口看我们,我们单位的队伍站在后面,就是今天的人民英雄纪念碑那个地方,我们跳着高,想看前面,也看不见,但是升旗是看见了。当我看见第一面国旗缓缓升起的时候,想起了天安门前我亲自经历过的那些事情,想起我那次黎明时分的唱歌。想起当年和我一起斗争过的亲爱的朋友,如今有的已不在人间,我忍不住眼泪直淌下来。

这一年的"十一",我们还没有组织游行的经验,第二年国庆,就有了阅兵仪式,有了临时搭建的观礼台,这一年,我是站在观礼台的第一排,远远看见我们的军队开过来了,有武器整齐的步兵,有巨大的坦克,有炮筒指向云天的高射炮,远远听见那炮车轧过天安门古老的石板道的声音,使人的身心都在震动。这个声音,我们自己的现代化的钢铁炮车的声音,多么美妙动人啊。我站在那里就觉得好像我们现代化的祖国就从那边开过来了。轰隆隆地,以震撼整个世纪的气势,排山倒海开过来了。我的在战争中丧失的亲人们,他们没有白死!听着这动人的声音,使人只想跳脚高呼,当时,我就站在那观礼台上,把头一年和这一年观礼的感受,合并口占成了一首诗:

  炮车雷动地,
  彩旆锦盈天,
  距踊三千次,
  回思廿八年。
  此门终属我,
  不见宋哲元,
  逝者非空死,
  当知今日欢。
  升旗满眼泪,
  悲喜不能言。

后来,我就年年站在天安门观礼台上观礼,晚上也是全家老幼出来到天安门看礼花,还有大批跳舞的姑娘小伙们。我曾在彩炬腾空人群似海的天安门下,金水桥后边那一小块空地上漫步过,闹中取静,可以看得更全些。不由不觉得,古人说长安花锦城,今天的天安门也真的够上锦绣乾坤了。

突然来了"文化大革命",梦想不到,所有的革命老同志一下子都变成了革命对象,平日与我们相处不错的干部忽然都翻脸不认人,开口就骂,而且唯恐用语不肮脏。我们这些共产党员,在共产党统治的国家里大批变为罪犯,天安门自然再没有我去的份儿了。但是,也还在特殊情况下,去了两次。头一次,是"九大"开完会,"四人帮"号召各群众组织(这时已经没有了原来意义的机关和机关首长)都到天安门去游行。我们单位的"群众组织",可能是怕队伍太短,有碍观瞻(这时揪进牛棚的人数已达全机关三分之一)。于是叫牛棚人员也全体集合在过道里,随队出发。在出发以前还做了不少的准备工作。这些准备工作任务大概是基本上交给牛棚的。我们这群"走资派"、"特务""叛徒""黑笔杆""阶级异己分子"……每天都忙着用刀刻毛主席像,用纸剪大小葵花、用彩色绉纸做花卉,装花篮。我在这里工作好几年,倒真不知道这批老编辑里有如许之多的能工巧匠。连我自己也把小学时代的手艺(用绉纸做玫瑰花)拿了出来,还颇得牛棚朋友的赞赏。忙了几天,到了那个规定的晚上。前有导引,后有殿后,我们这些牛棚人员被夹在中间走着,到了我那长久不见的天安门广场。那天晚上,天安门广场也得说是很热闹的,虽然完全没有一处跳舞的人群,只有来回游行的队伍。但是队伍很多。我举目看那些队伍,一会过来一队,忽然使我觉得这简直好像一个手工艺品竞赛会。那各种质地和做法的毛主席像,花样翻新,有用做台布的那种网扣绣成,抬起来轻飘飘地两面都看得清,有用绸缎绣的,还有石膏浮雕的,有塑料做成又通电的,那像上毛主席头上的金光一亮一亮。我看着这样的手工艺品竞赛会,听见有人评论哪一个的手工更精巧。但这热闹的天安门完全不是我的,我是被押解来凑数的。我低头走,想起了四九年在这里举行的开国盛典,想起了阅兵式,想起了开国以前那黑暗的天安门,我不能遏止自己的热泪了,拼命奋斗换来的自由祖国已经成为这样,我差不多是哭着回去的。

还有个第二次,是一九六九年九月二十九日,工军宣队忽然下令我们都去干校。人们要求能过了"十一"再走,但是"上头"不同意,他们怕我们这些"反革命修正主义分子"留在北京过"十一",会干出破坏活动来,所以一定要在"十一"前夕全部赶走,一天也不许多逗留。这一天,我们被押到天安门下,来"向毛主席宣誓"。誓词是工军宣队代拟的,我已经一句不记得,只记得自己身背行囊,腰系皮带,胸佩像章,在那里听号令立正稍息,一时模模糊糊地真好像自己已经恢复青春,回到了延安时代,正在整装待发似的。但是,不对!他们在旁边提醒我,那誓词里分明有要我"认罪""低头""重新做人"之类词句,我是一个已经没有资格在天安门前过"十一"的罪人,是被当做公安部门的反革命破坏嫌疑犯,急急限期遣送到外地的。我的心沉下去了。天安门,我从小在这里长大的地方,我已经没有权利在你面前随便走上几步了。

直到几年后我从干校回来,中国天空的乌云仍旧那般沉重。在七六年"四五运动"的前十天左右,天安门前已经开始有人在那里贴诗。我去看过。四月四日,我又曾去天安门,那时已经是人山人海。我看见了那个两层楼高的大铁花圈和那"倘若魔怪喷毒火,自有擒妖打鬼人"的大诗牌,还有那中间一个"想"字的大花圈,还有无数的诗,无数抄诗的人。还听见有人站在那里朗诵诗。人多得无法走动。我往前挤,有些诗只看见上半段,看不见下半段,我看见了那首《请收下》的长诗,但是没法看完全,后来由我女儿给抄回来了。我拼命在人丛中挤,忘记了我已经是年近六十的老太太。好像我还是那个"一二·九"学生,又回到了我的同学中间,和大家挽着臂前进,又能按自己的意思大喊口号了。这多么不容易啊! 人家久已不许我们在一起了。我们又能和当年一样地一起站在天安门下,多叫人高兴! 我在人群中挤,就只有点顾虑怕碰见本单位的人。本来我的处境已经够呛了,最好别再添新的麻烦。可是还是遇见了,头一次去的时候,在入口处碰见我单位的一个组长,很明显,两个人都是想进去看的,于是互相点点头,说:"咱们进去吧。"算取得默契,都进去了。第二次去,我才从人丛中挤出,到了松林边,正要摘下自己胸前佩的小白花往小松树上拴的时候,对面来了一个原是我单位的造反派头头,避之不及。这个人原是我们很寄以希望的成绩优秀的大学毕业生,他在"文化大革命"初期却用极其凶狠的语言咒骂过我,甚至说我只有死路一条等等,后来军宣队又把他当"五一六"揪了。现在突然在天安门前这样的场合下狭路相逢,我心里自然有点紧张。他却彬彬有礼地向我点了点头,道:"您也来了。"这个"您"字用得我胸中的冰雪突感融化,再一看,他胸前也有朵小白花。我便也有礼貌地点点头答:"我们都应该来。"分头走了。

我要再向下记,还可以记,天安门,历史的见证,我们祖国的光荣与羞辱的见证。她见到了许多令人欢欣的场面,也见到不少可怕的、令人忧心如焚的场面。我从幼小到白了头发,在天安门前看到了这些,我记录到"四五运动"为止,历史当然是还会发展下去的,有什么新的记录,就留待后人吧。

一九八〇年 一月

蜡 炬 成 灰

——痛悼杨述

杨述已经去世了,寂寞地死了。他想做的工作没有做成,他想写的东西也无力写出,就此结束了他难以瞑目的一生。使生者心里的缺憾永远无法填补。

三十九年天天在一起的人忽然没有了,这是很难使人接受的。我翻他的抽屉,翻出他亲手包得好好的一包一包笔记本:政治学习笔记、日记、抄古人的诗、抄天安门的和流传的反"四人帮"的诗。我想整理整理,为他写一点东西。但是千头万绪塞在我胸口,再也无法用三两千字把它说出来。

我第一句要说的是他是一个真正的共产党员。入党四十三年,以能做一个党员为生平第一要事。除了为党工作,他再没有什么别的要求,也没有业余嗜好(除了写点旧诗)。为了服从党的需要,他献出了自己的一切。包括自己的家庭、母亲、哥哥,和知识分子通常最珍视的个人成就(他原是搞历史的,有过写中国社会发展史的计划)。为了放弃自己的研究计划(那是在抗战最困难的时候,反共高潮已经开始),他写过两句诗:"已悔名山不朽业,意坚志决报邦家。"邦家指的党,意思是为了党,愿意放弃自己"名山事业"了。他把自己的家庭也献给了党,从中学时代开始,他就用自己刚刚懂得的革命道理去影响寡母和兄弟,至诚所到,金石为开。在抗战开始时他竟把全家老幼都从家乡江苏淮安动员出来,从老母到兄嫂弟妹侄儿全体参加了革命,全部家产拿出来做了党的经费。老母最后穷困难以生活,哥哥被国民党捉去,英勇牺牲。这一切,他都视为当然。

在"四人帮"肆虐的那些年代,大家稀里糊涂被停止了党籍,有的同志气愤至极,就宣布:"看开了!由他们搞去吧。"有的同志受不了侮辱冤屈,自己结束了自己的生命。也有的同志找点闲活干,打发那难熬的岁月,杨述则是另外一样。

他一开始挨了毒打,下了干校,病中仍从事劳动。可是他并没有被关进监狱,而且从一九七三年起已经发还了他的冻结存款,恢复了工资,生活并没有困难。只有一条,不给他做结论,不恢复党籍。他就为此整日整月整年地忧愁,终于弄成了一场大病。在做结论以前,脑血栓已发作过四次之多,他不能忍受的是他心目中最要紧的党不承认他是党员。

一九七三年以后,他天天东奔西走,去了解"组织上"对他们这伙人到底是从宽还是从严。一会儿听说开这个会议有这么一种"杠杠",一会儿又听说定出了另一种"杠杠",他把那些一概当做党的意图看待。听见就记,见了就抄。一见那种"开除党籍给以生活出路"的"杠杠",他就气得发抖,说:"我要那生活出路干什么?"他说:"只要能恢复党籍,咱们就宁可全家搬到女儿插队的云南边疆去,全家老小去插队。"

最初我也劝过他:"急也无用。找点事情做做,静以待时吧。"但是他偏不,就是急。看着他每天咄咄书空,我心中不忍,只得帮同奔跑,算是聊以分忧。到现在数一数,申诉书足写了五十多份。就这么苦苦熬了十二年。身体拖垮了,脑子弄坏了,有人劝他:实在没有必要这样认真,白搞垮了自己。有人说:对这种世态,只有玩世不恭才是办法。他却无法接受。到了后期,他未始不知道当时把持着党权的是些什么东西,也在家里愤怒地向人揭那些坏蛋的老底,也知道申诉上去只能落在他们手里。但是,他总觉得党是个最神圣的徽号,代表着人类的希望和理想。能否在党内,这决不能不认真,怎么样也得认真对待。他这种无效的认真努力常使人觉得可怜。当然,也会有人觉得可敬。

好容易到一九七八年十一月,才算解决问题,恢复了组织生活。他高兴得写了一首诗道:"十一月里风光好,岁月蹉跎人未老。回首夜来风雨声,名花沦落知多少?"他在高兴自己终得解决问题,还能为党工作,同时惋惜那些未能熬过这场劫难的同志。我记得他当时那个样子,天天打电话给这个给那个,邀请人家来吃饭,家里简直开了流水席。然后他离京休养了一趟,回来就要求工作。可是实际上,他的一部分脑神经已经被血栓压得坏死,开会都没法发表多少意见,已经很难工作了。

不能工作,他自己却不肯承认。还总说:"我要工作,我能工作,有这样的好形势我怎能不工作?"于是又开始了第二度的奔走,为工作而奔走。他去找人,拄着拐棍去爬楼,那样子引起别人的同情。也有人觉得真奇怪,人已病到这样,问题又已经解决,职位也算有了,还不歇歇,是为什么呢?但是他不。别的他什么也不要,孩子考大学,由他们自己考去,房子还住着原分配给的房子。在死前一年半,人已经走不动之后,还由孩子扶着去听报告,自己写悼念战友的文章。到脑血栓发作第五次之后,他到青年运动座谈会上去作过一次长篇发言,那是他一生的主张——对中国的知识分子和中国的青年运动在革命史中的作用,应该充分重视。中国产业工人队伍在革命的早期觉悟不足,革命知识分子的启蒙作用应当在党史中写够。为了这篇发言,他在家里先断断续续讲了一遍,录下音来,然后叫女儿整理成稿,他再拿着稿到会上去正式发言。他常常在家里都说不出几句话的情况下,这次竟讲了一个多小时,回来又自己把稿抄写改正。当我看见他的手稿的时候,见每行字都一溜歪斜从左向右歪下去——他已经写不成横行了,但是还在努力写着。这光景使人看了落泪。这种干法是医生所不允许的。第五次脑血栓发作住院时,他在病房里看《青春漫语》的校样,医生就来禁止过。可是,只有这样做事情他才高兴,禁止他做他就发火、发急。而发了火也会加重病况,只好让他干。这是叫人眼看着而束手无策的矛盾。这个矛盾贯穿着他最后这一年半的生涯。

他死前三个月,还发出一本稿子《一二·九漫语》。这原是他的旧作,我看他实在无力整理,便由我代为整理,但是他仍不放心,一定要自己看,然后自己又加一段:"鲁迅与一二·九",还跟我说:"这段材料过去很少人知道,你也不知道。非加不可。"

直到他去世前一个月,已经是一天说不出两三句话,呼叫人都以"喂"代替了,但是还天天看报、写日记。他写的最后一行日记是:"五届政协第三次会开,邓小平致词。"到最后一次发病的当天还在说:"我的病能好。"还在椅子上做手脚锻炼。我完全想不到他的生命即将停止,出去替他请针灸医生,回来跨进门已经看见他倒下了——从此永远不能再起来了。千呼万唤,他已再也不能言语。在家护理他的保姆告诉我：他在我出门后是一直坐在桌子跟前，打开抽屉翻笔记本的，不知想整理什么东西，忽然头一歪，就倒在了藤椅上。他的一生啊，就这样在自己没有准备的状况下结束了。他是一根蜡烛，有一点点烛心就要燃烧，一直燃烧到完全成为蜡泪为止。

我一直觉得他的案子太冤枉，他这个人又实在太迂。现在已经失去了这个人，我才感觉到了他的值得珍贵，好像他日日夜夜仍在我身边。过去，他睡得早，我睡得晚，经常是我坐在写字台前，他睡在我背后的床上，一会儿就叫我一声。现在我又坐在写字台前，好像他仍然在我背后，看我在干什么。但是，这是幻影。我默默咀嚼着自己的苦痛，只能希望在幻影中间他那认真的目光能够帮助我生活下去。

一九八〇年十月九日北京

纸墨长留负疚心

——敬悼王翰、张清华夫妇

突然得到张清华同志的死讯,我的心像受了重重的一锤,一时压抑得难以细想,难以提笔。但是我经过一阵绕室徘徊,又觉得必须为她写点什么。我心里有负担沉重的义务感。

我认识她许多年了,但是过去来往很疏。一九三八年,我是个北平流亡学生,受党的湖北省委派遣,跑到宜昌工作。她是在宜昌本地工作的本市人。这样接上了头。初见面只觉得她是一个眼睛很亮、能跑能跳、谈笑风生、像个小麻雀似的姑娘。后来在延安,在北京都还见过,来往不多,只知道她和王翰同志结了婚,而王翰同志在一九五七年被划成了右派,这是当年部长级党员干部里仅有的右派。后来是否摘了帽子,以及他们二位的下落如何,我就都不知道了。

直到一九八一年,几十年不见面的张清华忽然来找我。她谈起宜昌要写党史,又谈起自己的遭遇。她的样子变了,脸上有了细皱纹,但是头发还没有白,双眸依然明亮,身穿一套最朴素的布制服,平底黑布鞋。她对我谈了过去一直不敢出来找熟人,谈了王翰同志在改正后已经去世,她自己正在为他的事忙着。

我并不熟悉王翰同志。只是在一九三八年流亡到武汉,去富源里6号省委机关接关系时,见到过省委委员王翰同志。由于当时地下党的朴素作风,他胡子没剃,穿蓝布长衫,我看不出他到底有多大年纪,也看不出原来是干什么的,总以为既是领导干部,想必是工农老同志,该有四十岁了吧(现在才知道他那时还不满三十)。在建国后不久,只知道他当过中南大区的监委书记,又当中央人民政府的监察部副部长。当然是名副其实的老干部。

张清华那次向我讲了王翰同志划右派的经过和后来的经历。她只希望我帮她一点忙,能把别的几个人给王翰同志写的悼文整理一下,发表出来。我这才从她嘴里知道:王翰原来是上海交大机械系的毕业生,一九三二年入党。这许多年做地下党工作,又打过仗,当过中原解放区的部队政治部副主任。他历年负责监察工作,从来是反对制造冤案的,在中央监察部副部长任内,因为对一个下面干部的划右派问题坚持不要划,结果在那个不许有异议的政治环境下,他自己就被划成了右派。然后,他被开除党籍,解除一切职务,下放到三门峡一个工程局下属的铁工厂去当铸铁工人。那时他已经近五十岁了,而且身患多种疾病,一蹲下就要脱肛。张清华说到这里,明亮的两眼里汪着泪,说道:"就是故意专挑那种最苦的最脏的活让他去干。"但是,他仍然在那里竭尽全力工作。他竟买了许多书去钻研技术。叫他铸铁就钻研铸铁技术,叫他炼铁就钻研炼铁技术,而且还交了许多工人朋友。她所说的悼文,就是几个工人为纪念王翰同志写的。

"但是他们当然写不好文章。我替他们修改整理过,人家还不肯登,请你改一改。"她低头这样讲着,使我觉得义不容辞。

我就把她手中的一叠稿子接了过来。

我看完了这些稿子。稿子的作者对王翰同志的生平是不了解的。只知道他犯过"错误",在那里作为一个工人,苦苦钻研技术。文章里写着他怎样自费去买技术书,买实验材料,难得回北京来探一次亲,也要买些带回。写他怎样在极差的条件下冒着危险做实验,一身都是被火星烫的伤,搞成了好多项技术革新。写他的革新怎样成效卓著,但是却不许他的班长"重用"他。他们描写了他一心投入技术革新,全不以个人痛苦为意的表现,说"他是我们的技术员"。还说了他如何用自己省下的食粮,接济吃不饱的工人等等。作者们所追悼的是一个一心钻研技术的先进铸铁工人。但是这工人实际上却是一个部长!一个身蒙不白之冤,无门可诉的苦人,一个戎马半生,做过几十年领导工作的老革命!他在那里身被污名、忍受一切耻辱和虐待,献出他的心,做出这些先进事迹来。这是怎样的令人堕泪的悲惨故事,又是多么惊心动魄的英雄故事啊!几篇文章本身是简单朴素的,但是跟张清华的话,跟青年时代我见过的王翰同志一联系,我感受到了这文章内部的动人的力量!别的读者不了解王翰同志,可能感受不到这些。张清华说:"这几个作者说他不痛苦。他怎么可能一点不痛苦啊!"我领会她的意思:关于他如何坚韧地克服自己内心的痛苦,他们写不出来。

但是我对王翰的了解还是太不够,没法对文章从事改写。我只得把原文稍稍理顺,加了几句按语,送给《人民日报》的增刊"大地"。"大地"把文章以"工人对部长的怀念"为题登出来了。

张清华又来找我。她向我谈了更多的情况。原来,王翰同志是由监察部下放的右派。到了那个工程局之后,归地方管。别的右派都摘帽子了,工程局说:"我们无权给中央部里的右派摘帽。"他们不管,上边也不管。于是王翰同志一直没有摘帽,戴着帽直到三中全会以后改正时为止。他就一直从事着那沉重的铁工厂劳动,直到他六十六岁——任何普通工人也不能再干这种活的年龄。他已经完全累倒了,一个人病倒在小屋里,水都喝不上,常常一天不吃饭。张清华没办法,才只好跑到四川,把他接回北京治病。连户口也没有,在北京做"黑人"又做了四五年,才等到改正。改正后一年就病故了。张清华说到这里,反复地讲:"他一天工作也没有做!改正之后一天工作也没有做啊!"我听了,明白她心里为他感到的无穷遗憾——她懂得他,他的才能和志愿被湮没了二十五年,刚才有指望施展,却已经来不及了。我只好劝她:"能亲眼看见改正,还算不错。"她却不断摇头叹息,说:"我现在真是后悔。五七年那时候本来也要把我打成右派的,我是幸免。真还不如把我一起打成右派,我还可以跟他到四川,照顾他,不至于让他受这么多苦。有我在身边照顾,他的身体也许不会垮,可以维持到现在。"她说着又流了眼泪。我感到她这话不符合当时实际情况,也许她去了会更坏。但她却是极认真地反复说这话。我只能劝解几句,不再多说。但是我不能不为这对患难夫妻对党的忠心和两人的情谊而深深感动了。

她说,她不甘心让王翰这个人就此湮没,她要给他整理日记,整理材料,要找人为他写个传记。她几次对我说起,我明白她希望我写。但是我没有勇气开口承担这个任务。因为我对他了解究竟太少,怕写不好这个使我内心敬服的人物。我只是含糊地说:"那努力去找熟悉他的作者吧。"实际我心里是为了自己力不能及,十分歉然的。

后来,在有人对《天云山传奇》提出反对意见的时候,曾有一位研究法律的专家找到我这里来。他说他过去是王翰同志的秘书。由于对那种意见十分气愤,"跨行"写了一篇评论文章来。他问:"为什么说把罗群写好了就是赞扬了右派,贬低了党员?人家划右派是冤枉的呀!怎么就不能作为党员的典型?难道只有吴遥才代表党吗?像王翰同志,我看就够一个英雄!可惜没人写。"我完全同意他的意见,而且觉得真实的王翰比电影里的罗群更要光彩四射。这位"虽九死其犹未悔"的铮铮铁汉,他所受的苦完全是由于党内的错误。可是,他却永远是共产党员的英雄人物,不可能叫人误会成别样的人。工人们写的那些悼文里的王翰简直是个奇人,无论干什么都能干好。钻技术行,像个老内行。管工务调配行,不几天就搞出一套有效的管理方法。连种南瓜都行,他一摆弄就比别人种的结得大。有人说他的脑子好。这哪里是什么脑子问题!他心里那一束压不死的火把,在大石头底下也闪出光辉。这种性格的美,不是外国那些自称同情我们的自由主义者所能理解和欣赏。他的行为,也绝不是用什么"顽强的生命力"、什么"人与自然的斗争"之类所能解释的。

因为我和张清华一起在宜昌工作过,宜昌县委要求我们修改地方党史的草稿和提供线索。张清华为此不辞辛苦,专门跑过宜昌,还来和我核对了材料。王翰那样惨苦的遭遇,并没有把她打倒。而且,当谈起王翰的时候,她流泪;但是当谈到究竟是谁使王翰落到这样惨苦的境地时,她却对于那位负责定案的老同志(也是当年我们的领导)还有怨词。只说:"她后来在'文化大革命'中间也很苦。那时候怎么那样对待老王?"底下她就又讲了王翰同志在监察工作中历来反对制造冤案的做法,常常为了别人挺身而出。她说了一句:"不过,这是不容易的。"是的,是很不容易的。这是个真正的共产党员,真正的老干部。他所做到的并不是一切老干部都能做到的。张清华对于王翰同志的理解,和她二十五年这样等待他,我觉得比电影里歌颂的"十二月党人"的妻子更难得得多。它使那么多天长地久的"爱情"、才子佳人的"爱情",一概黯然失色。我没有想到当年像麻雀似的张清华能这样,觉得自己实在有责任帮助她。

  我更没有想到张清华会这么快就死。她看来还并不显老。她死前的心事一定就是未能把王翰同志的材料整理出来,没有为他完成这件最后的工作,一定会觉得对不起他,抱着遗憾而去。

  知道了她的死讯之后,我更觉得对她负疚,对王翰同志负疚,也觉得非常遗憾。在生活需要我们的笔的时候,我们这些号称"作家"的人,却不能拿起笔来为人们做做事情,成天去钻那些形式和流行风气,有什么意思?现在我不能不把心里的感受趁此写出来,尽管我的文字是苍白无力的,但是我只能用这极简单的文字表达一下我这难以摆脱的遗憾。我对王翰同志的确不熟,连对张清华也只是最近才有点来往。但是他们的事情和形貌却压在我的心上,比一些熟人的影像压得更沉重。这篇小文章说是追悼他们,其实是完全不够,只是为了摆脱自己的苦恼。我多么希望有别人、有大手笔来写一写他们啊!他们说不上为国家建树了多少丰功伟绩,因为没有机会,没有可能。像王翰这样的人,完全可以做出很多很多,然而竟至如此,这实在是值得痛惜的。但是他的生命的大部分(二十五年)可以说全都浪费了吗？我觉得不能这么说。他的生命在曲折坎坷的历程中发出了明亮的电火,照亮了人们的心和人们的路。这是他的生命全部燃烧的代价。让我们为这照亮人心的火歌唱吧！

她这一辈子

——记我的四妹

我的四妹韦君之去世了。

当我赶到病房的时候,她已经停止呼吸。我抚着她盖着洁白棉被好像还温热的身体,没有哭泣,只是喃喃地说:"你不再受苦了。身上也不疼痛了。老四,你平安地去吧。"

她去了。她比我年轻,却先去了。她是个高级工程师,不是死于一般营养良好的老人常得的病症——心脑血管疾病或癌症,而是死于穷人的病——肾盂肾炎转尿毒。直到我像送人远行似的送她进了太平间,回来坐在自家的书桌跟前,回想她的一生,我才觉得眼泪忍不住了。

我必须为她写点什么。不是因为她有多少丰功伟绩,她只是个极普通的中国知识分子,就是要写这个普通知识分子。

她比我小四岁。当一九三七年抗战爆发我离家南下的时候,她初中还没毕业,我怕她出去不会料理自己,就没有带上她同走。后来在延安我碰上了一个刚从天津来的认识她的女同志,说她"现在在念书"。以后我也接到过她的信,是她的结婚照片。披着纱、戴着珠花、穿着软缎西式长裙,脸上显然用心化妆过。信上还说她做梦梦见了我在边区所生的小女孩,穿着蓝天鹅绒小衣裳、多么漂亮……唉!那时我只觉得我的家庭和弟妹,离我已经有多么远了。以为他们大概再也不可能和我走一条道路。

没有想到,熬过了抗战,又来了解放战争,形势急转直下,我们的解放大军包围了城市。我竟得到机会在一九四七年年底从老解放区化装潜回北平,又见到了她和家里人。当我身穿一件旧蓝布大褂、像农村妇女那样用两个发卡别着头发,走进家门时,迎候我的妹妹们已经把用人都打发开了。自己把着大门,招呼我赶紧溜进屋去,换上一件适合身份的橙红色驼绒旗袍,才敢出来见人。我见到了四妹和第一次见面的四妹夫黄云。这时他们俩已经都是好几年的工程技术人员。那几天,我住在这个虽然极口叫穷却依然显得陈设华贵的家庭里。听他们每天谈的除了向我打听解放区情况之外,就是大骂国民党。黄云问:进解放区要不要都参加共产党。四妹断言,国民党已经完全众叛亲离,他们用不着怨共产党。她说:"现在连舞女都请愿。难道这些舞女还可能是受共产党煽动的吗?是国民党自己实在该完了!"她那时正在铁道科学研究所做化学研究工作。她说:上班没事干,就把很值钱的细砂状化学试验材料打开几管,磨竹针织毛衣,这年头有什么法子呢?

后来我要回解放区了。过去参加过革命的三妹决定跟我走。四妹什么也不说,只是大哭起来。她大概知道这是不能挽留也不应该挽留的,但是姐妹之情有点舍不得。那时候,我看他们夫妻俩对于共产党实在没有什么认识,一本书也没看过。但是对国民党却很有认识。当然这不是依靠她十五岁时候接受的那一点点革命宣传,而是依靠她对于当时现实生活的深切体会。

后来,三妹没有走,却和地下党接上了关系。到我回解放区大半年之后,四八年初秋,四妹和四妹夫黄云忽然一起到解放区找我来了。我不知道他俩是怎样下这个决心的。他们一下子来到了平山县夹峪村,出现在我那没有桌子只有砖炕的卧室中间。我一看她,身穿花布裤褂,服装像个乡下女人,头发却还是像城市妇女那样毛茸茸地向后梳着,脑门上更没有农村已婚妇女通行的"开脸"痕迹。我马上笑起来,说:"看你这样儿!要是我,一眼就能查出你是个知识分子来!"她也笑着,说:"反正是混过来了呗。他们的检查光会出洋相。捏着棉被问我:'这里面有什么?'我就说:'什么也没有。'其实棉被里当然有棉花,什么也没有不成了夹被了吗?"她自己也忍不住哈哈大笑起来。

我担心他们并没有什么政治思想上的准备,刚进解放区,能不能习惯。但是他们很高兴地告诉我:一到石家庄招待所就碰见了廖承志同志(那时正管新华社和广播电台)。廖公知道了他们是来解放区找我的,又知道黄云是搞无线电技术的,马上就在招待所把他们截留下来,叫他们上广播电台去。所以,他们还没走到我这夹峪村,已经参加革命工作了。四妹简直是全身充满新鲜之感,向我详细报告她怎样坐牛车来村和代赶牛车的经过。她摇头笑着:"这地方呀,抬头一看,就是再叫我出去,我怎么也找不着出去的路了。"意思准备终老此乡。

解放区的一切对她都是饶有趣味的。因为廖公布置下来了,广播电台就尽可能优待他们。四妹对于人家给他们打那么多开水,简直受宠若惊,说:"喝也喝不完哪!真正抱歉,只好洗了脚。"后来黄云很快就在广播电台管上了机务。她则在广播电台给我们那些从未受过正规科学教育的机务人员们教理化课程。教了几课之后,她有一次来夹峪,很认真地表示感动:"我一辈子都没有见过这样用功的学生!这样努力,这种学生北平找不着。"她当然不会知道我们的这些青年机务员的经历。这些放牛娃、高小生,大概是生平第一次碰到系统地给他们讲授科学的老师。当然拼命也得把这些珍贵的知识吃下去。四妹从来没有见过这样的人。现在见到,她对他们的印象非常之好。一点不觉得自己和他们之间有什么隔阂。

她到解放区不过半年,就准备解放北平了。我们分别跟着自己的单位,进入北平城。我进城稍晚,来到之后,弟弟妹妹们已经都工作上了。那时正在忙接管旧机构,收录留用人员。四妹也做了进城接管干部。她是学化学的,组织上派她去接管一个工业研究所。我抽了一个星期日由机关回到自己家。记得是个冬天的下午。只见四妹穿着一身又肥又厚的灰棉军装,躺在母亲的大床上,嘟着嘴睡得正香,样子像个孩子。屋里好些人,那么吵,真亏她能睡。我说:"怎么这么困呀?"三妹代答道:"她大概一辈子也没有这么累过。代表共产党新政权去接管,亲自一个一个去查点那些瓶子罐子,不是玩的。"我笑道:"对,现在她是接收大员了。"

后来,她就留在那个研究所当了技术员,以后升了工程师,一直搞她的炼焦研究。也可能她太不像一个"接收大员",或者后来的领导也忘了她原是一个代表共产党前来接管这个机构的干部,总之,她可不是人们想象中的"接收大员",后来她也没有做政治工作,还是照过去的原样,当她的技术员和工程师。

不过她干得可是与解放前大不相同了,一趟解放区没有白

225

去。到三十岁又从头学俄语,学日语,还告诉我:本来懂英语的人可以如何利用英语去掌握其它外语的经验。她的业务原是好的,念大学时得过华北区统考第一名。这一阵,她全部身心投到实验室里。所有的衣服不分衣料如何,上面几乎都有化学试剂烧破的洞,就那么穿着出去做客。那几年大家都忙得要命,只有在"回娘家"的时候姐妹们见见面。谈话材料就是政治。我的爱人杨述老是充当临时政治讲师的角色,给我父亲和弟妹们讲各种中央精神、讲政策。有时我也讲点"内参"里见到的违法乱纪的消息,四妹一听总是十分愤怒,大骂那些不爱祖国的可恶的人。她本来完全可以入党,也并不是支部不要她,是她自己认为凡党员都是最圣洁崇高的人;衡量了衡量,总觉着自己还差,还得提高,她当时没有提出申请。

黄云还在广播电台。他是开国大典那一天在天安门广场负责转播工作的工程师。也是一心一意扑在他的工作上。有一次,干了一个通宵,清早去用冷水冲脸,却忘了脸上还戴着眼镜。叭的一下,把眼镜砸在盆里。他们一心一意,以为共产党做的一切全是对的。到一九五七年"反右"运动开始,黄云来了个挺身而出,批驳别人说的党外人士常常有职无权,他说:"我不是党员,我体会自己就是有职有权!"后来,他由此被称为"反右"的积极分子,入了党,当了总工程师。他们夫妻俩是那么天真,实在不知道党内还有什么阴暗面。

一九五八年大炼钢铁,这下子四妹可忙坏了。炼钢铁要用焦炭,当时在全国搞开了"大炼土焦"的运动,她就到全国各地农村去跑,近至河北,远到广西。她是研究炼焦技术的,出过国,懂得国外的先进技术。这时却天天忙着帮助农民搞那一个一个大坟堆似的土包,中间堆上煤,下面留条出风道。她未尝不知道用这样的方法炼出来的东西不大可能适用于现代化的高炉平炉,但是她说:"这是党号召的,我得尽量扩展我的知识范围,也可能找出一条可行的新路。"为此她努力钻研,碰壁无数。还真的搞出一本书《全国简易焦炉配煤方案》。我那时也在农村"大炼钢铁",有一次因公回北京见到了她,说起这些炼焦土炉,倒觉忽然找到了业务上的共同语言。本来她的业务和我的业务是风马牛不相及的。是这时这种把文学家向科学"提高",又把科学家向文学幻想"降低"的办法,使我们奇怪地变成了同行。为了"农业大放卫星",我还曾写信向四妹求援,她也曾认真地帮我找了几本农业科学的参考书寄来,告诉我应当看哪几节。但是,最后当然是一点用也没有,因为我们放的那种"卫星",任何书上也不会有。她自己跑了一阵之后,在"大跃进"的运动中又叫她参加编写什么《中国炼焦史》,也算"卫星"。她于是忽然又投入了古书,把自己原来有成果的研究工作全放弃了。到这时,机关支部又曾要发展她入党。人家是好意,觉得她积极,她这时却感到自己实在"跟不上党的步伐",不敢进入党的行列了。

  这以后,紧接着是三年困难时期来到。在最困难的年代又决定把她下放到农村去"劳动锻炼",当社员。她仍然毫不踌躇,把独生的小男孩放在我们的娘家,自己下了乡。那是一九五九年。农村食堂还在作为"社会主义道路的标志",硬维持着。可是粮食都在前一年糟蹋掉了,煤炭也浪费完了,食堂简直已经开不出饭来。她就在这样的农村公社里"锻炼"了一年,而且还当上了"五好社员"。在回北京之后有一次见到,我们互谈下放经历,我说起五八年我们那里下放干部因拔了人家的锅,招致农民不满的事。可她说,她那里的农民特别喜欢下放干部,食堂开饭的时候都要下放干部掌勺。因为下放干部最公平,不会因为亲疏厚薄而给这个多打饭,叫那个饿着。不够了常常宁可自己少吃一口。我听得出来,她说的这大概首先就包括她自己,她下乡去给农民分饭去了!

当了这样的"五好社员"回来,她从此可就染上了慢性肾盂肾炎——最后致命的病了。

但是,即使这样,她回来仍然竭尽全力又钉在她的实验室里,一天到晚不出来。她那个实验室里常用氰化钾(剧毒),因此,不允许研究人员在室内喝水,要喝水或要出门小便都必须换鞋换衣。喝水要去饮水室。她为了避免麻烦、节省时间,干脆就整半天不喝水也不小便,直到下班再说。——当然,这对她的肾盂肾炎很不利。她有一个孩子,但几乎没有家务。起初,她把孩子搁在娘家,自己根本不做菜,以买罐头代菜。有一次我到她家,她款待我的就是半凉的窝头外加罐头果酱。因为发面太麻烦,蒸窝头简单,她家基本就吃窝头。到后来,母亲和父亲相继去世,她把孩子领回,雇了一个保姆。她就把每月工资都交给这保姆。随便人家给她开什么饭她就吃什么。甚至连她自己穿的衣服也委托这位保姆去代买代办,给什么穿什么。见了我面就赞扬这位保姆,说是靠了人家,自己才可能投入工作。他们夫妻俩都是高级工程师,收入不少,负担又轻,倒不像现在这些中年知识分子受经济困难和家务的威胁。她是没工夫去管家务,就干脆采取不管态度,她家的厨房收拾很干净,想必也因为食品简单,没有乱七八糟的砧板菜锅等等物件堆放,她就经常以厨房兼作餐厅,甚至为避免干扰,去厨房里读书。

但是,就是这样,她也未能逃脱"文化大革命"那史无前例的厄运。他们的家被抄了,黄云成了走资派兼特务,她是臭老九、反动学术权威。照片、日记、存款……一切都成为罪证,一扫而空。我的家因为也给抄了,一家人也隔离的隔离,下放的下放了,就有很长时间失去了联系。后来我去干校劳动,四妹曾亲手做了一件的确良衬衫和一条的确良短裤寄给我。因为她知道我们那种每天四点钟起来,还只能歇大礼拜(即二周休息一天)的生活,实在连认真洗衣服的工夫也没有。她说:"的确良好洗一些。"她是从来不怎么会做针线活、也没做过成件衣服的。这身衣服做得可不好看,领子也开歪了。但我一直把我妹妹的这件试制品留着,在干校劳动时舍不得穿,专门在进城时当礼服用。

直到我从干校回到北京,才再到她家去看。只见原来的一套单元房(其实也只两间)被减为一间。她的儿子这时已经初中毕业,也只好和父母同室。这夫妇两个工程师用科学方法合理规划这一间屋,把所有的床一字排开,沿墙摆成一长列,在父母与儿子的床中间夹一个柜子,这半边是睡眠区。对墙摆着书桌书架饭桌,也是一长列,这是工作与生活区。椅子则在两区之间流动。黄云再没有事情可干了,就跑到东单信托商店去,买回一些破旧的录音机、洗衣机、旧冰箱……然后天天自己动手把所有破烂都修复,他说这叫家庭技术改革。四妹则钻研起做菜来。曾有一次,她请我们夫妇和李伍同志吃西餐(李伍就是他俩刚进解放区时,广播电台接待他们的同志)。真没想到,她竟做出了全份西餐:奶油菜汤、沙拉冷盆、煎肉饼炸鸡排两道热菜,还有尾食品、牛奶咖啡。刀叉齐备、纸巾也有。她煞有介事地严格按照西餐规格一样一样上菜。我们参加"宴会"的不能不惊诧,她这个只会吃罐头的人怎么会干这个的？她挤挤眼扬眉一笑，说："学化学的还能学不会做菜？"噢！她是当做进行化学实验一样地去配菜和下锅的。席间我说："你们这两个'反动学术权威'，倒好像都会动手干活。"她又笑，却带一点儿苦意，说："造了反的工人考工程师，问这活你会干吗？只能回答不会干。然后人家好在报上宣传说工程师都是废物啊。你怎么敢回答会干呢？"听了她这话，使我当时就想（现在也还在想）：她刚进解放区时，对那些工农学生大有好感的话——知识分子和工农干部之间本来并无芥蒂，现在这样子，到底是怎么造成的呢？

后来，好容易在七四年让他们恢复上班了。但是我看这一次他俩的锐气可消磨得快尽了，尤其是四妹，这时她身体已经不大好，可还是天天挤公共汽车上班，仍尽力工作。有一次，由她领导做了一个国外委托的课题，经多次试验做成功了，要她写个总结。她写了出来，却说不行，要写成是怎样经过学习毛主席著作立竿见影才搞成功的。她找遍毛选，也找不出该写上哪句话，后来室里这些"傻里瓜唧"的技术人员们都动员起来帮她找，好容易凑成了这篇总结，交了上去。她竟成了学毛著积极分子。但是，这篇完全不实事求是的总结却把她的思路简直都摧毁了。她痛苦地感到失去了自己苦干的动力。

后来，七五年有一次在公共汽车上，一个乘客手里的铁件把她的脚砸成了骨折。她回家养伤，索性就趁此提出了退休。其实这时她还不到五十五岁，又是个学有专长的知识分子，可是竟然不想再干了。这时我再到她家去，发现他们夫妇都变得唠叨起来。还是谈政治，谈的是机关怎样人浮于事，一个人的工作分十个人做，谈走后门怎样猖狂，谈姚文元一个电话怎样吓得全局上下不安……

她才退休不久,"四人帮"就垮了。她的脚伤也已经好了,这时她也曾想取消退休,再去复职。可是由于我们的退休制度,却不允许她再回去工作了。她又曾想帮助附近小厂搞技术设计,可是,那时候这些小厂并无想实行技术改革的雄心和动力。她有力无处用,只能帮原来单位弄一点研究方案和资料。在家窝了好几年,身体越来越坏,看来比我还老。黄云则先患心脏病后又患癌症。她忙着伺候他,天天跑医院,自己连检查也没有检查。及至检查出来,肾盂肾炎已经到了尿毒症晚期的程度。她倒也并不怎么介意。黄云去世之前,两个人就把身后事都研究得有条有理。他去世之后她只活了一年。这一年她就不再看技术书了,改为看文学书,而且专看新作品。到我这里来借书,换得很快。以至她谈起的某些作品,我并没看过。她谈论文学。记得有一次谈到《沉重的翅膀》,我告诉她有的部门认为这本书有影射他们之嫌,很不满意。她忽然正色说道:"就算真是影射吧,一个部里的问题就是这些,能算工作很坏的部吗?田守诚除掉有嫉妒心之外,他到底干了什么真坏事?和那些真实的部比比看!我说呀,谁能做到汪方亮那样就是很好的部长了。大家拍拍良心。"她这样的文学评论真是大出我这个干文学的人的意外。是有点愤世嫉俗,却也实事求是。说明她虽已离开了工作,还在一直思索着她所爱的祖国。

回想她的一生,我感到惘然若失。她是个高级工程师,对于中国的弱黏结性煤和金属中微量元素分析方法有专门研究,有著作。这我都不懂。但是我总想,她还应该能做得出更大成绩而没有做出来,她把分秒时间都当做珍宝,而结果却是大量时间都浪费了。我按常规猜想,党内很多人大概会认为这样一个非党员是个政治上不大开展的,只知技术的知识分子吧。那我就把我所了解的这样一个人记下来。现在已经不能找她自己核对了,自然是为活人看的。让那些使用知识分子的领导干部们多少了解一点这些普通知识分子的心吧。

悼 萧 殷

要给萧殷写悼文,怎么写呢?我曾和一个朋友谈起。他说:"好像挺难。"我也觉得挺难下笔。他这个人,言语不锋利、议论不新奇。他的文学主张也没有太尖锐的,倒是普及性的不少。"文革"中整他,那恐怕是因为当时的普遍打倒之风。在"十七年",没听说他挨过太多的整。人又干干瘦瘦的貌不惊人,说他为人冷,也不冷,却也不是表现太热情。反正,是个各方面都显得平实稳重的好人。

不过,我再想想又觉得不对。他不是老好人。他的性格不容易看出来,感情也不大流露,是要仔细琢磨一下才能认识的人吧。

他给我印象最深的事情,是对于一些青年作家、作品的竭力推荐。这是他的工作。而他办这些是比写他自己的文章或办他的私事都热心得多的。他向我讲过的头一部作品,是王蒙的《青春万岁》。单是向我,推荐过起码三次。头一次是在作家协会的《文艺学习》编辑部,他提起过《青春万岁》很好。后来,五七年的事情出来了。王蒙被错划了,《青春万岁》在青年出版社已经打好清样又停止出版了。《文艺学习》关了门,我被下放农村,萧殷也给调到广东去了。隔了好几年,一九六〇年我由下放地点调回一家出版社工作,六一年出差去广东,又见到萧殷。谈起近来有什么作品可出,他忽又说起了《青春万岁》。这时早已时移世变,与五七年以前大有不同。作者王蒙的问题不知几时才有解决希望。而一向平稳的萧殷这时却明明白白地说:"是好的!我敢保那部小说是好的。"还说:"那没有问题。即使《组织部新来的青年人》有问题,这书也没问题。这完全是两回事!"虽然只是向我一个人说的,我不能不感到他这话里包含的重量。到六二年,我和青年出版社交涉索要《青春万岁》的清样,同时在社内提出出版这部书。这时又听到了些不同意见。我便写了封信给萧殷,征求他的意见,实际是想找人帮着撑撑腰。他果然不负我的希望,写来回信,还是坚决主张出版。记得还附来了两页他保存多年的剪报资料,这促使我坚定起来,决定发稿。可是,转眼就是六二年底,"利用小说反党是一大发明"的提法又出来了,波及许多已定发稿的书,不得不又收起来。《青春万岁》也在其列。一直弄到一九七九年才得出版。——还好,萧殷总算看见了。

除了王蒙,他在六一年还向我大力推荐过王杏元——一个青年农民作家。他看了王杏元的《铁笔御史》,还有本《绿竹村风云》的稿本,向我连声赞扬,说真有才气,还说他要自己帮助这个青年,逐章修改。我说:"那我就去组稿吧。"可巧那个人不在广州。萧殷就说:"包在我身上!"那劲儿简直好像这位青年作家是他的儿子似的。后来,稿子虽因其他阴错阳差我没有拿到,但是,萧殷那副当场拍板的样子,至今如在眼前。

一直到经过了一场"文化大革命",大家都已搞得死去活来。一九七八年初,我再到广州,去他家里看他。那时广东正开文代会,他在"文革"中被整得够呛。比以前更瘦了,简直成了皮包骨。可是,我一到他屋里拜访,提起广州新出现的青年作者,他却立刻又如数家珍地讲起来:有一个陈国凯,写了个什么什么小说。他把故事给我从头讲了一遍,后来还从自己抽屉里找出张报纸来,叫我看。我一边看,他一边问:"你看怎样?"还有个孔捷生,作品还很少,他也说:"有希望!"另外还有两个。都让我去找。他的脑子简直不装别的,专装这些青年作者的名字和特点。不需要准备,和万宝囊似的,他的介绍比作协搞组联的同志还清楚完备得多。

七九年听说他病重,气都喘不上来。但是我们社一个编辑出差去广州,回来却告诉我说:"萧殷没事儿!照常发《作品》月刊的稿子,一天看多少万字。看样子还尽能工作哩!"这是怎么回事?

到一九八一年,我又去广州。这次去以前,又听人讲萧殷已经病得一丝两气,简直起不来床了。但是到了他家一看,的确不是那样。他的桌上照旧堆着许多文稿、来信,他人靠在藤椅上,显然没有力气,可照旧谈话,谈的还是他的工作,没有别的。谈有多少青年的来信要复,有多少稿子要看,有多少事情要做。还谈他自己考虑了多少年的一部小说,老没动笔,现在该写了。我小心地问起他的病。他笑着,叙说他在"文化大革命"中间一度被判断为已经死亡的故事。说:"我早已经死过一次了。"好像死是他早已闯过来的一道关,再来,他就不怕它了。

这个人,我认识他年头不少,也算见面不少。但几乎就没听他说过多少个人的事情,即使谈文学作品,也是客观分析为多,很少说他个人的感受。八一年那次见到,他对当时一些议论有意见,就只说了一句:"连现实主义也不要,这是无论如何不行的吧。"他的心血全花在青年作者身上。尽管后来有人所持的文学主张和他并不一致,我想,他们也总该记得这个最初帮助、培植他们的人,是怎样为他们辛苦过。他的思想,他的热情,都紧紧围绕在他的工作上。这个人就是为工作而生存的。我简直觉得这人会永远拖着病躯工作下去,是一头倒不下去的老病牛,没想到他会死。——他的身体恐怕实际上早就拖不下去了,他是硬拖着,不让它垮,还要工作,才维持了这么长的吧。

真正接到他的死耗之后,我仔细默想,觉得这才是一个为了党的文学事业辛苦耕耘至死的人。说搞文学的人往往想个人事业更多,在他身上我们得到了反证。

并非发生在"走资派"身上的事

我在"文革"中,是一个"走资派",无缘无故挨的斗就不说了,说一件并非发生在"走资派"身上的事。

有一个女校对,叫程穗,业务很熟练。在国民党统治时期她当过小职员,"文革"开始,她就跟着我这样的"走资派"一起被揪了出来,下放到干校劳动。

虽然都是在干校劳动,我们这些被管制的"反革命分子"和革命群众所受的待遇可是不一样的。我们要经常挨斗,还得自己开会互相劝说坦白。

程穗老是愁眉苦脸,老说:"我是解放不了啦。"我就劝她:"最难解放的是我这样的'走资派'。你能有多大事?你把在旧社会当过什么差,说出来就算了。"她说:"我真想赶快坦白,可是我实在想不起来我当的什么差呀!"

"你自己干过的事,怎么会想不起来?就把你一辈子做过的大小事情都跟他们说一遍吧。"我劝她,她低头说:"我想,可是……我想不起来呀!"

开她的批斗会,我在旁奉陪,革命群众吼叫:"你到底在国民党支部做的什么狗官?"她满脸惶急,咕哝着说:"我做……做支部委员。"革命群众又喊："什么委员？"她又咕哝："宣……宣传委员吧。"于是革命群众大哗："不说实话！你避重就轻，我们手里铁案如山！"

她经常挨这样的斗，实在没有新口供。渐渐地神经就不正常了。嘴里老念叨："我是什么委员……"后来有一次服毒自杀，却被救活了。灌救的人边救边骂："你喝药不喝？你不喝，就拿大粪汤灌你！"她在这样的"救助"下又活下来。我得到"解放"时，看见她神志已经不清，每天只吃一点稀粥，还常常倒掉，最后一口不吃，大概决定绝食而死。这时我才得知了那个要她性命的"秘密"。原来在国民党一本名册上写着她是一个支部的监察员，就是比什么委员都更低的一个"员"，并没有具体职务。她说"想不起来了"，很可能根本是个空名。

我想把这个秘密告诉她，但是已经来不及了，她死了。

一九八四年十一月

追念雪峰同志

雪峰同志已经逝去十周年了。

在他逝世三周年的时候,我们为他补开了正式的追悼会。时间是在第四次文代会闭幕后的第三天,地点就借用大会的礼堂——西苑旅社礼堂。追悼会是人民文学出版社自己主持举办的。那几天,我一直为这个追悼会东奔西走,心里一直惴惴不安。我们应当隆重追悼我们的老社长。我怕开会时间迟了,原来想参加的代表们有可能走掉了。又怕那个地方本来不是开追悼会用的,整个礼堂都是固定的椅子,万一人们起坐弄得椅子乱响,会破坏追悼会的气氛。还着急这里不像八宝山,并没有现成的花圈,我们只得自己出钱去买,买的又不够用……

但是,追悼会的效果完全出乎我的意料之外。尽管时间不好,地点不对,来的人却异常踊跃。有些代表推迟行期来参加,大礼堂全满。我们出版社筹备的同志们,晚饭后自动跑来加班布置会场,买来黑纱自己动手扎花球,直忙到十点多。文联的副秘书长黎辛同志做主支援了我们一批花圈,把台上和会场周围全部摆满。特别是到会的同志送来那么多的挽联、挽诗,将场外大过厅挂满两层。恐怕别的追悼会从未收到过这么多的挽联。

有的人是当时现写的,送来时墨渍淋漓。到会人一面往里走,负责收挽联的赵琼还一面在把新收到的往绳子上挂。记得那里面特别引人注目的有萧军的新诗,还有好些充满悲愤、写得极其透辟痛切的联语。人们拥挤着站在那里怀着激动的心情阅读,不想马上进去。侯敏泽站着,一面读一面对我说:"就是下刀子我也得来!"可我当时只顾里外张罗,忙追悼会,忙送灵,文井同志则忙发消息,我们都忘记嘱咐人把所有这些心灵流露的作品留底,真糊涂了!

会开得肃穆庄严。全体离座肃立,除了有人呜咽之外,一点声音也没有。最后还有好几位不熟识雪峰同志的青年作家,抢着要陪同家属和我们工作人员,一起去八宝山送灵。那次会,才使我真认识了雪峰同志在人们心底留下的深刻影响。

这些悲悼的人,只有我们出版社的人可以解释为由于老领导的遗爱而来。其他到场的人则有许多和他并不熟,许多人并不详细了解他生平的功过是非。但是人们都怀着悲愤在这里掉泪。为什么?这是由于人们痛恨五十年代以来一直搞"运动"、把政治迫害当政治思想工作的传统,由于恨透了那种借"群众"的名义一哄而起、一拥而上、以势压人的坏作风,由于厌恶那种开口闭口"阶级敌人",视战友如草芥的恶劣习惯,特别是文艺界那种抓住一句就异口同声、连篇累牍"大批判"的干法。冯雪峰是五十年代受打击者的代表,他又已经去世,死前没有得到平反。正在为右派改正时,我们给他开追悼会,人们自然把心头郁积了多年不得一吐的感情全倾泻了出来。

我明白了,我们不是追悼一个病逝的作家,是在追悼一个蒙冤的老同志。而且,我们实际上是在向五十年代以来所有那些乱整人的"运动"表示抗议。

这次会，震动了我这个追悼会筹备人的心。

对于雪峰同志本人，我也和他所曾经历的各次运动，发生了联想。他的受批判，并不自反右派始。我想起一件事来。头一次见他发表"检讨"，是为了《红楼梦研究》批判俞平伯的事情。他在检讨中说他自己有"犯罪感"，因为他写的一篇按语"崇拜"了俞平伯这个"权威"，打击了李希凡、蓝翎这两个新生力量。（他发表了李、蓝二位以马克思主义批判俞平伯的文章，在"按语"中说他二位的观点当然尚不完整。）那时候我还比较年轻（三十几岁，刚进作协几个月），但是我也能一眼就看出来这分明不是事实，不是真心话。谁都知道俞平伯是一位老一辈治诗治词兼治红学的老先生（我看过他的《读词偶得》，探作者的文心，细入毫芒）。但是这些早年写的文章当然与马克思主义没有关系。而李、蓝二位的观点显然是当时我们这些二三十岁的干部共通的观点。老同志冯雪峰怎么可能不知道这个？他怎么可能去"崇拜"俞平伯？他写那篇按语，分明是觉得自己家的孩子打上了邻居老人的门，他觉得这影响两家关系，不太好，说两句"孩子还小"的客套话而已，竟弄成那样的大罪名，又搞成那样的全国性大运动，使他不得不作那样的"检讨"。年轻新进的我从此时起，对这类一哄而起、乱棍齐下的运动已不由得不开始萌生怀疑。当然，当年我没有机会向雪峰同志说出我内心的想法，那时我在文艺界还得算是"小字辈"。

后来我和雪峰同志的主要交往，是在他已经被戴上右派帽子、被撤职以后。我作为"新领导"被派进社去取代他和王任叔同志。在这种尴尬状况下，我虽力示谦恭，他当然也不会跟我谈多少心里话。只是勤恳从事业务,再三请求重新入党而已。后来,我慢慢地也知道了,他之划右派,并非出自我们社内的决定。社内还有人提醒我,该经常去向老社长拜年拜节,勿失礼貌。这我做到了。但再多的我不能做。我只是勉强塞进去的一个"第二梯队",对文学没有主张,只会听指挥工作。而他是对文学有主张、有见解的,我却没有能做到请他推心置腹说出见解,教导我。应当说,对他,我实际不是真正的尊敬,我不敢去请他谈真话,自己当面错过了请益的机会。后来,是我在工作中特别在"文革"中碰得头破血流,才使我那简单的头脑多少"搞活"了一点。至今我仍然肤浅,但已不满足于肤浅。在这时候,我便想念我们的老社长雪峰同志,如果他活着……

他没有和我深谈过。只从日常的接触中,我觉得这位老同志极认真,极严肃,视党为自己的生命,而同时,他对文学艺术的思路却与当时流行的简单文学模式颇不相同。我记得有一回他对于我提出在刊物上介绍斯大林奖金得奖作品《钢与渣》是嗤之以鼻的,说:"那叫什么文学?"(那还是他划右派以前)也记得他谈他自己写《太平天国》的创作思想。这些,使我至今回忆起来如梦方醒。但是,他当然也有他单纯的一面,一切按指示办事的一面,他也怀疑过不该怀疑的人。这是我近几年读现代文学史料之所得。我想他自己生前也可能还没来得及反思到这一层吧,就带着许多冤苦和疑问到火葬场去了。想到这里时,我在悲悼中带着惋惜,如同悼念我的带着遗憾死去的好朋友一样。

可能有人认为我这样说是对长者不敬。但我想不是。我们所有的人,处于这个时代,不论多大岁数,只要真的肯用脑筋,就决不会只如一片光明又宁静的死水,一无波纹,一无思考和矛盾。我尊敬雪峰同志,我以未能听到他对自己生平的分析,对文学艺术深沉的思考,作为我极大的遗憾。这是我对于长者最深的悼念。

一九八五年十二月

他走给我看了做人的路

——忆蒋南翔

老蒋最近去世了。他是我入团的介绍人,参加"一二·九"运动的领路人,按老习惯我应当把他在共产党内的丰功伟绩,历数一遍(这也符合他最后的饰终之典),但是这个人给我的印象只是如此吗?一个老党员只能是这样一个规行矩步的典范,与从前严守儒范的儒家弟子差不多?

我当年为什么要跟着老蒋走?那时其实我并不知道他是共产党,更不知道有毛泽东其人。我怎么被他拉上这条路的?相反,我倒知道一些他不尽符合共产党内法规的事情,说起来我真有点迷迷糊糊。

初识这个人

我认识老蒋是在一九三四年底。那时我是个刚从女子中学毕业进入清华的学生,几乎见了男同学都不敢说话。由于老同学毛槬硬要热心拉我,我糊里糊涂报名参加了图书馆前大桥上公开招收会员的现代座谈会。会的领导人叫徐高阮。我在这个会里和老蒋编在一组(哲学组)。我们学的是《辩证法唯物论教程》(学校里根本不教的),谁是作者,不记得了,只记得李达、雷仲坚合译。同组还有高承志、张景观、蒋弗华、李立睿。别看老蒋比我们大不了几岁,却像个循循善诱的老师,永远蓝布人褂,一只眼睛又不大好,一丁点青年活泼劲也没有。他第一次把我对于男同学的芥蒂和戒心全打消了。这才开始和男同学自由谈话。

记得有一次讨论,徐高阮也来了。高承志忽然说:"我们这些人呀,就是自己使劲在给自己的阶级挖掘坟墓。"他说完了,蒋南翔点头一笑,我和李立睿这样的傻姑娘只有干瞪眼。当然我们知道了阶级是什么,但是实在不知道自己对阶级能起什么作用。当时,我们还全不知道徐、蒋、高都是党员,正在现代座谈会里物色积极分子。

后来呢?现代座谈会被解散了,我们一群女同学在进步女生的头头韦毓梅鼓励下组织起来。我们六个女生是一组,由蒋南翔领导,在二院蒋南翔宿舍里每周开一次会(他是一个人一屋)。从此,他教我们阅读《中国大革命史》,教我们开会怎么开法,先是时事分析,再是工作讨论,再是工作布置。我头一回知道时事怎么分析法,你得把世界分成两个壁垒就明白了。他还告诉我们,有支红军,已经过了黄河,如果打起仗来,苏联的拖拉机可以改装成坦克……反正都是闻所未闻的奇怪事儿。

后来很快就是"一二·九"了,我们这群人就成了骨干,虽然多半都很幼稚,只知道喊口号打先锋。但是其中有不大一样的人。那一句"华北之大已经放不下一张平静的书桌了"(《清华救国会宣言》),当时已经传诵国内,见于报端,甚至成了"一二·九"运动的旗号,但始终没有人知道是出于蒋南翔之手,因为他从来不向人说是他写的。他这个人就是这个作风。

年轻的党员干部

"一二·九"之后,我开始参加革命工作,知道了老蒋在担任清华党支部书记,后任北平学委书记。当然看起来还是平平常常一个大学生,那时候的干部也都是这样年轻平常的大学生。我是慢慢地发现老蒋这个人有他自己的见解,他是党员,忠诚于党,但并非简单服从而已。

有两件事给我深刻印象。第一件事是"西安事变"如何处置蒋介石。第二件事即北平流亡学生向何处去。

"双十二""西安事变"那一次,蒋介石突然被扣。我们这些左派学生欣喜若狂,大家大喊大叫,要求公审、枪毙蒋介石,党内负责干部黄敬他们也是如此。只有蒋南翔说不要这样提,群众不会同意。而十二月十四日也据说传来了中央的消息,说要公审。彭真同志赶到北平,说等一等,等中央的正式传达。第二天,正式消息来了,周恩来同志飞往西安,提出和平解决的口号。左派学生内部的争论也解决了。如果当时学生上街游行并喊杀掉蒋介石,这个弯岂不很难转?蒋南翔能提出这个意见,实在非常卓越。后来我问过他:"你当时怎么会看那么远的?"他说:"我也不是看得远,是那时在校车上听同学们议论纷纷,其中大部分人说,如果这下杀了蒋介石,可天下大乱了。我感到我们那杀蒋的口号不符合群众的要求,才提出来的。"

一九三七年,学生们从北平流亡出来之后,当时北方局的领导人刘少奇同志主张:所有学生,特别是学生骨干,都要留在华北抗日,集中太原,不要去南方。老蒋一贯十分钦佩少奇同志,但是这一次因观点不同,他明确表示了自己的意见,他认为大批学生留在北方抗战,当然是重要的,但不能绝对化。许多学生是南方人,他们自然会回南方。至于干什么应加以引导。其中革命学生要到北方抗战,人家爸妈来叫,也得先回南方转一转再来干。另外党组织也需要一批学生骨干回南方开辟工作。因为当时南方城市的地下党被破坏得很严重。结果蒋南翔受到批评,被从南方调到太原,安排了一个编小报的工作。一九三八年在武汉开全国学联大会,老蒋认为南方无人主持其事,又跑去了。当时少奇同志有一封信给南方的党组织,批评蒋南翔擅自跑回南方,带走些学生,是不对的。直到解放后,陈云同志还出面调解此事,认为双方都没有错。北方需要人,南方也需要人。我记得当时大批学生想革命,而实在不知往哪里去,自然地涌到抗战中心武汉,并非想逃避战争。我自己也是到武汉才找到组织关系的。不少人和我一样。许多人找到了关系就去延安。许多由北方来的党员,在这里参加建党工作,恢复了许多县委。武汉作为一个年轻学生革命的集散地,在历史上是起了作用的。我认为蒋南翔当时的工作是有意义的。

而后来到了一九八五年撰写《一二·九运动史要》时,有些同志仍坚持认为,凡少奇同志讲过的一切就是正确的,就是不容置疑的,就和以前毛泽东的话不许怀疑一样。蒋南翔的主张和行为是错误路线的代表。要把少奇同志这封信公布。这把其他参加写作的同志急坏了,希望别这样做。

老蒋听了这意见,先叹口气说:"少奇同志从没有说过我反对他……"然后他笑了,说,"那就得请咱们现在的史学家饶姓蒋的一命啦,那行吗?还得看历史到底怎么回事。"

为了让历史来作结论,他抱病与我和黄秋耘两位主要撰稿人商议,最后将两种主张、做法、效果据实叙述,未下结论。

在复杂的斗争面前,蒋南翔有和别人不一样的见解,而且即使在当时处于少数地位,后来也往往被历史证明是正确的或者有道理的。

原则与感情

要说主张,他从来明确,毫不含糊。记得"一二·九"时期大批左派学生在斗争中分化。当时把冲劲大、愿打愿拼的一伙人称为少壮派;会讲马克思主义,主张行动稳健的老资格们被称为元老派。开起会来,两派经常争吵。按其资格,蒋南翔似乎与徐高阮等一齐成为元老派。起先我也迷迷糊糊以为如此。但是后来,元老派徐高阮等把他们的主张在报纸上亮出来,又在自办刊物《学生与国家》中主张,要搞抗日民族统一战线就应该主动取消自己的左派抗日组织,取消民先队,要和国民党的抗日组织统一,这才叫突破老思想框框的新的抗日民族统一战线。蒋南翔这时跟党站在一起,坚决反对他们,而且马上自办刊物《北方青年》,组织一篇篇文章反驳他们。我这才明白谁是什么派,不是按资格老少,而是按政治主张分的。我当时还对老蒋提出:"唉,都是老朋友了,干吗不将就一点?"老蒋给我分析为什么必须坚持原则、割袍断义的道理。

但是老蒋并不是完全不顾昔日的友情。吴承明是"一二·

九"以来的重要积极分子,校救国委员,扩大宣传队大队长,民先大队长。十二月十六日那天爬城冲入城内。第二年二月二十九日又身先士卒抢救被捕的人。后来不积极,不想干了,抗战开始以后,脱离了救亡工作。黄诚、杨述他们都想争取他回来工作而未成。直到解放以后,杨述写文章悼念黄诚,还在说起与黄诚讨论小吴只顾家,不想干革命的事。老蒋看见了,说:"这何必?何必现在在报刊上来批判小吴?他总还是做过工作的。"直到一九八五年,纪念"一二·九",老蒋还记得小吴二月二十九那天一脚踢开校卫队的门冲进去抢人的事,并说纪念会应当请小吴来。

"抢救"运动

一九四二年,在延安,先是毛泽东同志提出要整顿学风、党风、文风,我们这些外来知识青年热烈响应,拼命检查自己思想中有什么不纯洁的地方。接着从整风发展为审干,从审干又一变而为抢救,说干部中存在着大批国民党派来的特务。他们是"失足"了,要"抢救失足者"(见康生的报告)。于是整个边区掀起运动,要大家随便揭发谁是特务。大多数从外边投奔延安的青年,包括在外边为党出生入死的人,都成了特务。杨述也已被"抢救"成"特务",他由绥德奔往延安,求老蒋援救。实际老蒋也正在那里为难。可是他说了一句话:"把'一二·九'也说成国民党的红旗政策,太不成话了。我向少奇同志反映过,他也点头。"后来,我也来到延安,愤愤不平,向老蒋说:"真是千古奇冤。"老蒋抚慰我道:"三月奇冤,哪里是千古?"但是实际上老蒋对这个运动是从一开始就极不赞成的。他当时任青委书记,在工委、妇委、青委的联席会议上就公开表示不赞成。他说:"好比一个人有病,要靠大夫治,不能群众人人动手,那么一来,这个病人就要被治死了。"但这个意见当时没人听得进。最后整人的运动实在搞不下去了,延安开大会,毛主席脱帽道歉,马虎收场了事。到一九四三年审干结束了,还是康生在那里说运动如何有成绩,有些缺点。这时蒋南翔上书中央,提出应明确检查用搞运动的方式审干是错误的;说抢救运动成绩为主是错误的;只知要工农干部,歧视知识分子干部,更是错误的。意见书直接交给少奇同志送达中央,结果非但未被接受,他却因此受到党内批判,被指责为犯了严重错误,意见书从此不见天日,他本人被分配到东北做一个省下面的宣传工作,直到青年团建团时才回来。这个处分决定直到一九八五年,"文革"结束后中央组织部为南翔彻底平反时才予以撤销。今天看到他这个意见书,我不由得不震动。这篇意见书(见《中共党史研究》一九八八年第四期)的作者是何等勇敢,眼光何等明澈尖锐。如果当时的党中央重视并采纳了这个年轻人的意见,如果不再那样独断专行、唯我独尊,如果党内生活多一些公开化和民主化,将会避免后来的多少个伤害全国知识分子和人民群众的可怕运动啊!也许解放后的中国会更稳一点。但是没有!

宁"右"勿"左"

老蒋在我的记忆里,从来不是一个偏激的人。记得在延安时,对于我们的老师冯友兰先生,他表现出很高的尊重。他总是记得一九三六年二月二十九日那天军警搜查清华,黄诚、姚依林躲在冯先生家里的事。在中央青委时,老蒋还专门推荐冯先生写的一本书《新事论》给我读,说那书里有唯物主义思想,又说"谈儿女"一章尤其好,我们许多人写不出来。而在当时,冯先生的政治态度并不是左倾的。

老蒋反对极"左"思潮可以说是一贯的。记得刚进北京时,对当时学生的一股热气,什么考试不必要,教授们都不行,学习没意思,干脆去干革命等等,老蒋很不同意。运用他在青年团(当时他任团中央书记)的影响,组织人写了《思想改造性急不得》等重要文章,刊登在刚复刊的《中国青年》上。他自己写了《论学校中的新民主主义学习》,详细论述开国一年之后,必须以学正课为主,同时搞切实的政治思想教育,不能如旧日读死书。在学政治上,学文、法的和理、工、医、农的不同,大学生和高中又不同,不能一味读一样多的政治。当时各级团组织学习此文,纠正了教育系统内某些轻视业务学习的偏向。

我任《中国青年》主编时,对于办刊方针有两种不同意见。一种意见是要搞成通俗的宣传读物,多发表青年习作;一种意见要加强理论的指导性。南翔就是第二种意见的代表。在争论中,持第一种意见的一个青年编辑说:"照这样办,我们这刊物岂不成了没有青年作者行,没有了于光远就不行?"(老于是我刊长期撰稿人)老蒋说:"照你们说,于光远死了,我们就关门了?不是靠他一个人,是要提高青年的口味嘛。"后来他亲自去组稿,要我们辅导青年学生读新译的《反杜林论·旧序》《自然辩证法·导言》,提高刊物的格调。他说:"我们办刊物给青年看,是要教育青年学习,又不是学校里开作文展览会。"

我至今清楚地记得他在团中央时一次讲话对我的震动。那是一九五三年左右,在现在的青年艺术剧院楼上,在场的还有其他几个团干部。他谈到当时党团工作中宁"左"勿"右"的思想,而后激愤地说:"与其宁'左'勿'右',还不如宁'右'勿'左'好。"痛恨宁"左"勿"右"的情绪溢于言表。

新中国的教育家

论起办教育,蒋南翔在延安时期就有远大的抱负和预见。当时他在中央青委工作。延安的教育界有一条口号:"为边区就是为中国,为今天就是为将来。"其实意在只要边区和今天的现实教育,不必考虑中国和将来。老蒋当即认为口号不妥,他说:"既要为边区、为今天,更要为中国、为将来。"他以当时办得很有名的南开中学为例,提出"南开中学论"。意思是中学教育要系统、完整,培养理论联系实际,让学生接触社会、懂得社会的学风。当时延安解放区办了几所中学,但是党政领导不大考虑学生学习的系统与完整性,有的学生才念初一,就被调出去工作,结果办的是中学,和办"抗大""陕公"类似,成为干部短训班,使办学校的人非常为难。当然,当时环境恶劣,教育完全服从战争需要,的确难于产生独立的教育体系。这一切,在新中国成立之后,在老蒋出任清华大学校长以后,成了他大半生为之艰苦奋斗的事业。

一九五二年,中央决定兴办几所工业院校,已先决定清华改为工业大学,调蒋南翔担任校长。他抱着兴奋的心情准备赴任。他原来是清华中文系的毕业生,送他走时,我说:"搞工业大学,你行吗？"他却信心十足地说："我边干边学。我去学成一个工业大学的普通学生该可以吧。"当然，他那一肚子教育理想是都带了去的。

他一进清华就抓质量，教师质量和学生质量。著名的"宝塔尖论"曾经在"文革"中给他带来了多少批判，甚至人身攻击、谩骂，但他至死不悔。他认为，要把好教授、好设备集中在一起，努力培养好学生，培养国家所需要的少数高级人才。为此，要反对在教育上搞分散主义。为使学生成才，他坚持大学要敢于"泻肚子"，不合格的学生应该降级。反对把工农速成中学学生勉强塞进大学。说大量招收许多水平很低的学生，名曰办大学，实际上是浪费国家经费，无益于国家。

一九五六年，在全国经济冒进的影响下，教育也被要求加快速度。结果高等学校招生人数直线上升，从一九五五年的九万八千人，一下子跳到一九五六年的十八万五千人。南翔感到这种不顾实际可能的"大跃进"必然把高校教育拖进一场旷日持久的危机，于是和杨述、宋硕联名写了《关于高等教育工作中的几个问题》一文，发表在一九五六年八月三十日的《北京日报》上。这一次就是我国高等教育发展三起三落的第一次大起大落。尽管蒋南翔无力扭转乾坤，但是，只要他在位，他就尽力呼吁，不怕舆论非议。他在清华的几年，以全力办好清华，开展各种建设，引进新的科学尖端技术。那些年我和他来往少了，只知道他在忙原子反应堆，忙学苏联以及其他能学得到的国外科学，我们的母校老清华的面貌变了。我回校参观过几次，他不再老是谈过去的学生运动，而热心地要我们看清华新上的项目，他的得意门生吕应中的名字，连我都听熟了。

老蒋到清华和高教部之后,他对教育的主张没有改变。一九六四年的一天他和我谈起我们文化部挨骂的事,他用自我嘲讽的调子说:"你们文化部是帝王将相部,卫生部是城市老爷部,那我们高教部就是少爷小姐部了!"可见,他准备宁可挨批斗,也不改变观点。

后来他被从教育部调到中央党校,党校教育与他生平从事的青年和教育工作不大一样,但他仍然坚持对各级地方党委送来的党校学生要加强文化课。尽管他这一主张受到多年专讲马列主义的同志们的反对,他仍认为应当如此,文化水平很低的党员干部做不好党的工作,知识广博的党员干部才能掌握住党的政策。

"文化大革命"他受够了罪,这方面大家一样,不必多赘,我也没有他的消息。直到一九七三年,我由干校回到北京,恰好有一个由教育部调我社当编辑的青年同志谈起老蒋。他说:"蒋部长这个人硬是斗不倒,他们说要斗臭蒋南翔,哼!越斗越香!"

"文革"结束后,他再度出任教育部长,正赶上高等教育的又一次历史性的"大跃进"。他公开讲历史教训,反复申明需要与可能必须统一,发展高等教育一定要量力而行。尽管当时许多人听不进他的话,他被称为"老右倾""老保守",但他毫不顾虑自己失而复得的地位和形象。

"反右"吗?

——但是我一直不太了解他这一段关于右和左的看法。例如"反右"问题,他同意了有些人的划右派,后来我问过为什么。他说:"我认为思想右的人,是因为这个人的确是右,我才说他右。我认为他思想本来不右的人,就决不能说成是右。"他这说法,我想第一可以解释为人的思想本来有左有右,并非即等于正邪功罪之分。正如我们当年当学生时的思想有左有右有中一样。现在不能把思想右者打成犯罪,现在反右派中执行的做法不合道理,老蒋有可能是这样想吗?但是他这个想法可完全不合当时现实。"反右"把多少知识分子都当罪人打了。第二个解释,也可能老蒋那十几年身当要职,一天忙到晚,连和友人细谈的时间都没有,已不再可能像十几年前那样拼死上书了。在主要的政治运动上,他得按中央的大路子去干,只可保护他力所能及的少数人。这也是我们国家常见的悲剧。这两个说法孰是孰非,他那时是按哪个想的?我在此暂不作结论。但是这总和过去我所了解的老蒋有些不同。我在沉思。他人是好人,这个问题我没想通。

最后的愿望

一九八四年,南翔在中央党校工作期间,终因终日劳累患了心脏病,住进了医院。之后,他几进几出,几乎在医院里度过了他一生中最后的四年。

他刚住院时,我还在中央党校他组织起来的《一二·九运动史要》写作班子里工作,还去看过他。一九八六年四月我因脑溢血几乎丧命,被抢救过来后曾一度口不能言,手不能伸,腿不能抬,几乎丧失了一切活动能力。老蒋在医院里知道我的消息,顿时双泪长流,连声说:"我害了小魏(我在清华名为魏蓁一)。"并让他夫人多次来看望我。他卧病为《一二·九运动史要》写出版后记,特别记上我在编纂该书总稿中不幸病倒。编好这本书,缅怀老同学们,是他最后的心愿。我女儿去医院看望他,他还问起我们的老同学韦毓梅(曾任上海市教育局局长,"文革"中不堪凌辱,跳楼自杀)孩子的下落,要我女儿设法打听后告诉他。

今年年初以来,老蒋的病况恶化,主要危险不在心血管病,而是消化系统的癌症。知道这个消息,我心情非常沉重,即使我不能走,爬着也要去见他最后一面。大约是三月间,我由女儿扶着去看他,他躺在床上,不能动,不能吃,一天喝点人参汤维持,眼睛都无力睁开。他夫人轻轻告诉他我来了,他努力睁开眼,勉强说出一句话:"我们的'一二·九'总算出书。"我点点头。他又问:"韦毓梅、孙世实他们的纪念文章都写了吗?"我说写了。我要走了,他有点急了,努力挣扎着说:"再坐一会儿。"并问我对一个老同志的看法。我说:"不是坏人。"他连连点头。临别时,他的小孙女走过去说和爷爷握手。他晃了一下头,眼光投向我,嘴里挤出一句很不清晰的话:"和这个姥姥握手。"看到这情景,我几乎滴下泪来,让女儿扶我两步,和他握别。

老蒋去了,直到这时,我才得见一九四五年他那份关于抢救运动的意见书。后来得知他是在病危时拿出来要求发表的,而且同时嘱咐来诀别的人:"要坚持共产主义。"他为什么临死还要公开表示自己这点政治意见,不肯隐瞒,不怕有损对自己身后盛德的歌颂?我思索之后,顿有所悟。他教育我革命,发展我入党,也教我如何做人。共产党员不是靠跟着谁跑来的!不管这几十年来,我的见解和他未必能处处一致,但是他走给我看了做人的路。

一九八八年八月

我所认识的胡耀邦同志

为耀邦同志写悼文,我觉得为难。写一点点日常生活中见到的他,觉得太没意思。写他一生的功绩,又绝非此短文所能概括。只罗列一些零碎印象吧。

一九五二年,我在团中央工作;耀邦同志从川北行政公署调团中央,任团中央书记。在我们心目中,他很活泼,和下级干部相处也很随便。每逢团中央搞报告、重要文章之类,他总要找几个"笔杆子"一起起草,我也是其中之一。这些笔杆子们你一言我一语连句成文后,耀邦同志总要沉思一下,用手摸摸脑袋:"啊呀,不知主席的盘子怎么样?"几乎每一件事他都要考虑"主席的盘子",那种虔诚而认真的神情,我至今记得。

一九五七年,他是团中央第一书记,那时我已调到作家协会。直到运动快结束才得知,团中央打了大批的右派,比例在当时的各部、委级单位里算高的。

到后来,运动一个接着一个,两三年就来一次,直至爆发了空前的"文化大革命"运动。所有在建国以后历次运动中幸免于难的干部,此时都成了"叛徒"、"特务"、"走资派",耀邦本人也是一开始就被"揪出"。后来由干校回来后,不给工作,他住在灯市西口富强胡同的一个大院里。当时有许多"未解决问题"的老干部找他发牢骚,大院里的团中央的普通干部们也和他来往,大家谈得很热闹,很自由。到后来,听说还有在团中央经他手被打成右派的人也去了。我也去过。

一九七五年,一些已获"解放"的原来的负责干部被结合进了领导班子,耀邦同志也算一个,暂充中国科学院的负责人。但是上台不久,就被那里的造反派开大会批斗,甚至专门举办了中科院"文革"成绩展览会,以他的"罪行"为前言。我这时曾一个人偷偷跑到他家看望他。我说:"耀邦同志,听说还拉你到外地大连去游斗,你可受苦了。"他很冷静地望着我说:"我是死猪不怕开水烫了。"语气中透着一种我所不熟悉的镇定和冷峻。之后不久,"反击右倾翻案风"中,他再次被打成中科院翻案风的罪魁祸首,不堪批斗,躲进了协和医院。我和杨述带着女儿和未来的女婿潜往协和。医院要我们留下姓名、单位,我们就叫两个年轻人出面签名。我们则作为"随从等人"混了进去。进了病房见耀邦半坐半卧在沙发上,面有病容,身边放着一本打开的线装《全唐诗》。我说:"留得青山在,不怕没柴烧,你务必保重身体。"他点点头,拿过那本唐诗给我看。那是一首并不常见的律诗。原诗我已不能背诵,现在也无力去查,只记得写细柳营军容甚盛,而老臣的结果却甚为凄凉的意思。

不久"四人帮"垮台了。"帮四人"的大臣们下去了,但是还有不少人,作为毛主席的人留下来。为了杨述的摘帽子问题,有人要我直接去找刚出任中组部部长的耀邦同志。我想了想,觉得出于人情去找他不妥,该怎办他会办的。后来中组部新来的副部长甚至跟我推心置腹到这样程度:"杨述没有问题,这我们知道。可是,他和另外一位×××同志的案子是过去的中央画过圈子的,现在中央专案组就不许我们推翻。——而且,毛主席的话句句要照办。这事要解决,得慢慢想办法。"办成事多难啊!至今回想起来,仍能感觉到当时那场斗争中的硝烟弥漫。其间,不断有老朋友告诉我:"杨述和那位×××的事大约快解决了。胡耀邦说,对这些事,他比当事人还急哩!"后来才明白,耀邦同志的确比我们这些当事人还着急,他想推翻的不是一两桩"如山铁案",不是一桩"文革"中"御笔亲点"的铁案,而是自解放以来所有运动被错整过的一系列历史的错案。

一九七八年十一月,杨述和那位×××果然算是较快地"解放"了。"三家村"、"四条汉子"、彭陆罗杨……这些经毛主席画过圈的大罪人,后来陆续获得"解放"。当时轰动九城、大门口排了长队的地方,不是百货公司、食品店而是中央组织部。不止十年冤案,而是各色各样受冤几十载的人写血书上告,城里到处传说着"胡青天"的故事。我的一位被划为"右派"、一直未平反的老同事,得了癌症,把申请书赶写出来,委托妻子去中组部门口排队,自己却很安详地写小说,和朋友谈心,居然一点不着急。对于交上去的申诉书,他挺放心:"会有结果的。"果然,在他去世前,接到了改正通知。中央负责干部能得到党员群众这样的信任,在我的经历中,是除抗日初期投奔革命之外,后来再也没见到过的。

接着,便是平反历史上的冤假错案。听说耀邦同志不仅积极为他当年亲自划的"右派"平反,而且把有的同志找到家里当面认错。震动文艺界的"丁陈反党集团案"翻案了,丁玲从北大荒回来了,陈企霞回来了。由毛主席亲自定案而三十几年未查出任何根据的"胡风反革命集团案"竟也被推翻了。胡风也从狱中回来了。补开冯雪峰——我们人民文学出版社老社长的追悼会时,我们不知道耀邦认识冯雪峰,没有想到请他,后来他却为纪念雪峰题写了纪念册的书名,还署上了自己的名字。

建国以来所有运动造成的不把人当人的政治待遇全被取消了,共产党真正开始关心、爱护人的生命、人的生存了。这是真正的人的解放。不把人当人,还谈得到什么改革不改革呢?耀邦的功绩,简直可以说是开创了一个人的解放的新时代,这才有了得以推行经济改革的基本条件。

本文写到尾声,正值耀邦同志追悼大会之日,会内外同声恸哭。一位亲友来告,四月十五日发布讣告时,她看见一个"文革"中被抄家、赶出北京的工商业者兼教师,后来回来的老人,听广播时落泪了。

一九八九年四月二十二日

"大师姐"夏英喆

我开始知道夏英喆的名字时,是带点敬佩和好奇的。我并不认识她。我在天津南开女中读书,那时候大学和小学男女同校,中学一般都是男女分校,夏英喆上的是天津唯一的男女同校的学校。她写了一篇文章,发挥男女合校的好处,说女生与男生常相比较,更能上进,发表在天津《大公报》上。一个女中学生,有这样胆识和手笔,当然使我惊讶佩服。

到我进了大学,而且成了"一二·九"运动中积极分子之后,我认识了在中国大学读书的夏英喆。果然正像我设想中的模样儿,个儿高,微胖,脸又圆又大,天生开阔,不要任何修饰的样子。穿一件毫无装饰的蓝布衫,一点姑娘气也没有。头一次见面是开妇救会的一个会,会后到她屋去坐。她随手就拿一本柯仑泰的《新妇女论》向我介绍,高谈阔论,看来读书是不少的。

听中大的人说,她是大家公认的大师姐,和大师兄鲁方明正是一对儿——又同是北平文艺界协会的活动分子。卢沟桥事变发生,她是北平市妇联出席支援抗日战争前线的代表。北平沦陷以后听说她和鲁方明一路走,已成夫妇。后来不知道是怎么分的手,从此她失去了同心同德的"大师兄"。据说她曾在鲁老太太面前哭过,我猜她为这事失悔过。

可是在延安好几年,我见到她,却已经是单身。三十来岁才结的婚,嫁了一位也是三十好几岁结第二次婚的老干部高扬文。到结婚不见她稍事妆扮,还是那副样子,结婚的洞房里挂着别人送的赞美"一二·九女英雄"的题词,也不像个新房。婚后,高扬文得了重病,拖着病体,由被胡宗南占领的延安,长征到晋察冀边区。他一路勉强被抬着走,马也不能骑,几乎死在路上。夏英喆只有勉力伺候着他,一路走来从来也不见他们有什么欢笑,这样挣扎着走到了北京。后来,他的病居然慢慢好了。她生了一个小女孩叫甜甜。

不知道夏英喆这个人究竟怎么对付生活的,他们的感情一直没好起来。后来高扬文和一位秀气漂亮能干温柔的女秘书好起来了,同夏英喆难得在一起,终于离了婚。

夏英喆带着她的甜甜,独自在北京市委工作,在市委大院我又常看见她。我们的女杰还是从前那样子,在市委统战部担任副部长,没有一点女儿气。出来进去只见她召集会议忙一气,只听见人喊夏部长,和别的男部长们一模一样。她没有什么家,家就是一个甜甜。元宵佳节,我的女孩团团和甜甜、王鸣、王建这些孩子们一起在大院里放花,高兴得大呼小叫,都嚷"爸爸,妈妈,来看呀。"我们夫妇也出门来看。这时单身的夏英喆也出来了,说了一句:"花没啥好玩的,倒是这些孩子们好玩。"

到她已经近五十岁了,才又结了婚,对方是一位大学校长,也是无儿无女的老光棍(记不准是否叫张先俦)。这时我才看见已经近五十岁的夏英喆忽然发现了自己是一个女性。她头一次穿上一件整洁的半西式女服,头一次脖子上围上一块素白纱巾,脸上也光洁了,像是搽了点面友。她平时还住这里,星期六带着甜甜回她新建的家,在院子里遇见我,笑着说:"现在有了个家,甜甜很高兴。"显然,夏英喆也为有这个家而高兴了。我忽然明白了,一个女人,原来除了如她所已经做到的能够不分男女发挥才能之外,还必须有一块作为女子生活下去的天地。到老了才有,也好嘛。

她的后一段生活本来该不错了。不幸的是又遇上了"文化大革命"。夏英喆是市委的部长级干部,当然在被"四人帮""打倒、砸烂"之列。刚刚建起不久的家,跟着归于粉碎。她和其他男同志同样被抓进监牢。待她从监狱里出来时,她的大学校长丈夫,和当时北京好几位大学校长一样,不知道已葬身何处。这时候,"文化大革命"还没有完全结束。她找到了她的甜甜,只能母女两人,一间小屋过日子。

但是这个日子过得也不久,她就病倒了,是没法治的癌症。我和我的丈夫杨述去看望她。他是在中大搞文协的时候就熟识她的,比我更熟。我已"解放",在编辑部里勉强当个受人气的编辑,当时杨述还没"解放",在机关里做点打杂工作。我们还估计不到这场"大革命"最后会如何结束,只是问她:"你有事要办么?"实际是问她的遗嘱。夏英喆说了一句:"咱们死了也放不下心。"我猜这是讲的政治。但是最后,忽然转到她生平不大谈的话题上,说:"别的我没有牵挂,就是一个甜甜。老杨,我可要走了。你得注意给甜甜找个好对象,叫你家团团帮点忙!"杨述含泪答应。后来夏英喆去世了,杨述还对我说过不止一次:"得想办法给夏甜甜找爱人,这是夏英喆一辈子的心事!叫团团帮着找。"但是团团自己还没有找到合适的对象呢。后来倒是听说夏田(甜甜)已经找到爱人了。我们才觉得替夏大姐放了点心。夏英喆的一生,看来颇具豪气,只是不那么舒服,后来半截也来得太晚了一点。我依然像小时一样,对这个巾帼英雄怀着敬意,只不免留下点怅惘。

一九九一年

她死得好惨

——哭韦毓梅

为了纪念韦毓梅（孙兰，别名阿平），我已在她去世的消息公布之后，写过一篇悼文。蒋南翔自知即将辞世而向我告别的时候，曾再三追问："你给韦毓梅写了悼念文章没有？"临永别之前，他还这样不放心，这使我不能不仔细想想，生怕有什么该提的事情没有提到。

该再三着重提到的事情当然还有的是。我们清华大学全体革命同学，特别是女同学和民先队员，都该永远记得她。尽管她不是烈士，她死得很惨。若不是她，怎么开辟我们这一群走向前去的道路？亲爱的阿平啊！

那是在一九三五年，日本帝国主义明目张胆地侵占华北，而蒋介石一伙成天喊叫亲善睦邻，我们的学校已经快要保不住的时候，我们几个女同学成天像发了疯似的聚在一起，议论国家快要危亡的命运，唱救亡歌曲，抒发心里的苦闷。韦毓梅这时已经是秘密的共青团员，她一个一个跟我们谈："咱们快组织起来吧。"于是，连她自己，一共六个人，成立了清华第一个女生革命组织——民族武装自卫会。领导我们，出席我们小组会议的人，就是蒋南翔。后来我们这一群就积极参与了"一二·九"抗日救亡运动。

韦毓梅在全校，也是运动中牵头的人，是清华的团支部书记，这是我后来才知道的。她作为学校救国会的代表，去上海开会，实际上是为大家去找党的关系，这我也是后来才知道的。我们热烈地下乡去搞扩大宣传，干得很起劲，很自豪。她在学校留守，看见我回来了，开玩笑说："你们出动'扩大'，我们就在家里'缩小'啊!"其实她是在校负担着更重要的任务。这些我都是慢慢地才有点了解，知道她是个什么样的人。

她既做组织工作，又动笔写文章，她擅长写政论、时论，用"余平"或"姜平"作笔名。所以我们叫她"阿平"。她笔锋锐利，为一般男女同学所不及。到一九三六年，她毕业后离开清华（大概是组织决定的），去了上海。她在上海根本没有找什么正式的职业，就成了职业救亡家。除了给沈兹九她们办的《妇女生活》写点文章之外，主要钻进女工中间，编辑一个女工刊物，叫做《小姊妹》，属地下性质的秘密刊物。她从上海写信来，对我们在学校的工作很关注，还有时来信，用隐语叫我代问"南乡小姐"（指蒋南翔）好。

抗日战争开始了，我们大部分人离开北平到了武汉，都盼望她来。但是她没有跟许多救亡朋友们一起结伴到武汉来找我们，却为了工作长期留在上海，后来从上海去了新四军控制下的根据地。

一九四六年上海出版的英文《密勒氏评论报》，刊登了关于她的记载（我却是直到一九九〇年才看到的）。原来她在新四军控制下的根据地做地方工作，当了县长，改名叫孙兰。那个外国记者描写她说:她戴着一顶压发圆帽,头发很精致地卷在里面,穿一身布制服,纤小而富有吸引力,按她的风度,换件衣服,完全适合去当一位美国大学里的女教师。而这位女县长拖个凳子就向群众发表讲演,她讲了应当如何执法,对汉奸官吏、残杀人民的坏蛋一定要法办,请大家相信政府。她滔滔不绝的演讲,使外国记者也不得不感到惊讶。这是他们见到的第一位中国女县长。她很有学问,跟外国记者谈国际形势和中国解放区的政策,使外国记者看到中国妇女果真有人才。

这时孙兰三十多岁了,还是独身。她原有同一理想的心上人在清华,但南北暌违多年,连信都没法通。她就一直保持着单身,直到全国解放之后,她才见到多年无缘相见的男朋友,为他的婚姻道贺之后,自己不久也结了婚。

解放后,她在江苏省做过教育厅副厅长,后来又做上海市教育局副局长。她来过北京,见到我们这些老战友,匆匆一面,详细情节就没法细问了。只知道,她后来在上海,由于丈夫跟她没有感情,离了婚。她依然又成了单身,自己带了三个小孩,和一个老保姆一起生活。

在"文化大革命"中,她的遭遇比谁都更苦。她死之后,我才听在新四军中和她相熟的女作家菡子告诉我,她被斗挨打之后,既没有家,又没有一个能够劝慰她一句、拉她一把的人。那些造反派打得她遍体鳞伤,辱骂的标语就贴在她身上。人不能动了,被扔在空屋里。她一个人躺着,老保姆也被弄走了,她喊她的孩子,但是孩子们也没有答应。她勉强爬起来,爬到阳台上,就从那里跳下去了。她跌下去时,胳膊和腿都被马路旁的电线杆挂断,就这样死了。她的死处就在上海繁华市区。当时她跳下来就已经被人看见,人们围上去看时,已经不能救了。有一个本来认识她的朋友,叫王琴,亲眼看到了这场惨剧,后来回到北京,把这件可怕的事告诉别人,说这个人就是清华的韦毓梅。我辗转听到这消息之后,曾想:我要找找这个王琴了解更多一些情况,可是还未能找到,王琴却在唐山地震中遇难了。王琴的姐姐是清华的学生,王琴本人并不熟识韦毓梅,只是姐姐口中常谈起这个出色的女同学,从中得到很深刻的印象,知道了,而且记住了。

我到上海,阿平的追悼会刚刚开完,没有能赶上。我不知道他们在她身后说了些什么,打听了打听,大致是说,这位女教育家工作挺好,死得挺冤,似乎很少有人详细知道当年韦毓梅在清华曾经给过人们那么深、那么不平常的印象。她并没有特别的贡献,但是她把属于个人的一生幸福,全部都贡献出来了。

在蒋南翔将向人世告别的时候,念念不忘的是她;她活着时候,他们好像不曾谈过心吧。我想多写,但不能再写下去了。

一九九二年

我的老同学王瑶

一九四九年春,我和外子杨述在共产主义青年团中央重见老同学王瑶,都非常高兴。因为王瑶本来是《清华周刊》的总编辑,积极分子,他入党还是杨述监誓的。自从抗战爆发,他因单身在外,找不到人,失去了组织关系,从此埋头书本,治古典文学,去当教授了。没想到他现在又主动来找我们。而且这次来访,与从前一样,穿一件蓝布大褂,手扶着自行车,想必是由清华到城里二十几里地,骑车来的。他临走时一边飞身上车,一边笑着说:"你们别以为教授都是老头子,现在,教授就是我这样的人。"说着用手一指自己鼻子,如飞而去。他那年三十三岁。我对杨述说:"他没怎么变呢,还是老样子。"

后来由他的文章和在校表现来看,他也真的还是跟当年"一二·九"时期一样,天真未凿。从一九五五到一九五八这几年,见他写了不少文章,参加中共所号召的大批判,从批判胡适、批判胡风到参加周扬牵头的"文艺界一场大辩论"——批判丁玲等等。尽管与古典文学毫不相干,凡是这些文艺运动,他都热情从事。后来还当了《文艺报》编委,又一下成了全国政协委员。和从前在清华时期一样,上级说句干,提笔就干,简直不像一位搞古典文学的教授,而变成活跃的当代文艺界积极分子,回来和我们一块儿滚了。

可是,运动越搞越厉害,慢慢的有些积极分子就跟不上了,包括我自己。我们天真的老同学王瑶也终于落伍。大概从内心说,他没法再紧跟这些运动,政协委员和《文艺报》编委都终于被撤掉了。他仍然老老实实去教书了,但是他的言论仍然未尽合拍,先听说他们北大中文系在批判他。又听说他重新犯了犟气,不肯再作自我批判。说话又一向带开玩笑,成了系里比较难对付的一位教授。

有一年,杨述带一个大学工作组去北大了解情况,听中文系的工作人员汇报这些难办的教授(包括王瑶)如何如何,他就跟王瑶个别谈了一次话。问他:"系里叫你检讨,你心里到底服气吗?"王瑶笑了一声,说:"跟你说实话吧,我的嘴在检讨,我的脚在底下画不字!"杨述没话可使他服气,回家告诉了我,我也只有叹口气。

后来我们来往不多,到十年"文化大革命"中,不论何人,大家倒霉,就不必提他了。一九七四年左右吧,我已经"解放",奉命"走群众路线"把"工农兵"作品送到工农兵群众中去讨论。我带了一本很不高明的工农兵稿子去了北大。北大的工农兵学员们开会发言,我在旁边记录。到休息时间,从旁边一间教室里,忽然出来了王瑶,和我握手道故。我见他又工作,重执教鞭了,自然也高兴,问他:"你们系里的文学史课,用什么本子啊?"他摇头一笑,说:"没有什么文学史课,也不用本子。"见我还要追问,就干脆说明:"今天你来这里给学生开会,这就是一课。我在旁边坐着,就是我上课了,你还问什么?"

这种教学,这样的大学,在十年"文革"中不足为奇。我由此了解了他当时的处境。

好容易熬过了十年"文化大革命",这些多年不见的老同学又得见面。我自一九七九年起,每年在清华校庆时必返校,每次返校时常见到王瑶,闲谈一会,这时我们都老了。有一次我问他:"你现在还写东西吗?"他笑呵呵地说:"老了,老了,我现在要是什么都不写了,就是坐以待毙。要是还写呢,就是挣扎。不过,还是垂死挣扎比坐以待毙好。"我也为之大笑,说:"我也跟着你垂死挣扎吧。"看得出在改革声中,他重新意气风发的神气。

一九八九年底他的死,不少同学互相传语,说他死得不安心。我真想再去找王瑶自己问一问,奈何他竟已去了。

一九九二年

忆齐燕铭

齐燕铭要说是我的同时代人,好像有点儿勉强。——他大约比我大将近十岁而且是我的上级,在我刚进大学的时候,他早已毕业,在大学里当助教或讲师了。而且是年轻教师中间的冒尖人物。由吴承仕教授主持了一个文史刊物,叫《盍旦》。齐燕铭就是《盍旦》的骨干,在什么宣言上齐燕铭还和教授们一起签过名,所以刚见这个刊物时,我以为齐燕铭是个文化界名人,也是教授呢。后来才从鲁方明嘴里知道齐是个革命青年,他的师兄。

一九四四年,我同杨述两人在延安中央党校教务处工作,这是"七大"即将开幕的时候,中央党校里边集中了大批从外地来的干部,很多都是打过仗,开辟过根据地,建立过功劳的人。我们的工作是到党校各部去跑,回来把学习情况向上汇报。齐燕铭是党校四部的文教科科长,我们跟支部管教育的谈完了,就去找齐燕铭。这时的齐燕铭完全和我们一模一样了,请我们到他住的窑洞里喝水,把他的孩子小慧拉出来,让叫叔叔阿姨,还打枣给我们吃,向别人介绍说杨述是"杨秘书"。其实我们都是干事,那时他的官自然也不大。

北京召开第一届政治协商会议。第一届政协会议的第一个代表团是中共代表团。照片上全是党内主要领导同志，毛刘周陈朱还有几位老前辈林董吴等等一共不到二十人。不想其中竟出现了齐燕铭。只见他笑容满面站在老同志边上，当然是照片中最年轻的一个。他为什么忽然进中共代表团？细看了看照片猜出来了。显然是作为一个代表团，也有许多需要联系办理的事务，需要个人，所以他去了。

当时我就觉得这个齐燕铭会办事，中央的人，譬如周总理吧，就需要这么一个头脑清楚能帮着办事的人。后来国务院成立了，齐燕铭果然当了国务院的秘书长，里里外外一把抓。可是他原来精通文史，也没有丢了，找各处搞文史的教授们提意见出主意，搞了一个全面的"中国古代文史书籍研究丛刊"的规划，再由他这里决定负责每一种的专家。这种工作很重，他既要干国务院的事，又要干这件活。他可是一点也不推。有时候实在跑不过来，就把文化部的人叫到中南海国务院他的办公室里去。

有一回，他召集有关的为规划服务的干部开会，大概没有时间再到文化部去发通知，就叫我们晚间立即到人民大会堂一间厅里去。我和楼适夷同志因为有事，通知又迟，饭也没赶上吃就去了，到场一看，齐燕铭、何其芳等同志都已先在，我随口说了一句："嘻，迟到了，可忙得我们两个连饭都没吃哩。"齐燕铭立刻按一下铃，叫来服务员，说："去开两份客饭来，人还饿着呢。"他也不容我们谦让，两份客饭马上端上来了，各一汤两菜，这里已经开始开会，叫人也不好意思光为吃饭废话，两人只能一面吃着饭，一面开着会。我心想，这大概是秘书长办事的作风吧，这顿饭准是齐燕铭掏钱的。

后来,他身兼两职工作过于繁重,大约实在不成了,才改为专任文化部之职(部长是茅盾先生,他是副职)。在文化部那几年,赶上"大跃进"的尾声,吃饭困难,又是文化的多事之秋。可是他仍然奋勉地全力以赴。我记得有一次文化部遵照上面指示,叫我们一些干部集中到一个宾馆办学习班,齐燕铭也带头前往。这时生活改善了一点,一桌端上一盆白米饭来,只是分量少些,没得添,不够的吃馒头。于是我们桌上有一位管闲事的(好像就是齐燕铭随口邀请的),拿起饭勺子来,把饭按人头均匀地分成份,这样,手慢的就不至于有向隅之叹了。齐燕铭笑着指点说:"古有陈平分肉,今有×××分饭,你也是宰相之才了。"一句话把人们的牢骚话都溶开,我们都笑起来,取回自己那一份饭,吃饱尽欢而散。

已经开始批判《北国江南》和《谢瑶环》了。文化部进行了专供批判的内部演出,不知何人指定,竟然是名演员出台,杜近芳扮谢瑶环,演唱水平很高。只见应当是主持批判的齐燕铭坐在台下,完全是当年北京老戏迷听戏的样子。眼睛半闭,用手一拍一节地轻拍着自己的腿。他完全进入了优美的戏曲欣赏境界。坐在他两边的人都看见了。我心想:部长这样,能再当部长么?恐怕正好为"帝王将相才子佳人部"作了注脚。果然不错,后来他和其他各位部长陆续被拉上台批斗。他不是蠢材,不会不懂当时局面。当众欣赏《谢瑶环》,大约是已知不能躲避,借此表露一下自己的真情了吧。

后来他被揪斗,下了台。不知被拉到哪里去了。到"文革"即将结束时,我已经回到北京,在文化部发票的一次电影招待会上见到了齐燕铭,他这时早已不是部长,穿一身松松的制服,见人还是带笑,向我打招呼说:"你还好吧?我也回来了。以后咱们有时间见面再聊。"我看见了他跟许多人沿路打着招呼。对谁都不错,但是在这次碰面之后他再没和人们碰面。也不知道在什么时候去世的,应有的追悼会似乎没有,悼念的文章当时不见,只在文化部恢复工作之后,又提起由他牵头的那套中国古典文史大书的规划,要找代替的人时,人们叹息没有了最合适的齐燕铭。

一九九二年

负　疚

老龙这人，一辈子好像不那么愉快，虽然他并没有划过右派，也没定成什么分子。

我总觉得我不太对得起他。我认识他正好在他刚犯了"错误"，被送下乡的时候。那是一九六〇年，我刚刚被调到出版界来，自己也是刚犯完错误，刚结束下放，栗栗危惧，见到这个刚出乱子的人，只知道了姓名，未通一语他就走了。临走前，他和关系本极深切的老同学妻子离了婚。他走后，我又知道他的这次毛病出在得罪了二位作家，擅自改了其中一位的作品，对另一位则私下里有不恭的言论。对于后者，编辑部大都认为上级批得不当，但是人事科却说：他有真正严重的问题，他父亲是解放前夕国民党地方上的小官，他姐夫是还乡团的要员。他上学完全是他们支持的，他知道那姐夫的什么罪行，还到姐夫的单位去过，说不定还参与了罪行。他下了乡在农村里简直疯疯癫癫的，故意衣衫不整，拿一条草绳系着腰，什么疯癫呀，就是耍赖呗！

这些话我都相信。那时候，人事部门的话，大家都是信的。

下放了一年，他回来上班了，我跟他成了同事。在日常工作中，他实在并没什么疯癫表现。恰恰相反，能看出他当编辑看稿子很有点准头。

我看见他怎样帮助一个青年作者改稿子。那个人不会处理正在恋爱的主人公与革命战斗的关系。老龙说,可以让主人公在战斗间隙中对那个断了消息的恋人一闪念的思念。后来改得真不错。又听见老编辑说起,那位告他擅改作品的作家,过去没有名,自己能编故事,而文字欠佳。老龙帮他改,常常改完了再给作者看,甚至不给作者看。作者视为师友。没想到这次再版的时候老龙想起一段该改的,还用老办法,可是作者已经出名,今非昔比,就告了那一状。

老龙干这个工作,好像着了迷,自己不写什么,就是成天看,提意见。实在,有些稿子如果没有他,真是出不成。这些故事,我们当编辑的不便说起,就不说了吧。

按他看稿子、改稿子的能力,早该提升,起码当个组长、主任什么的。可是不行,那时候我们的人事工作和党务工作对于他这样的有些可疑又无实据的分子,并不轻易提出有问题,也不乱动他,但是不能重用。他自己当然不很清楚,也有点明白,模模糊糊。他从来就不提出什么政治要求,而我(得加一句,是他的所谓上级)看不出他有任何可疑之处,可是仍然按照老规矩对待他。他为人也显得怪,说话常带刺。人说他爱吹。有一次就有人背地告诉我:"老龙跟人说你挺可怜,一个妇女,叫担这样重的担子!"当时我是领导,照理应当威风十足,他居然来可怜我,这不是侮辱吗?但是我听了却觉得他内心对人很有人情味,实非侮辱,当然我只装做不知道。

他和妻分离,打单身好几年。后来老龙经人介绍再婚了。行婚礼的那一天,不知他跑到哪里去了,找也找不着。第二天上班,我见着他,说了一句:"结婚怎么不招待我,也不请我吃喜糖啊?"他才丢了两块糖给我,他就是这么个人。他的人缘既不太好,"文革"前有一段的空气,政治又抓得特紧,左派说不能让他去一些部队单位和负责人家里组稿。这话我知道,也只能装糊涂。

直到十年"文革"期间,我是走资派,当然打倒关牛棚了。此外凡是在解放前与国民党有一丝半缕瓜葛的,以及有一句半句不合报纸规格的,都被造反派揪了出来。老龙被揪的主要罪状,最令人想象不到。原来是因为他写了一篇寓言《白鹤的故事》,说那个白鹤(作家)写的作品卖不出去。造反派竟说这个白鹤就是影射毛主席,作品是影射毛选。毫无根据,他当然坚决否认。但是不行,造反派们竟当场宣布,他们有"物证"。什么"物证"呢?原来他们跑到新华书店去找了毛著柜台的营业员,"调查"他们的推断有无根据,营业员说:有的。毛著单行本都是白色封面,黑字标题,套红色底色。如果一套书摆齐了,露出红底和白封面,就是有点像有红顶子的白鹤嘛。于是这位营业员"美丽"的想象,就成了"铁证如山"。老龙矢口否认,不肯签字,那也不管事。后来工军宣队进驻了,不许打派仗了,不许贴大字报泄露机密了,但是完全接收了造反派定的一切结论。后来我们大家就都戴上"帽子"跟着一部分不吃香的革命群众一起,开往干校。这时候的我,已经和所有被打成反革命、汉奸、右派、胡风分子、国民党分子、地主、特务等等的,一视同仁。我这样平时作为党员干部的人,一下子取掉了头上的光环,才觉悟到自己原来和人家是一样的人。人家都是在这里辛辛苦苦干了多少年,而我们过去就居然可以把"帽子"随便戴在人头上!

这时,我们谁也不敢说别人的帽子戴错了,也不能公开说自己冤。但是在黑帮里面,却可以谈日常生活,甚至有说笑,有一点人与人的关系。我一眼已经看见了老龙的"白鹤故事"案完全是胡扯,岂有此理!但我也是黑帮,没有开口权利。

他在黑帮中闲谈,偶然在我面前讲了讲他的过去,好像讲别人的闲事似的口气,说:"我上大学的时候呀,也是个积极分子,和××(他的前妻)一起干的。到了这里,我还是团支部书记。前天来一个外调的,从前找过我,还以为我是个领导干部哩。过去年轻的团支书嘛,现在还不提升了嘛,他哪想到我这十几年已经一钱不值,成了这个熊模样。哈哈!真可笑。"他这几句好像完全无意的话,才把他真实的历史在我眼前掀开。我才有点明白他为什么说话带刺,为什么人缘不太好,又为什么离婚等等的缘故了。我当然明白他的话绝对不是无意的。我感到了自己真正对不起他。

在干校苦苦混了三年,我才算摘掉头上的帽子,不准回京,而在干校内给了我一个连队指导员兼支书的头衔。允许我们重新审查"文革"中的案子。这时,我着手抓老龙的一案。我无权去审查过去人事科一直给他留下的"可疑"案底。但是,我可以对那个毫无根据的白鹤故事影射案提出不同意见。我说,书皮颜色根本不是老龙画的,这种推论得推翻。这意见在我们支部里通过了,把他那因此而定为"右派实质"的结论取消。湖北干校军宣队领导也批准了。这个意见送回了北京,在北京管人事的人物却说:"不行,这案子不是造反派定的,是军宣队定的,不能改。"可是,这时候我们干校已经归湖北,不归北京管了。我说:"原机关军宣队已声明不要我们,说叫我们与北京原机关划清界限。我们不听他的。"这一案竟很早得到了撤销。我没有把翻案前后的争论告诉老龙本人。反正,这类案子最后都得到平反,这都是一样的,我也不能居功。只是他这一案太荒唐可笑,给人们的印象比较深些而已。

可是,由干校调回干部的大权还是掌握在原机关军宣队手里。他们拿名册随便点名,把翻译都念成翻"释",可是人还是由他们调。提的名单里没有老龙。老龙无处可去。最后因为他妻懂得外文,被调回另一单位搞外文,老龙作为调人的附属品,跟随妻子回北京,算是去做点"帮忙"工作,实际当了家属。我在原单位里"搞业务",变成"技术干部",实际在军宣队手下听吆喝,更顾不了有问题的人了。

后来,军宣队好容易撤走了。我有了一点权,还不知干什么,只开始为调得七零八落的人们发愁。偶然去一位老同事家闲坐,碰上了老龙,他诉了两句苦。我立刻觉悟了,尽管人事部门还是不由我管,但是不应当让明知做错的事情永远错下去了。这是我赎罪的唯一办法,应当使用我这一点点权。于是我向单位里提出:要老龙回来。他能工作。

老龙回来之后,不用夸口,真是大大发挥了他的作用。由他经手的稿子一部两部地得奖,拿不稳的稿子问他,他总有主意。在评职称的时候,评委会开会,第一榜就评了他一个正编审(即教授级)。这是少有的待遇,他那个背了几十年的可疑身份,虽然不好公开宣布撤销,但是实际上是怀疑不下去了。唯有他的职位一项没有动。这么多年的工作,他已经习惯于随口闲扯,习惯于提笔,习惯于对稿子说话,从来没有安排过别人的工作,叫别人看来他也不大像个当领导干部的。他审稿人人服。他可以担任终审,决定去取,却没人提出让他也当个官,糟糕的是我当时只以为让他当编审,已是编辑职称中的最高地位,他不会当官,就甭当了。我就没想到他也是个人,他无缘无故丧失了自己的几十年岁月,丢了年轻时本来有的前途,应当有所补偿,才能让他心里熨帖。

有人拉他,到别单位去,他心里也动了,决定去。临去我当众说了:"老龙,我可没有对你不起。"该说的话并没有对他说。在他走了之后,我就有点失悔。他走后不久,又捎话说,不如回来。只是人已走了,人事已重新安排,又不好打乱了重来,他也就没有回来。他去的那个单位的负责人原也是熟人,打电话问我,应该给怎样的待遇,我把我的认识说了。过了一阵,他们提升他担任了副总编辑,我觉得人家做得对。没想到的是,后来他们又发展他入了党。这使我出乎意料地高兴,感谢他们,佩服他们,为之击节称赏,觉得这才真是应做的人事工作。人事人事,做到人心里去了。

老龙把他写的寓言(包括白鹤故事)收集出版成书,送了我一本。我已经打算定了,我写的一本书已经发印,等印出来,当然送他一本,而且要写封信给他,劝他除了寓言,可以写别的。我估计他写小说、散文大概都行。万万没有想到,他的书刚到我手没有几天,我的书还未曾印好,信也还没写,竟然收到了他的讣告。他比我年轻。我想,想到关于他的许多事,我该向他说出的对不起他的话,都没有说。可是,一切都来不及了。

一九九二年

我的妹夫黄云

黄云是我的妹夫。

虽是亲戚,过去全不认识。是在一九四八年我因病准假,由解放区潜回北京,才在我家中见到的。只知道是四妹的同学,是个学电化学的大学毕业生。当他知道我是从解放区来的之后,就很感兴趣,他告诉我,他现在是搞无线电台的,以后一定会没饭吃,摆个修无线电小摊过活。现在谁都没法生活呀!后来又问我进解放区都有什么规矩,是不是所有的工作人员都得参加共产党?不参加行不行?(那时国民党的规矩是工作人员一律参加国民党)我笑着说:"没有的事,你想参加共产党,人家还不见得要你哩。"他睁大眼睛点头。

后来,我回解放区去了。知道黄云利用他的电台关系,替我们解放区采购了几批无线电器材。过了一阵,他就和我妹妹一起投奔解放区来了。进解放区刚到石家庄招待所,还没有找到我,就在饭厅碰上了廖承志同志。廖公那时是新华社社长,正管一切新闻广播事宜。一听此人是搞无线电的,来投奔韦君宜的关系的,廖公用人真是当机立断,就说:"不用找她了。跟我走!"就这样,他还没见到关系人,已经分配了工作。

到新华社,他真是正顶用。我们解放区正缺技术人员,何况是当时正要大干的无线电广播,他一到就把自己全身力气献了出去,随即跟着新建不久规模不大的中央广播台,进了北京。那年头好像他就是老区来的第一个无线电技术人员,别人看来,比在北京接管来的旧人员自然更觉靠得住。天安门开大会总是他去。一九四九年七月一日开大会,天下大雨,他在机器下面负责指挥广播操作,回来还笑着对我们几姊妹兄弟说:"你们都淋上了雨,我占便宜,躲在机器底下哩。"十月一日开国大典,向全世界广播,也是他带着机器,跟着首长,身临现场操作。还告诉人家:"千载难逢!这回叫我赶上了。"

那时,他每天如此,日夜不休地干。有一回,干了一夜,第二天一睁眼去洗脸,却忘了自己昨晚根本没有摘眼镜,就迷迷糊糊躺下了,清早往脸上一搓,啪啦一声,把眼镜打掉在脸盆里。

照这样埋头干了几年,就到一九五七年了。许多人为胡乱发言掉进"阳谋",后来成了右派。他对于所谓阴谋、阳谋,实在一无所知。先前开会时有人说:"在这里,非党员就是有职无权。"当时他说了一句:"我是非党员,我体会我就是有职有权。"(当时他大概是工务科长)。可没想到,后来反右派运动起来了,那些说错话的人都成了"敌我矛盾,按内部矛盾处理"的反党右派。而他因为说了那句有职有权的话,一下子成了大大的左派,不久,就发展他入了党,而且,后来当上了总工程师。

"文化大革命"开始,他还没有马上受牵连。知道外边乱斗人,他听说杨述(他的连襟)已变成"三家村"助手"四家店"的重犯,被斗得很厉害,家庭亲友都不能沾边了。黄云就托老保姆偷偷告诉杨述:"不要怕,正经人不会相信那些!"使杨述在危难中感动落泪连称"好同志"。至于他自己,本来应该是很有根据的左派了,但是这时据"革命左派"说,他当年在北京搞过无线电台,就是特务、反革命分子,应予撤职批斗,住房没收。一家三口只给剩了一间房。他没有工作干了,就在自己那一间屋里,搞技术改革。用案板和擀面杖做茶几,自己安装电器,修配改装电视机。那时候还没有国产的电冰箱,也没洗衣机,可是他家里都有,是拿东单旧货商店的废品,自己改装的。他就以此自娱。

他也好长时间没有"解放",开始和一些没有"解放"的文化界朋友在一起。晚上一起遛大街,吃小馆,随便谈谈政局,说说笑话,也谈他们机关里天天看见习以为常违背人心的故事。"文革"即将结束,他回单位担任了电视台总工程师,筹建大电视台,这时他管的事情已经不算少了,的确有职有权了。见了我时,却满肚子意见,愤怒地说他自己那个大单位:"足有一万多人!这是什么工作法!说实话,这点儿活,卡紧了干有几百人足够了。可是谁敢说一句不是?"这说法,与初认识我时可不大一样。可是我还得承认,他还是挺爱祖国的。

这个人,可以算为新中国做过不少工作的技术知识分子。不过,后来有些变化。也许,人总是要变化的吧。人已去世,他几十年的变化在此短章中不能尽述。姑立此以存照。

一九九二年

我所知道的钱伟长

钱伟长是同时代人中的佼佼者——一个很有成就的科学家。最近我看了孙星岩同志写他的文章,详细叙述他怎样一心一意向科学高峰上攀登,怎样在国外得到光荣称号。谈到为了抗日他也曾投入"一二·九"运动时,只提了一句。然后又讲他正向科学高峰攀登的时候,"突如其来的恶浪把他卷了进去……一阵飞沙走石的狂风,又向他扑来。"什么恶浪?什么狂风啊?年轻的读者看了真会莫名其妙。

到底怎么回事?说清楚点吧,就是我们的母校,清华搞反右派,把一个科学家冤枉反了进去。而写文章的人到现在还不能明白地说,是恐怕不加隐瞒说出来伤了科学家的心吧。我想说一说,说几句真话,我以为令人伤痛的真话,说出来反使人心平气和一些,人是不能靠着听假话安慰自己的。

我是钱伟长的同学。可他比我高三班,又不是同院同系。所以刚进一年级的时候,我是不认识他的。可是那时候,抗日救亡运动已经开始了,我是个左派学生,在我们左派学生组织里,常常议论各系级里出头露面的学生。记得高年级的左派议论过钱伟长,说他念书是行,可不当左派,他是一心跟着学校当局的。

按当时的说法,就是靠"右"了。(其实这种左派想法,今天我们都知道是幼稚到了家。)

但是,在一九三五年"一二·九"运动起来之后,许多同学旗帜鲜明地靠"左"了。钱伟长、沈海清、吴瀚……这些高班同学,拍案而起,他们十一人组织了南下宣传抗日的自行车队,骑着车前往南京,要去找蒋介石请愿,要求抗日。钱伟长这时已经大学毕业了,刚考上研究生,他也丢开了学业南下。最后是被国民党军警逮捕,而后强行押解回校。我还记得他们回校的那一天,学生会和民先队在校门口贴上了斗大的欢迎标语:"欢迎劳苦功高的自行车队!"

后来呢,钱伟长就成了左派活跃分子。在生物馆的民先队全体会上,常可以看见他。记得有一回,好像就是为"西安事变"开的什么会上,他坐在我们几个女队友旁边,大声叫着发表意见,笑得特别开心,摇晃着脑袋满脸通红,倒不像高班的研究生,像个低年级调皮鬼。和我同座的王作悄悄说:"瞧他那样子,应该打他一下,再给他一块糖吃。"

抗战开始以后,他跟学校去了联大。我是去延安的。他究竟在哪一年考取了出国公费就不知道了。但是知道他和左派的女同学孔祥瑛好了。

直到解放了,一九四九年我和杨述、荣高棠一起回清华去看望朋友。我们是团中央的,学校里这时还没有人管接待。荣高棠知道钱伟长家,就领着我们去他家了。钱伟长这时已经是教授,他还找了另一个左派教师袁泰来他家,谈这些年的生活和遭遇。袁泰说:"你们走了,我们在学校也不容易。我们几个偷偷地弄书来看,秘密搞读书会哩。"钱伟长也谈这些,说以后咱们要常联系了;又说起在抗战中牺牲的队友,应当记下名字来纪念。那次记得没有别人来,我们在他家扰了他一顿。

后来学校每年校庆招待校友,钱伟长夫妇就好几次自家招待熟人。我记得特别清楚,有一年他们准备了好大一盆红焖大虾,来的熟人都有份。

钱伟长当上了清华副教务长,工作上有关系了,常到团中央来。别的大学的领导,很少到团中央来的。他不是光来开会,他有时就在我们这些人家谈天,在团中央食堂和我们一起吃饭。他有时就像当年当学生一样,穿件蓝布大褂,一点留洋的派头也没有。他爱发表对学校教育的主张,爱说必须让学生学活了,不能教他们只知道死知识。我还记得他曾举我们那时一个女生黄×为例,说她当时就以拼命用功著称,算好学生,可是过去这么些年了,哪有一点创造呀。他就反对培养这样的死读书的学生。还说他现在负责的机械系二年级,就要让学生学出一点意思来。

除了他常来,还有一个常喜欢来的大学教务长,师大的丁浩川。有一回他们二位在我家碰见了,谈起大学职工的业余生活。钱伟长说:"我们清华可以组成一个教职员篮球队,你们师大也可以来一个。咱们赛一下好吗?"他们这些大学教师,也跳跳蹦蹦哩,可不是呆板的老夫子。

那时候北京市常常举行一些全市规模的活动,钱伟长也总是作为一个积极分子热心参加。记得刚刚决定发面票,专为这事情,在白纸坊印刷厂大礼堂开了一个全市动员大会。彭真同志亲自登台动员,对这个与科学毫无关系的会,钱伟长也当件事情,夫妻一起跑了来。在大会休息时间,他挺痛快地说:"限制点儿吃面,少吃一点面,这有什么问题！像我家里,根本就不存在问题,不用动员。"对这个吃面的事情表示完全拥护。

到一九五三年,我和杨述被调离团中央。我到了作家协会,从此对于大学里的事情就一点也不知道了。正在这时蒋南翔调到了清华大学当校长。只知道钱伟长当上了副校长,我还以为他和老蒋会合作得很好呢。

完全没有想到的是一九五七年反右派的大变。有那么多人一下子落入陷阱,被称为资产阶级右派。钱伟长是怎么掉进去的,我完全不知道。只是见到报纸上登着资产阶级右派分子主张教授治校,而这种主张据说是与当时党所主张的由"党委领导学校"唱反调的。我猜测莫非钱伟长主张教授治校了？大概想让懂得教学的来出主意,比一切主意都由不大懂教学的党委拍板强？如果是这样,我觉得没有什么错,可是那时候已经把许多这类爱说话的教授都打进右派里去了。蒋南翔为什么同意这样做呢？我是听说过老蒋自从入主清华,就主张办大学要引进新技术,要学苏联,还提倡在学生中搞"先进集体",莫非在这观点上,和钱伟长不一致？莫非在教授的作用上看法不同？莫非……莫非……但是不论什么看法,总与什么阶级完全搭不上边啊。那时候我在作家协会也差一点点打成右派,得了个"党内严重警告",被下放农村,更无法详细了解人家的事情。

几年后,我才由农村、工厂允许回城,后来得再去清华观光。知道了钱伟长划成右派以后,还在系里工作,我想这在划右派的知识分子中要算很占便宜了。但是我自己在作协已经吃够了沾上右派的苦,我再也不敢去他家了。后来知道他继续搞科学,有"三钱"之誉；又知道他离开了清华去上海。这都是好事。可是到底为什么划钱伟长右派,这件事我一直怀着疑问。钱伟长年轻时就不是右派,是左派。当教授以后不止研究科学,还热心国家大事,怎么不是左派呢？尽管老蒋领导我,教育我一辈子,可是总有不能尽同的地方。这件事就想不通。我觉得把科学家说成纯粹向科学攀登的科学家,而且准备以此传世,这不是全面的真实。我们应该把生活的真实,各方面的历史真实,包括科学家作为人的历史,完整地无伪地告诉后辈,这才真正对得起后人。

一九九三年

胡乔木零忆

胡乔木同志去世了。他亲笔签名送给我的文集,到他已经告别人世之后我才收到,我拿着书就好像这是他亲自封装送给我的。活着的时候,他的学问、文章非我们所能企及。他对许多事情的主张看法,有他自己的思想路子,我更不能瞎开口。我所记得的只是他作为一个老上级,作为不断谆谆教诲我的师长,给我留下的生活中的琐屑印象,对于他来说,当然这是他生平事业中极不重要的片段。

一

我第一次和乔木同志接触,是一九三九年春天。我刚到延安,住在招待所里,等着分配工作。这些等分配的青年人,一般都是由中组部通知去谈话,给个介绍信去"陕公"、"抗大",或去什么机关。我这次却没有通知,是胡乔木亲自从北门外走到招待所来找我来了。这时候,他虽然也还年轻,却已经是中央青委的副书记,是首长了。他见了我,可是一点首长样子也没有,说了名字之后,就拉着我一起出去散步,一边散步,一边告诉我延安怎么生活,又简单介绍了青委的工作,问我愿意不愿意去。我已经知道中央青委领导着青救会、民先队,办着安吴青训班。民先队有很多我的老朋友,青训班的班主任就是胡乔木,他作的班歌,我都会唱。还知道他手里拿着上课铃,自己摇铃,自己就上台讲课的故事。我当然很愿意去他们那里,就这么跟上他走了。

二

在青委,我被安排做《中国青年》的编辑。我们一共三个人,都是北平来的学生,算是学生中间的笔杆子,其实谁也没有办刊物的经验。乔木这时是中央青委宣传部长,兼中国青年社社长。他看我们只会组一些青救会的工作之类稿子,他就出主意,把眼睛放开一点,想想咱们跑到延安来的青年,以至全国的青年,都想些什么,想看些什么。沿着这条路子,他出了一个题目:"我怎么到延安来的"。让我们去找来延安的各方面人士组稿,何其芳的那一篇(现已收入《何其芳文集》)就是这么组来的。记得他曾叫我去找名医金茂岳组稿。我把一切来延安的人都看成自己一个模式,盯着问:"您是怎么想到来延安?思想怎么转变的?"金大夫回答:"我没想过那些问题。我是由红十字会医疗队派来的。"我大失所望,就问不下去了。回去告诉乔木,乔木微微摇头说:"嗐,人家什么内容都好谈嘛。"他没往下说,我却由此懂得了办刊物组稿的窍门。那一阵,《中国青年》还发表了许立群的《中国史话》,董纯才的《伊林的故事》,陈企霞的散文,王学文的《政治经济学讲话》,刘慕崐的独幕剧,还把张闻天(洛甫)过去创作的小说《飘零的黄叶》也登上了。都是乔木的主意,真是延安出的那些板着面孔的杂志中,从来没有过的新鲜面貌。

三

他自己的诗《青年颂》,当时也曾发表。可惜他竟不曾收集,诗又长,我背不得。我可背得他写的安吴青训班班歌,一九三八年写的。那歌曾使我深为感动:

> 烈火似的冤仇,
> 积在我们的胸口,
> 同胞们的血泪在交流,
> 英雄的儿女在怒吼,
> 你听见没有?
> 敌人迫害你,
> 群众期待你,
> 祖国号召你,
> 战争需要你。
> 你醒啊!
> 你起啊!
> 拿起你的武器,
> 工作学习。
> 一切为胜利!
> 今天我们在青年的故乡,
> 明天在解放的疆场。
> 听啊!

> 我们的旗帜迎风扬,
>
> 看啊!
>
> 我们的前途万里长。

是金紫光作曲的。

后来,毛泽东青年干部学校创立之后,他又写过一首校歌,这歌是:

> 生在英雄的时代,
>
> 站在人民的旗下,
>
> 毛泽东的双手
>
> 抚育我们长大。
>
> 坚定意志,
>
> 艰苦传统,
>
> 互助精神,
>
> 民主作风。
>
> 我们学习,
>
> 虚怀若谷,
>
> 我们奋斗,
>
> 浩气如虹。
>
> 记否仇敌未平
>
> 破碎河山未整,
>
> 同胞正在呻吟,
>
> 天下正待澄清?
>
> 太阳照临我们的肝胆,
>
> 大地倾听我们的誓言,

愿将热血灌溉人间，

种出自由的春花一片。

这些诗歌，他都没有收集。他有一本诗集，叫《人比月亮更美丽》，没有收这些。我却每唱起"祖国号召你，战争需要你"来，就觉得当年的感情汹涌而来，所以记下来给当年也曾年轻的朋友看看。

四

后来，他不在青委了，调去当了毛主席的秘书，从延安到平山县，这秘书都是他当。可是到了平山，他不光当秘书了。我记得在平山时，他非常关心我们这些做文字工作的干部们，好像是分工管这事，常常找了去当面教给你怎么写。有一回我去，碰见石西民来了，老石这时已是《人民日报》（还是《解放日报》？记不准了）的头头，这时却像学生似的拿着稿子，一句一句商量，问该怎么改，而且听那意思是常来谈的。

乔木也真是诲人不倦，我们都喜欢听他的讲解。在平山我办《中国青年》，一次他给干部们讲写作知识，拿了毛主席写的一篇新闻稿作范例，作了怎样开头，怎样照顾全文，怎样结尾等等方面的分析。我听了觉得很有意思，就把我的记录稿整理出来，标上标题《写作范例——一则新闻》想在《中国青年》上发表。拿着稿子去找乔木。不能说是我的，应当表明是他的，就署上个名字"听桥"。乔木看了，在用字用句不妥处作了修改，讲了改的道理，然后说："桥怎么能听？"提笔改为"听樵"。发出来了，这篇文章的作者是谁，这谜至今也没有揭开。

五

到了北京,乔木担任了中宣部副部长,他想办法教育我们这些从事文字的干部,组织各刊物各报纸的笔杆子们,到中宣部听报告。由他自己出面去邀请各方面熟悉宣传的负责干部,来给我们作报告,介绍情况。这种报告好听极了,不是官样文章,切中人们的需要。我还记得有一次讲国际宣传,是萧三同志讲的;还有一次薄一波同志讲经济,准是乔木请来的。

乔木对于各刊物是时时处处关心的,记得有一年快到"七一"了,他就把在京几个大刊物的主编找去,问大家准备怎样纪念"七一"。我是《中国青年》的,我说已准备好发表一篇《刘胡兰小传》。一同去的记得还有费青同志(费孝通同志的哥哥),他是《新建设》的,也当场说出已准备好的稿子。还有《新观察》的戈扬也准备了。没准备妥的就在那里当场研究。乔木见《中国妇女》没有,他说:"妇女怎么不来?来了两个妇女,却不是妇女,一个是青年,一个是观察。"他在那里给我们出主意拍板,《中国青年》本来是从解放区搬来的刊物,在全国文化界我认识人很少。就全仗乔木这些碰头聚会,使我很快走进了文化界。

六

一九五三年,我已经三十好几岁了,青年团照规矩得把年龄大的干部输送给党,我就进了输送的名单。要上交组织部另行分配。这时中央正决定了要大力搞科技,办一些大学。新办了好几家工业学院,石油、钢铁……这八大学院都是那时兴办的。中央组织部从党员干部中间调出了一些有大学学历的知识分子干部去办这些学校。

我听到调动的消息,非常紧张,就写了封信给乔木,说明我在大学是念哲学的,我的化学在中学就不及格,干不了科技,希望他帮忙,我搞搞本行算了。

有一天晚上,乔木打电话叫我到他的住处去,我去了。碰见作家宋之的在那里,好像也是在谈工作。他谈完轮上我。我刚刚叙述了我的理由,希望试试搞文艺。乔木开口就说:"不搞科技,你去作家协会吧。"他说可以做组织工作,也可以当编辑,我真没想到一下子就来了个作家协会,我说我不是作家,在作家群中间做不了组织工作,让我练习练习写吧。他却说"到作家协会就是要写嘛"。他又说:你要生活,到作协就得去生活,要多接触人,当编辑就非接触人不可。总而言之,我要达到的一切目的,都可以通过作协去达到。谈话的结果是我被他说服,服从了他的分配。从此开始了我后半生的文学编辑生活。

七

我在人民文学出版社工作的时候,这时乔木已经是中央领导同志了。我们出版了《毛主席诗词》一书,销路非常好。但是有不少青年读者不大读得懂,要求出个注释本。于是我们社的几个编辑就自己注了一个稿子,我拿着这稿子去找胡乔木,请他看一看,帮着补充一下,不想这稿子竟引起了他极大的兴趣。他费了很大工夫改了不少,又添了不少,对于一些该注而未注的地方,他都仔细查考,弄清楚再注。例如那首提到黄鹤楼的,我们以为黄鹤楼本来在长江大桥边,现在已经拆了,说拆了就行。不用再注了。乔木却回信给我说:原在什么地方?是大桥南还是大桥北?大桥北是左边还是右边?拆了也得有个地址,不能马虎。像这样他改了又退,退了又查的有很多处。稿子来回好多次,到最后这本注释稿简直成了乔木定稿的,成了他的稿子了。

我以为稿子由他定稿,我们可以放心,就签了字,准备付印了。他却还不满意,把稿子送给毛主席过目。可没想到,毛主席在这本注释稿上批了几行字,说:"诗不宜注,古来注杜诗的很多,少有注得好的,不要注了。"结果我们当然不敢再出,乔木的一番辛苦,全付东流。后来出了许多《毛主席诗词》注解本,就与这个本子(实际是最好的本子)不是一回事了。

八

乔木常看我们各出版社新出的书,人民出版社和人民文学出版社的书,他看得更多。"四人帮"垮台之后,他也看我社新出的作品,印象如何,他虽然已经身居高位还是常发表意见。

湖南青年作者莫应丰新写的长篇小说《将军吟》问世了。这是第一部正面描写"文化大革命",毫不隐讳地写出当年种种胡作非为,包括指出当年决策错失的作品。作家协会这时开始举办第一次"茅盾文学奖",慎重地提出候选作品,其中除了老作家魏巍的《东方》、姚雪垠的《李自成》之外,也有几位新人作品,最令人瞩目的就是《将军吟》。

我是这部书的终审人,签字付印以前,因为书中提到受冤的将军一个人到天安门愤怒痛哭,虽改了改,总有点担心。评委会讨论,算是平安通过。在作协评委征求各位领导干部的意见时,我收到了乔木主动来的信。他对于《将军吟》采取完全肯定的态度,说:"真好。"还说了不少好话。我感到受到了支持。在会上我提出把这部书列为授奖的第一部。说了乔木赞赏这部书,中宣部派来的大员听到这个新消息没有异议,《将军吟》就当选了第一次"茅盾文学奖"的头一部作品。

后来,听说乔木不赞成描写十年"文革"中悲惨场面的作品,说那已经过去了,应该向前看,这个意见我是不同意的。但是,他的确赞美过《将军吟》。这是真的。

最后几年,文艺界发生了不同意见。乔木对一些问题的意见和文章,我不能认同,就越来越少去找他了。但是他对于友谊看来还是珍视的,一九八五年吧,我们开研讨会,讨论并纪念冯雪峰,去请了乔木,他应约而来,在会上以低沉的声音说到当年上海的冯雪峰。缓缓地说着,使人们感叹。包括对于周扬,他写文章批判了周扬,但是周扬病后他又去信安慰。后来我病倒了,他也几次来我家看我,却从来没有谈及当时文艺界的争论。

我怀念着当年的胡乔木。

一九九三年

杂家于光远

老熟人于光远最近好像挺出风头，一会儿给这个报题字，一会儿给那个刊物取名。有人说他是马克思主义理论家，有人说他是经济学家，也有人说他是科学家。他到底是什么家啊？

一

我认识他的那会儿，他还是清华大学的学生，比我高两班，是民先队员。我只知道他是物理系的。他比我早毕业，抗战开始时他已经在广州中山大学当助教了。在名牌大学执教，按说这很令人羡慕，可是抗战的炮声一响，他就离开学校，直奔武汉——我们民先队员集中的中心，重新自称学生，跟着流亡的学生们一起活动开了。

在武汉，他当上了党的长江局青委，跟鲁明健一起办了个青年刊物叫《呼声》。后来湖北省青委搞了个"青年救国团"，刊物叫《战时青年》。《战时青年》集中了北平时代办刊物的能手，很得好评，上级决定《呼声》不再办了。老于依然以流亡学生的身份到处活动。

我是在延安中央青委又看见他的。他在这里不是中央青委委员,而被委派当了中山图书馆馆长,大约相当于一个科长吧。他干得很带劲,从来没见他流露过任何不满。好些书是他介绍我看的。他自己在这一时期大概也读了不少的书。

二

延安失守以后,我一度跟着青委的队伍到了晋察冀。他这时成了中宣部的干部,我们又在晋察冀边区的西柏坡会面。这一阵从北平、天津跑到晋察冀来的学生很不少,他们是为追求真理来的。为着他们,边区就办了些训练班,开了些报告会。老于多次担任做报告的角色,常常讲得眉飞色舞的。有一次,有个学生在大操场上听完他的报告,说听他讲简直神了,他简直就是共产主义的化身。中宣部的王惠德听见了大笑:"那就不用听光远讲了,看看他这人就行了,是共产主义化身了嘛!"

三

进了北京以后,于光远在中宣部当了科学处处长,又当理论宣传处处长,似乎什么都管。建国初期我在《中国青年》杂志做主编,请他写文章。他那时大概还没有结婚,天天忙得很,对我们的约稿几乎有求必应。他写的大都是关于青年思想修养的文章。记得他经常应邀到我们杂志社办公室,熬夜赶写文章。我请编辑丁盘石和一个小文书给他当助手。没什么东西招待他,只是一筒饼干、一包花生、一瓶开水。他就这么喝着开水,就着饼干、花生写起来。小文书给他抄稿子,丁盘石在一旁照应着,天亮交卷,他也其乐陶陶。就这样,一篇篇关于青年思想修养的文章从他笔下流出。他写得可真不少啊,简直成了我们现在所称谓的"专栏作家"。当时,中国青年杂志社的有些同志提倡走群众路线,请工农兵来写文章,我则老是请他写,一时间在杂志社传开了一句笑谈:"办《中国青年》没有'群众'可以,没有光远兄可不行。"

四

于光远写文章有个特点,就是热情磅礴地讴歌己所是,无所畏惧地抨击己所非。人所共知的人体特异功能问题,他不顾个人毁誉,坚持己见,坚决反对所谓耳朵识字、隔墙传物之说。尽管有人说是亲眼所见,说是超过一般科学知识之上的高层科学,于光远仍坚持这不是什么高层低层科学之类,而是人们是否承认科学根本公理,推翻了公理即无科学。多少拥护他的人在这个问题上为他惋惜,他也毫不为之所动,坚持撰文宣讲他的关于科学的思想和见解。这是说作为科学家的于光远。

有一次,我从上海出差回北京,碰巧他也在我乘坐的同一趟班机上。只见他居然在短短两三个小时的空中旅途中,还摆开摊子,在那块才半尺多宽的机座小桌板上写将起来。更有意思的是,他一边写着,一边还在不停地指挥他的秘书为他查这查那,使同机的人看了实在惊诧。我上前招呼他,他一抬头见是我,马上递过一叠刚写好的稿子。我笑着说:"对不起,我可没有你那本事,在飞机上我干不了活儿。"原来他刚在上海参加完一次关于经济学的大讨论,这是在改他的经济学论文呢。这是说作为经济学家的于光远。

五

于光远越到晚年,似乎越开朗、越乐观。每次他来都是大笑而至,大笑而归,使你不由得和他一起开心。只记得唯一不同的一次是从干校刚回北京不久,我和杨述见到他。杨述议论被开除党籍的干部即将失去革命前途时,他脸色骤变,我们就没有再谈下去。

"文革"后,他离开中宣部到了社会科学院,领导马列所,总有一套与人不同的见解。此时他作为著名经济学家的名衔已到处可见。有一段时间,他的思想、文章不被接受,经常受到批评——有时甚至很严厉,但他仍谈笑风生,坦然自若。人家议论,他毫不在乎,还告诉人家:"我年轻时干革命不是为了做官,现在和年轻时一样。"八六年以后我因患脑溢血已不能走动,只是头脑还算清楚。他有时会打个电话向我问候,有时上门来看我,每次都会兴致勃勃地谈到他的新作。这已经成为他的生活趣味。

去年,他得了不治之症——癌症,仍然到处走,光是到我家就来了两三次。我问他:癌症是真是假?他说是真。我问为什么不住院治疗?他解释:"刀已经开过,但是这个病与别的病矛盾,不能做化疗,我早已经活够本了,多活一天就多赚一天,何必住在医院等死?"他回了家,仍到处做讲演,出差开会,写文章。最近又对散文感起兴趣,写开了头便一发而不可收,连续在《环球企业家》、《羊城晚报》上刊登了好几篇长篇散文,一改经济学论文和随笔、杂文的文风。打电话给我时,他不无得意地对我说:"哈哈,看我算不算个文坛新秀?"

他是个什么家啊?

我说,是杂家。

一九九四年四月

他被"错划"以后

——刘志云的厄运

我要记一个平生没什么事业可说的同时代人。

他是一九五七年挨上的右派。这些挨划的人后来摘帽,最后终于平反。许多人都恢复了原来职位,那十来年、二十年就算没有那回事了。大家也知道那事情不怎么令人高兴,提起来只说一句"曾错划"。有些曾错划的人现在早当了部长,当了什么委员,那一档子事,就连提都没人提起了。

可是平反是都平反了,有人虽已判定不是右派,却从那里一跤跌下去,从此爬不起来。我要记述的这个朋友原是个中学教师,他叫刘志云。

他在陕甘宁边区一个师范学校教过地理,我跟他同过事。那时候,他教书的劲头很高,自己画地图,给学生学,对人说:"学地理要心中有地,听之有味。"后来,我跟他凑巧都调到新华社语言广播部,他工作挺活跃的。那一年国民党空军的刘善本驾机起义,轰动了延安。起义人员说他们是听到了我们的广播,所以才下决心来的。所以特地到我们电台(也就是语言广播部)来拜访。我们电台就是由刘志云出马接待的,谈得极融洽。

我笑对刘志云说:"你是个外交家。"他这个活跃分子,说话又随便,怪惹人注目的。当时社里有一个出名的美人,刘志云正和人家谈恋爱。

他在新华社一直干到北平将解放,被调到了部队。在张家口当一位首长的秘书,还当过一阵政治部主任。后来调到报社当编辑。这时我在北京工作,他每逢来京,总来看我,谈部队里和报社里的事,对于他不满的事情和过去一样常常随便说。

到一九五七年,他因为在报上写了错误文章发了错误的言,被划为右派,开除党籍和军籍,发往保定劳动改造。我就好几年没有见过他的面了。

后来,他那个改造单位允许他出来了,他又到过北京,穿一件破军装,坐在我家院子里,比以前更直率地讲他在改造中的生活。原来,他们那单位是部队下属的一个单位办的。在那里改造的人们都是在部队里出了乱子的人。刘志云是个军官,这样身份的人为数并不多,倒有不少人是当过国民党的兵,从国民党军反水参加我军又被刷下来的。这些人一多,就形成了一股势力。他们专欺侮正牌人民解放军出身的人。干什么活,都冷言冷语地挤对人:"你们解放军不是吃苦耐劳吗?"刘志云受了不少这样的气,跟监管的小官说要他们主持公道,可人家说:"你和他们还不是一路货!"

后来好不容易解除了劳改,他作为"摘帽右派"被送回保定。地方上把他送到了当地公社,公社也没法安置,就把他放到郊区一个新草创的农村中学做摇铃工友,后来才让教书,总算恢复了他普通人的身份。这样又过了不少年。"文化大革命"以后,我因看望我儿子去了一趟保定,顺便到了保定文联。刘志云来了,原来他已是文联的人,却不代表文联。他曾和我一起去看他当年教过的那个农村中学,访问他当年的学生。学校早就没有了,这些学生都是粗壮的农村汉子了,没有一个像知识分子,对刘志云倒还是客客气气称刘老师,提起当年那个中学就不好意思地说:"对不起刘老师,学过的全忘了。"

这时候我才知道,在所有被错划的右派们大批被平反和重新安置之后,刘志云自然不该还在那个农村中学了。他原来所在的那个部队,不能再让他回去做军官,就说请地方上适当分配,但是地方上也找不到一个能让这个与他们素无关系的老头安身的体面地方,一想,既然是个文化人,于是把他安排到了文联。

他既不是作家,也不是文学编辑,在文联干什么呢?要从头学起,也晚了点。那一次,保定文联为我开了一次青年作者座谈会,大家疑问很多,谈得很热闹。刘志云是当地文联资格最老的老干部了,按资历该是一把手,却没有出来。文联向我介绍当地作者时,也没有提到他,他是在那天晚上自己到招待所来看我,后来又请我到家吃饭的,所谈的只有延安新华社的旧人、旧事。

我回北京之后,过一段时间,他突然带着儿子来了。原来他的儿子学习很努力,竟以初中未念完的学历靠自学考取了清华。刘志云当然非常高兴,所以亲自送子来京。我也为刘志云的晚年遭遇转好而高兴,心想他在家里总该自在了。

后来呢,刘志云还有信来,说的却是三四十年前那个美人儿移情别恋的故事,叫我无话可答。正巧他的儿子来了,看了这信,只说:"老糊涂了,您别理他就完了。"

唉!他在家里也未见得怎么舒服啊。

一九九四年

抹不去的记忆

——忆向阳湖畔十个无罪者

人们的记忆多么容易抹去,记忆力又多么差啊。在"文革"前还没有上中学的我们的儿女、侄儿,现在成天谈的已经都是深圳怎么赚钱,上海怎么炒股,谁又当上经理了,没人再提起他们自己曾经在向阳湖边度过的童年和少年。

可是我的记忆怎么能抹去呢?——那把我的中年时代剥夺掉,把我推入了老年的向阳湖。湖北咸宁农村的一块水沟,原来不存在这么一个"湖"的沼泽地,被我们流汗开垦成田的向阳湖。我们在这里被驱赶、被改造,使我们悲痛,又使我们深深铭刻在心的向阳湖。

当年我们一起来到向阳湖,我们这个不过二百多人的小小单位,竟有八个埋骨在这里。其它单位(连队)也有。加上邻居中很熟悉的两个,我记下了十个完全无罪的葬身于此的人的名字。我本人是个活着回去的"走资派"。

我忘不了他们,一个一个数一遍吧。不论其生平成就高低或有无成就,他们和我是一块儿被赶到这里来"锻炼"的。

头一个死在这里的,是瘦瘦的挺本分的公勤人员老艾。他在社里一向做公勤的各行工作,还当电工,常见他擦地板抹玻璃,与什么"黑帮"也沾不上边,本人就是工农,也没有必要再来接受工农的"再教育"。可是我们单位当权的——不知是造反派还是军宣队,却决定除了留守机关的响当当"革命派"之外,一律下乡改造。老艾大概是觉着应当在缺人力的干校里出一把力,自愿参加了下干校的队伍。

他身体本来不好。刚到,活儿多,据说那晚他去收拾刚搬来的锅炉,没有人帮忙,他一个人使劲扛,不知怎么一来,他就倒在锅炉跟前了。当我知道消息时,他已经断了气。他身后遗下了靠他生活的妻子和一儿三女。当时他的儿子不过是几岁的娃娃,小女儿在上小学,跟着他的在机关做临时工的妻子一起被编入我们大家都怕得要死的连队,天天可以和我们一起打饭,真是只吃一口饭。后来他妻子和我住同屋,听说我女儿被赶到云南生产建设兵团,每月拿二十八元,她曾叹气说:"我要有这么一个孩子多好。"当时我就明白了我们所遭遇的不幸,在她的生活经历里还并不算是不幸。还有更多的不幸在等着这位自强的母亲。

第二个死去的是期刊发行科的科员周玉祥。他既不是造反派,也不是走资派。只因所有的文学期刊全停办了,他已经没有业务,于是也被送来向阳湖当革命群众。他在家乡种过地,在这里也挺努力地种地。他对待我们"走资派"态度平等,有时也忘了我是"走资派",跟我聊天。说起这个地方的图书市场,说咱们的期刊在这里准有办法发得出去。他有好多主意。我才发现自己太官僚主义,这个干部是个很钻研业务的人,将来我若有出头之日,一定应该想办法用上这个人。可是,一切都晚了。他病了一场，据说并不是重病，可这里没有像样的医生，始终也没有弄清是什么病，头天晚上还没事，第二天一早就糊里糊涂离开了人间。也是一家人靠着他一个。女儿号哭着赶来奔丧求告，别人也只有送给她一点无用的同情。

第三个是女校对程穗，是作为"历史反革命"分子，被赶到向阳湖，老是解放不了。只因她年轻时在重庆当过小职员。那时国民党叫所有小职员都必须登记参加国民党，她听话登记了。在她的登记表上有"监察员"三个字。现在我们的造反派要她坦白交代这一段"反革命历史"，可怜她磕头求告，把那一段生孩子、找职业和一切生活琐事都详细讲了，甚至说自己是宣传委员、什么委员都胡诌到了，就硬是交代不出这"监察员"三个字来。于是她受尽了谩骂，包括"走资派"和"解放"不了的人带来的孩子们，谁愿意打她都可以任意打几下。她成了所有"地富反坏右"里边最下层的人，去上工的路上，一路挨打、挨骂。我曾和她编在一组，在挨斗人"小组会"上，我再三劝过她："你有什么可交代的，不管是大是小，赶快说了算了吧，你不会有多大事。"她只是掉眼泪，说："我实在想不起来还有什么。"现在看来，可能她根本就没有当上这个并不大的官。就这样苦熬到连我这个"走资派"都"解放"了，她却还在继续受苦。终于她下决心离开这个受苦的人间，先是服毒，想不到又遇救。后来她终于一口饭不吃，给她饭她偷偷吐掉，活活绝食而死。

第四个是刘敏如，古典编辑部的秘书，是个胖子，血压挺高。社里都知道他这个秘书与众不同，别的编辑部都是由编辑负责和作家联系、写信，讨论稿件处理问题，只有古典部的编辑可以只看稿、发表意见。那些写信联系商量的事，都由秘书刘敏如包了，包得漂亮，别部的秘书比不了。就这么个人，却被当做"历史反革命"遣来向阳湖。原因原来是他那个家乡曾是日本占领军与八路军双方争夺的地区，是两面政权。他在本乡当小学校长，由八路军这边委任他当了地下的村长，日伪军那边却也要一个村长，老乡们认为一客不烦二主，也归他去应付。就这么一回事，却被造反派打成了"汉奸"，再怎么也说不清。于是他被揪来了，跟着人们去下地，因为是"历史反革命"，有病不予照顾。记得那是三伏天，按武汉一带的规矩都是早晨上班，中午午休到晚上，再上一会儿班。可有一个大热天，北方来的造反派不听这一套，还叫他整天下地。刘敏如就在弯腰锄地的当口，一跤跌在地里，再也叫不醒，不知道是中了暑还是脑溢血，反正就这么一声不响地完了。大热天死人不能久停，造反派们做了主，就把他就地埋在那块土地里了。没有立坟头，他家的人来了也找不着。

　　第五个谢思洁，这一位原是出版社现代编辑部的出色人物，看稿发稿是一把手，和社外叫得响的编辑名家们都是有来有往的，和郭沫若郭老也挺熟。毛病就出在他年轻时候，本来是共青团员，被国民党抓去了，他没有否认这个团员身份。十八岁的孩子，还不知道怎么表白气节。他爸爸是个资本家，是拿钱把他赎出来的。他从此失了组织关系。后来他没有做国民党的官，由他父亲想法在一家公司里找了个差事。他却仍然靠近进步组织，这才认识了郭老，也认识了一些文人。他在公司里一直干到解放。爸爸给了他一些钱。他还惦记着文学事业，就从公司职员改行当了编辑。到了"文化大革命"，他年轻时那件事被翻了出来，被造反派们定为"叛徒"。他急忙把爸爸给的钱全部献出，但是不中用。爸爸给的钱又连累他成了资本家、阶级异己分子,当然他也被赶到向阳湖来改造。改造了一阵,得了癌症,不准回北京去治,给送到武汉。他躺在病床上,还写信来,叙说他生平的苦况,和一片忠心。信尾署着"谢思洁伏枕上言"。当文人当苦了,他还嘱咐女儿不可嫁给文人,要老实生活。但是说什么也已无用,人是不能救了。这个人就此死在了武汉。

  第六个孙昌雯,女校对。下向阳湖时还是个革命群众。她丈夫是古典文学编辑,虽算不得造反派,也还没有被打倒,夫妻俩一起带着两个女儿来的。没想到来了以后不久,造反派们忽然发现了孙昌雯和另外一个女校对在北京时,曾有过破坏江青伟大形象的言论和活动,后来听说,大概是说了江青年轻时当电影明星跟几个男人结过婚的风流韵事,还传看过照片。这下子了不得,她变成了"现行反革命"。白天审,黑夜逼,要她招供出主谋的反革命来。大冷天要她在院子里罚站,一站站半夜。她本来身体不好,就此弄出了一身重病,终至于起不来。她自己干不了活不说,还得拖累她丈夫成天误工伺候她。这时造反派已经不当权了,军宣队才答应她和孩子回北京。丈夫却不让走。她回了北京,到协和医院去检查,原来竟是癌症,便打电报到向阳湖要她丈夫回去照顾。这边却只给了五天假。她丈夫回去了,写信来说明家里的困难,病人已住院,医院里有事要和家属商量,孩子还太小,他要求再续假半个月。军宣队领导当时就拍桌大怒,对刚刚"解放"当上排长的我说:"写信叫他回来!到底是老婆重要,还是革命重要?"我只得遵命婉转一点照写了这封信,硬把她丈夫叫回来了。

  下过这样的命令,我心里很不安。接着是我自己的按例探亲假,我回到了北京,就到协和医院去看了她,跟医生谈了谈。

那女医生听说我是原单位的,就叹了口气,说:"人已经病到这样了,还不让家属来,哪个单位这样?你们这单位是怎么回事啊?"我当时不禁满脸通红,只能连声"嗯嗯"。这个大夫自然不会知道我们早已没有单位了,跟没有妈的孩子差不多;她更不可能知道这个说不出话的我就是原单位已被打倒的负责人。我只能回到向阳湖,向军宣队领导委婉陈词加点谎话,说是协和大夫叫家属去的。不去,协和不答应。这才蒙领导恩准,让孙昌雯丈夫回北京了。后来,孙昌雯总算由家人看着而死去。

第七个金人,这一位翻译家,本来并无什么罪状,在社里又和大部分群众水米无交。他所以作为"反革命"被揪下来,是由于造反派普查人们的历史,查出了他当年原是共产党员,还是沈阳市的负责人。苏联部队和国民党部队进沈阳时,把他找出来,不知叫他公开办了个什么手续,这下子把党籍弄掉了。他自己对此从不隐讳,本无可斗,但是还是循例斗了,戴上帽子,赶到向阳湖。他年龄既老,身体又坏,造反派手中没材料,本来就对他没多大兴趣,于是让他跟一群老弱病残一起去丹江。丹江是我们干校丧失劳动力的人的收容处,免了这群老弱病残的生产任务,却让他们自己种菜、拉煤、做饭。中年人都不去。谁知道他们怎么干的?反正金人就死在那里了。

第八个是有名人物孟超。他本来是戏剧家,三十年代的老作家,是我们社主管戏剧的副总编辑。由于写了一本昆剧《李慧娘》更加出名。他曾经请我们全社去看戏。孟超的同乡康生曾极欣赏这个戏,有一次叫孟超陪着剧团去钓鱼台演了一场,据说还请孟超吃了烤鸭子。孟超回社都跟我们说过,当然颇为得意。真是想都想不到,忽然冒出了个"有鬼无害论"事件,他竟变成了事件中的主要人物,说那个戏是影射党中央的,孟超写这戏是为了反党。康生首先翻脸拍案大怒,江青接着批示:"谁同意给这个反党分子提级的?就有阴谋,要追查。"我刚听说这事时,曾和孟老谈过一次。他说:"你想想,我怎么会反党,跟谁说谁能信?"但是竟然批下来了。(真是侥幸,江青大约太忙,竟然没能查出来这个首先同意他提级的人就是区区!后来我才知道她那批语,怎禁得一身冷汗?)

在"文革"前两年,孟超的名字已经不能见人了。到"文革"一爆发,他当然成了人所共知、全国共讨之的罪犯。开斗争会、来车把他押走时,一听说车上有他,连小孩都跟在后头喊:"孟超,你是反革命不是?"他得连声答应"我是反革命,我是反革命",才罢休。

我是出版社的"走资派",但是孟超受的罪实在比我还多,还长久。我在戏剧上不通,听他的话,就是我"招降纳叛"的一大罪状。我不知道他这个正牌"降叛"该受了多少苦。

到向阳湖来改造,他当然是跑不掉的。我不知道他在这里共挨过多少次斗,反正他是长期的永久性的斗争对象。到后来,其他的"现行反革命""历史反革命"都算斗过了,做了结论了,连我这样的"走资派"也算"解放"了。只有他却依然挂在那里。他病倒了,他的女儿由北京赶来侍病,军宣队恩准他去武汉治疗。治完了,没死,仍然叫回向阳湖来"改造"。到一九七二年底,我们这些"干校学员"大部分奉命返回北京原单位,他和少数"学员"依然在这里。直到一九七三年,这个干校终于结束了,他才成了干校的末一班"毕业生"。回京以后不久,他就死了。他是悄悄地死去的,没有人追悼他,戏剧界也没有只字纪念文章。

第九位是外单位的了。中华书局的金灿然,他是老延安。在延安,我还是一个青年学生的时候,他已经在写书了。要知道,按延安的印刷条件,出书是非常困难的。当时我就见过他和叶蠖生合写的中国历史课本。到北京,他领导中华书局。除了学问比我这样初出茅庐的"领导干部"远为渊博之外,自有主见,有一套思想路子,很有办法,能大胆用人,多少位有用之才进了"中华"。每逢在一块儿开会,几个出版社的社领导都说该向他取经。可为了不知什么罪,他也被赶到向阳湖了。

"中华"这个连队和"人民文学出版社"连队是邻居。我头一次突然碰见他,是见他与另一个老头子抬着一桶粪走过来。他见了我连头也没点,眼睛直直地就过去了。又见了几次,都是这个样子,好像不认识了,似乎是得了精神病。后来我才由我社的革命群众们口中听到,他们连队有人对他作这样的评价:"金灿然那个老呆虫,成天就知道睡觉,还知道叫他抬粪,抬完粪就呼呼大睡。除了能抬抬粪,废物一个呗。"我不清楚金灿然是什么时候和怎么死的,只知道这个应该称为学者的人,就这样死了。

第十个,是我在北京早已熟识的作协评论家侯金镜。他们那连队也和我们连紧邻,我猜也猜得出侯金镜不会有什么好下场,最好的结果是当个小"走资派"或者"反动学术权威",倒没猜出他也成了"现行反革命"。据说是因为闲谈中对林彪有不敬的言论,为此负罪来向阳湖,免不了常常挨斗。他本来是高血压,既为罪人,自然不能提到自己的病。他死的前一天,在地里干了活,回来洗脚入睡。据说情况并无变异,但是这个"罪犯"

夜间不舒服,大约未敢惊动别人,天亮之后却不能动了。连队来人看他,他已经不能言语。连队卫生员无法救治。看样子大概是突发脑溢血,送县医院早已来不及,他就此在他自己的卧床上,戴着罪名,一瞑不视。

这十个人永远逝去了。活人已经不大想起他们。至于他们为什么死的,也没有人再去过问。虽然他们经历不同,有的是知名之士,有的是勤杂人员,但是他们的来路和结局却都是一样。我们一起被赶来的,不能一起走了。

人总是要死的。也许某人当时不死,如今也已太平地寿终。也许某人现在还活着,在和别人一样地提笔写文章。但是上面提的十个人,是在那个时候在向阳湖畔不甘心地告别人世的。我忘不了的向阳湖。流泪、沉痛都已毫无用处。我不想描画那些临死悲惨的场面,现在记下他们,只为的是让今天主事拿权的中年人即当年的孩子们,想起这些糊里糊涂送了命的叔叔阿姨。不该忘掉的,好好想想看,你们还想得起吗?

一九九四年

附录一：

韦君宜小传

韦君宜，原名魏蓁一。女，湖北建始人，一九一七年十月二十六日生于北京。少年时在天津南开中学读书。一九三四年秋考入北平清华大学哲学系就读。第二年即积极参加学生救亡运动。加入民族武装自卫会。一九三五年十二月投身"一二·九"运动，一九三六年五月加入中国共产党。她在学生运动中是个出色的笔杆子，一九三六年三月三十一日北平大中学生追悼在狱中身亡的郭清同学的祭文，就出自她的手笔。

卢沟桥事变后，平津沦陷，她辍学离家流亡到南方去，在湖北地区从事中国共产党的地下活动。一九三九年到延安做青年工作，编辑《中国青年》，还曾在晋西北和陕甘宁边区做过中学教师、报纸编辑、记者以及新华广播电台编辑等，这一时期，她写过一些短篇小说和散文，其中《三个朋友》和《龙》等影响较大。

解放战争中，韦君宜曾任区委干部，参加土地改革运动。解放前夕，在河北平山县参加筹备《中国青年》复刊工作。北平解放后，她担任共青团中央宣传部长兼《中国青年》杂志总编辑，经常在刊物上发表谈论青年思想的论文和随笔，这些文章后来编为单行本《前进的足迹》。此后她调任北京市委文委副书记，主管宣传工作。一九五四年她调作家协会,担任《文艺学习》主编。一九五八年《文艺学习》停刊后,韦君宜下放到河北省怀来县农村劳动锻炼。一九五九年初到北京,任《人民文学》副主编,并带职到长辛店二七机车厂参加编写该厂厂史《北京的红星》。一九六〇年调入作家出版社(后并入人民文学出版社),先后任副总编辑、总编辑、党委副书记、副社长、社长,直到一九八六年离休。

作为中央一级的全国最大的文学出版社的社长,韦君宜的工作是十分繁冗的。莫应丰的《将军吟》、张洁的《沉重的翅膀》(均获中国长篇小说最高奖——茅盾文学奖),是她排除各种困难,亲自修订,主持出版的。在百忙中,她还利用业余时间,先后创作出版了长篇小说《母与子》,中篇小说《洗礼》(获中国第一届全国优秀中篇小说奖),中短篇小说集《女人集》、《老干部别传》、《旧梦难温》以及散文集《似水流年》、《故国情》、《海上繁华梦》等。

一九八六年四月,韦君宜不幸因患脑溢血导致右半身偏瘫;一九八七年一月初因摔伤右臂骨折;一九八九年脑血栓;一九九一年骨盆又不慎震裂……但是身体上一连串的打击并没有挫败她的意志。在病床上她就开始用瘫痪的右手练习写字。自一九八六年至一九九四年,她不仅写出了几十篇散文和杂文,被收进一九九五年出版的散文集《我对年轻人说》,而且,还完成了她的夙愿,一部反映青年知识分子在中国抗战时期心路历程的长篇小说《露沙的路》也在一九九三年初脱稿,于一九九四年出版。一九九四年十一月,韦君宜因又一次脑梗阻第七次入院,而从这一次起,就再也没能出院。她已全身瘫痪,四肢僵直。口不能言,耳不能听,每天仅靠鼻饲进食,但在病榻上她依然关心着患病前写就的长篇回忆录《思痛录》的出版。

一九九五年,《中国当代作家选集丛书——韦君宜》出版。一九九八年五月,她的最后一部书,也是她最重视、最关心的一部书——《思痛录》终于由北京十月文艺出版社出版。二〇〇二年,香港天地图书有限公司出版《思痛录》海外中文繁体字版。

二〇〇二年一月二十六日韦君宜于北京病逝,享年八十五岁。

二〇一二年,《思痛录》增订版、五卷本《韦君宜文集》由人民文学出版社有限公司出版。

附录二：

《思痛录》成书始末

杨 团

一九九八年六月，我从美国归来。下飞机刚进家门，端端正正摆放在书桌正中的《思痛录》样书一下子跃入眼帘，心蓦地狂跳起来。啊，终于出版了！我把这本薄薄的小书宝贝似的捧在胸前，深深地呼吸着，只觉得油墨的芬芳沁人心脾，眼前又浮现出病榻上的母亲紧抿着嘴唇，悲哀地望着这个世界的面容……不觉得眼眶湿润了。妈妈，我亲爱的妈妈，您二十年前的愿望终于实现了。不，何止二十年，是整整半个多世纪，您和您那一代人所付出的，是比生命还要沉重的代价啊！

一、初识《思痛录》

《思痛录》在成书前有一段难忘的口述史。

记得那是"文革"中期，一九七三年，我刚从云南陇川农场转到张家口聚氯乙烯厂当仪表修理工。三年零七个月，我在远离北京的大西南，和在河南的父亲、湖北的母亲、北京的弟弟天各一方。自一九六六年父母被打成死不悔改的"走资派",家被抄,东西砸烂了,房子没了,全家离散整整七年,到一九七三年才重新聚首,我怎能不格外珍惜这劫后余生的团聚。那时我常常在周六早晨上完二十四小时连班(化工反应釜需要仪表持续监测,仪表修理工每值二十四小时班可休息一天),觉也不睡,就搭乘京沙线,来回颠簸整整十三个小时赶回到在北京永定门外沙子口那两间狭小简陋但是温暖的小屋里。

当时我真像母亲在《当代人的悲剧》中提到的,开始从自己和家庭的伤痛中走出来,弄了一脑子的问题。在外面不能问,只有回到家里问,有时想不通就和父母争辩。当时我最想不通的就是:毛主席不是一直说要分清两类不同性质矛盾,正确处理人民内部矛盾吗?那为什么还要把那么多好人都打成叛徒、特务、走资派?右派搞多了还要摘帽,打了这么多走资派为什么七八年了还是这个样子?父母告诉我:一九四三年在延安就有过那么一次,毛主席说特务之多,多如牛毛,原不足怪,结果成千的忠实的共产党员都被打成特务。凡是从敌占区来又坐过敌人监狱的,无一例外都是被敌人派进来的"红旗"特务。原来那时就有"打着红旗反红旗"一说。我听了还是不明白:"毛主席为什么要这样做呢?难道敌人越多党就越安全吗?"

记得有一次,不知我哪一句反驳的语言惹恼了母亲,她愤愤地站起来在屋里来回踱步:"团团,我不能再讲下去了,有一天我要被你出卖的。"这话一下子震惊了我,迄今我还记得她当时脸上的表情,记得我那莫名的惊诧。我的妈妈呀,竟会怀疑她的女儿会出卖她!自然,后来我就努力多听、多想,插话也大都是问情况的了。我就是这样听到了所有后来被母亲写入《思痛录》的种种骇人听闻的故事。这故事越讲越长,从打"AB团",延安审干开始,讲到王实味的《野百合花》,延安的"轻骑兵",解放后的肃反、打老虎、反胡风、反右派、反右倾等等一系列曾经冤枉过人的运动,也包括"大跃进"中的荒唐和三年困难时期饿死人的种种。让我听了震惊甚至恐惧的还有斯大林的暴虐和苏共二十二大,当时社会主义阵营的内部斗争,以及中苏两党在整人上的惊人的一致和从建国前就存在着的矛盾。说老实话,我的真正的大学是在那四年(一九七三至一九七六)完成的。如果说"文革"头七年的遭遇和磨难是锻造我意志的铁砧,那么,后四年的家庭讨论会则是开启我心灵的钥匙。我至今怀念那四年白天盼着天黑,吃过晚饭就拉紧窗帘,关上大灯,一家人围坐在一盏台灯前,同志加亲人的热烈而又有点神秘的讨论。它真的使我受益一生。

大约也就是从那时起,母亲萌生了要写一部书的念头。她当时常常对我讲,你们太幼稚了,这么大一个国家,这样的多灾多难,交到你们这一代手里怎么得了。而父亲对母亲说:这是我们的不对,是我们过去什么也不让他们知道的。其实,父亲早在"文革"初期就对我讲到过延安审干运动,告诉我他曾被戴上特务帽子遭批斗的情景。

我至今清晰地记得那时哲学社会科学部吴传启为抢"全国第一张马列主义大字报"的头功,在关锋等人的授意下,在学部抛出了"批判《青春漫语》大毒草,揪出杨述反革命黑帮"的大字报。母亲当时在河南安阳"四清"。五月下旬的一天,我下学回家,父亲神色严峻地说:"你怎么才回来,我等你好久了。"然后他竹筒倒豆子,把学部当天所有的情形都对我这个当时才上高中一年级的学生统统说了。我那时傻傻地看着他，怎么也不懂昨天还是老革命的爸爸，一夜之间怎么就成了反革命？但是父亲接下来的一段话却像刀刻一样此生此世铭记在我心里了。他说："团团，现在我才知道自己错了。我以为解放了，一切都好了，你这一代再也没有苦难了。我只给你讲好的一面，光明的一面，不让你知道党犯过的错误，党内斗争很残酷、很坏的一面，其实我们这个党从来就不纯粹。你以为道路笔直，党是永远不会错的，跟着党走就什么问题都没有了。结果别人一句都批评不得，一点委屈都受不起，是我让你变得这么简单、幼稚，我怕你经不起今后的生活打击啊。"接着，父亲讲了一九四三年在延安审干运动中的经历。他曾经被戴上国民党特务的帽子一年多，其间向毛主席上书，直言"毛主席，我不是特务，请你派人彻查"也未获结果。后来由彭真同志出面谈话才算摘帽平反。

我当时缩在宽大的藤椅上，两手抱着膝，睁大了眼睛听那可怕的一幕。我开始相信，这绝不是诳言，一九四三年共产党就能把才二十岁就毁家纾难，动员一家老小变卖家资，七八口人奔赴延安的爸爸打成特务，那么今天学部的事一定是真的了。我那幼稚的心里已经模模糊糊意识到大祸临头了。当时父亲在堂屋里走着走着，忽然指着头顶上的吊灯说："那时候有一回挨斗，我突然想一拳头把屋里那盏吊灯砸烂，可是再一想，我一定不能动手，一定要忍住，不然，我就真的疯了。我是拼命抑制自己才没有变成疯子啊。"今天每当回忆起这一幕，我就禁不住双泪长流，因为随后不久在学校斗我这个未满十七岁的"校领导的红人"、"反工作组的黑崽子"时，我也曾有过与父亲一样的念头。我虽然挺过来了，但我亲爱的妈妈，却由于年轻时有过精神创伤

（她的第一个爱人，清华同学孙世实在抗战时期牺牲了），一九六六年八月她从河南"四清"前线刚返回北京就被打成"三家村女黑干将"，不让回家被拉走批斗而精神失常。她患忧郁型精神分裂症整整三年，其中一年多完全不认得任何人，成天想自杀……

就在那一晚，父亲告诉我，这一次运动来势凶猛，估计比延安"抢救"有过之而无不及。他要我做好充分思想准备，他的问题至少要三年才能解决。结果，连他自己也未料到，这一次的平反竟拖了整整十二年半。到他拿到平反结论时，当年那个壮健的中年人已经变成说不出几句话也走不了几步路的奄奄一息的老人了。而当时的我，突然遭遇这一切，一下子蒙了，哭着说："那怎么办呢？怎么办呢？"哭着哭着蜷缩在藤椅上睡着了。

现在想来，父亲之所以在那一天夜里一下子谈这么多，这么深，完全是因为他估计形势非常险恶。他唯恐第二天就会被关起来，从此几年不见家人面，再也来不及做任何解释。他唯恐他最宝贝最心爱的女儿会真的以为他是反革命。后来的事情证明，他什么都可以忍受，只有这一点是他最最忍受不了的。所以，当时他几乎是当做遗言在讲。到了一九七三年全家重新聚首时，父亲讲述这一切已经没有了"文革"初年那悲壮到极点的气氛，可以理性地分析和探讨了，而我的认识仍然幼稚至极。也许正是从我那些幼稚的想法中，母亲和父亲一样，痛切地感受到了对年轻一代"愚民教育"的危害。为了免除子孙后代因无知、盲从重蹈他们那一代的苦难，为了让普通老百姓了解和记住那一段痛彻心脾的历史，为了让后人在痛定思痛时，从史实中追索产生这种一整代共产党人历史悲剧的真正根源，如实记录党内

"残酷斗争无情打击"自己人的想法在她脑海里成形了。

二、母亲写《思痛录》

《思痛录》大约在什么时候开始动笔的,据我回忆,是在政治空气极端恶劣的那一段,即"四人帮"粉碎之前,周总理逝世的前后。

当时母亲虽然出任人民文学出版社的主要领导,但是军宣队还在,她的日子并不好过。平日里工作很忙,又经常出差,几乎没有空闲的时间写作。偶尔写一点她也从来不收拾,草稿散落在桌子上哪里都是,而且经常随便拾片纸就写,还特别爱用那种没有格子的最便宜的宣纸。可是,有一段我却发现她写东西有点不同往常。她写在十六开的人民文学出版社的一叠稿纸上,每逢吃饭、出门都把稿子放在书桌旁第二个抽屉里。有一次出于好奇,我伸手去抓那稿子,被她一把推开。问她写什么她也不说。母亲写东西如此保密在我的记忆里这是唯一的。记不得过了多久,也记不清是她先告诉我还是被我自己翻到了,我知道了这就是那篇《抢救失足者》,后来被收入《思痛录》作为第一篇。

"四人帮"粉碎后又过了一段时间,她才向我公开了她的秘密。她要写一部长篇回忆录,从"抢救"运动开始,一直写到"文革"结束。她讲,历史是不能被忘却的,她十八岁参加共产党,现在已经六十多岁了,再不把这些亲身经历的悲惨丑恶甚至令人发指的事情记录下来,就得带进棺材里去了。可是,写出来却绝不可能发表。到这稿子真能发表的时候,国家就真的政治清明了。她还对我说:"我活着是看不到那一天了。我写完了你一定要给我好好保存,等到真能发表的时候再拿出去。"这话她千叮咛万嘱咐了好多遍,总是不相信,怕我马马虎虎,直到我赌咒发誓才作罢。我于是明白在她心目中,这稿子比她所有的作品,甚至所有的工作都更加要紧。

一九八六年初,已经六十八岁的母亲才离开工作岗位,开始了她的离休生活。每天忙忙碌碌的她突然一下子闲下来。她似乎有些接受不了自己退出社会主流生活的事实,整天还在盘算要到哪里出差,要做些什么事情。在毫无思想准备的情况下,四月间的一天上午,当她在作协召开的一次文学作品评论会上发言,手伸向茶杯正要举起喝口水的当口,突然茶杯哗啦一声砸在桌上,她两眼一闭,人事不省了。等我赶到协和医院,已经是下午两三点钟。她已经被送入病房紧急抢救,仍然未醒过来,被大夫诊断是脑溢血。她的出血部位是在左脑,CT片子上核桃大小的出血痕迹赫然可见。后来大夫告诉我,这个部位出血,况且又有这么大面积,一般情况下必死无疑,她能活下来,本身就是奇迹,而她居然恢复到能走路、说话,甚至还能写作,更是奇迹中的奇迹。医学上无法解释。如果要解释,只能说她是作家,终日用脑,所以大脑功能被破坏后的恢复和一般人不同。

当夜我一直守在她身旁,到夜里十二点多钟,在药物的帮助下,她那顽强的生命终于苏醒过来了。她微微动了动眼皮,一定是听见了我在她耳边拼命地叫喊,努力撑开眼睛,认出了我,然后艰难地卷着舌头禽动着嘴唇。我竭力分辨那模糊的发音,她是在说:"我完了,我不行了。"我一下子哭出来:"妈妈,你总算活过来了。"

三天后,当她完全清醒了,就立即开始了那顽强到残酷程度的自我训练。每日记着数刻板地练习抬手、抬脚、握拳。为了能再继续持笔写作,她让我买来小学生用的格子本,说"我要从一年级上起"。她僵直的手指完全握不住笔,第一天练习可谓一笔上天、一笔入地。不过练习极为见效,那四个被她在封面上填上一至四年级的练习本,是她恢复书写能力的见证。第一页上满是歪歪曲曲的笔道,以后就像一两岁小孩画画,再以后就勉强可以辨认字形,最后的几页甚至于可以看出一点昔日的笔体了。那本子上写满了唐诗宋词,而且居然一首都不重复。一个月后,她开始下地练习走路。三个月后,大夫就说可以考虑找个康复院练习功能了。我们实地去调查了一阵,最后与母亲共同商定,选择了北京郊区新开的一间民营康复院,把她搬了过去。她到这间康复院大约在八月间。入院的第一天,她就把所有的功能训练器械统统尝试了一遍。拄着拐杖在楼道内咚咚地急迫地走着,不让我扶她,那情势好像她的心跟着拐杖把步子先于自己的脚迈出去了似的。在这间康复院她一直住到冬天,直到天太冷取暖设备差不宜再住才离开。后来,她写出反映她在康复院生活的散文——《病室众生相》。当我读到这篇散文时,真的大吃一惊,我惊异劫后余生,重病在身的母亲居然能如此迅速地恢复了脑力,这一篇的笔力与她病前作品的差别,不很熟悉她的人几乎看不出来。

三、母亲的遗嘱

一九八六年深秋,一次,母亲从康复院回来(她在康复院时每逢假日我们都接她回家），坐在书桌旁对我讲："我不行了，说不定哪一天就完了。我要立遗嘱，你拿纸笔来给我记录。"她那时的身体状况比刚进康复院时差一些，又犯过一次病，使她几乎失去了恢复的信心。当时我知道她心里很难受，不愿这样委屈地活着，就与她乱开玩笑，怎么也不肯照她说的做。直到被她厉声呵斥才不得不拿出两片纸，一边听她讲话，一边打岔："你就会杞人忧天，你命还长着哩。"我龙飞凤舞地把她的话记了下来，除了遵她之嘱给她念过一遍外，根本未交给她，自然更想不到要她签字。可是，人的一切有时的确是在冥冥之中被安排的。我怎能料到，我这玩笑似的记录下来的她的话，居然真的变成了她的"遗嘱"。她现在已经瘫痪到连舌头的肌肉都强直了，再也不能言语了，耳朵全聋了，身体也完全不能动了，只靠鼻饲维持着生命，但是眼睛依然清亮。每次见她，我只能从她悲哀的眼神里感到她的大脑还活着，也许还在思想。

　　这两片纸被我好好地保存着，看到它，我就觉得人生无常，人事无常，不觉悲从中来。母亲的遗嘱分为"我的作品"和"我身后的事"两个部分。作品又分为"我的小说集"、"散文集"、"杂论集"和"我的回忆录"。今天可以告慰母亲的是，她当年所有的愿望，如今大都在她还活在世上的时候实现了。特别是在八七年后，她不仅又写了十余万字的散文随笔，还以病残之躯，完成了《"抢救失足者"》的姊妹篇——十余万字的自传体小说《露沙的路》，并先于《思痛录》于一九九四年出版。

　　关于《思痛录》，"遗嘱"是这样记录的："我的回忆录只差最后两章。我本来希望无论如何把最后两章完成，现在不行了。有一章在抽屉里未发。《山西文学》和《当代》（发的）散在外面,《新文学史料》有一章即登,纪念李兴华的插在中间,按时间排序,共十四章。还有两章纪念周扬,我对毛泽东的看法,住手写不出了。在黑柜子里有两个小口袋,一个手稿,一个抄稿,最后的几章未装在口袋里。"

从母亲立遗嘱那天起,原来由她自己承担的《思痛录》以及小说集、散文集的编辑任务就落到了我的肩上。小说集和散文集收集完作品后,很快转到了出版社编辑手里,只有《思痛录》不可能给任何人编辑。我开始一遍遍地翻原稿,找出她未发表的文章,按时间排序并与她磋商每一章的名字,以及给全书命名。关于全书,她起过几个名字,我以为《思痛录》最好,最简洁,最能引起后代人读懂全书后痛彻的共鸣。所以在一九九七年,当林文山同志拜托我告诉重病在床的母亲,出版社希望改换书名时,我当即申明她不会同意。果然,母亲不但不同意,而且还说:"内容也一字不改,不出就不出吧。"

我当时从黑柜子的抽屉里翻出母亲说的那两个小口袋,里面放着《思痛录》中最珍贵的前八章,从《"抢救失足者"》开始到《"文化大革命"拾零》。这就是母亲从七六年就开始写起,大约在一九八三年基本完成的被她视为宝贝的八章。抄稿是我那在一九六六年夏天被红卫兵打傻了,在野地里整整跑了两整天未归家的疯弟弟杨都都抄写的,当母亲病好了恢复工作以后,自感平生最内疚的一件事就是对不起弟弟。在"遗嘱"中"我身后的事"整个讲的是他。为了弟弟,母亲所耗费的心血和精力迄今一想起来就令我既心酸又敬畏——我自知如果我是她,肯定做不到这些。她曾为了给弟弟补习初中课程——因为他只上到小学五年级"文革"就爆发了,之后得了精神病再也上不成学了,居然有一段时期每个星期天都跑到外交部街的小图书馆和东城区图书馆翻书、借书、备课,回来再讲给弟弟听。就这样母亲居然把历史、地理、数学、语文几门初中课程都给我这个傻弟弟补完了。而这一切,还都是在她离休前那繁忙的工作期间完成的,这需要多么博大的母爱和多么顽强的毅力啊。当弟弟抄稿时,我曾问过母亲:"这些稿子不能传出去,他要说出去怎么办?"母亲沉吟了一下说:"不会,他的脑子没有好使到那个程度。"的确,事实证明她的判断是对的。

编辑《思痛录》,我尤为认真。每一篇都读,有时会讲点感想给母亲。那八章以外的各章,哪篇宜放入,哪篇不宜,也进行讨论。自我上大学后,母亲已经完全视我为朋友,除个别篇外,所有作品全向我开放,甚至在发表前专门听取我的意见。我有时戏谑地说:"我既是你的第一读者,又是你的业余编辑,你得给我发津贴呀!"《思痛录》现在出版的本子(即北京十月出版社1998年版——编者注),除出版社认为非做不可的篇目删节和字句改动之外,大致保持了原样。

记得《思痛录》的头几章也是经过了修改的。一九八二年夏天我刚大学毕业,孙友余同志要我向当时任全国人大法制工作委员会主任的王汉斌同志引见一机部派出的中国第一位留学哈佛的法学硕士。由此有了我和母亲与这位唐先生的交往。母亲后来帮助他解决了被人冤屈的事。交往当中,这位唐先生曾亲口告诉母亲和我,他在美国曾遇到很多位华裔美国教授。不少人是当年清华、北大的学生。当谈到那一段历史,一位教授告诉他,他们当时在学校充其量只算二流的学生,真正一流的,在学校拔尖的全都投奔了共产党。而且当下就真的点出几个人来，说是这些人如果来美国发展，那一定会有辉煌成就。唐先生走后，母亲和我谈了很久。她谈到她的父亲——我那曾经第一批东渡扶桑留学日本，参加过孙中山革命的外祖父。他坚持认为他的这个长女是栋梁之材，一定要送母亲赴美深造。这机会被母亲弃之如敝屣，她义无反顾奔向了延安。谈到我父亲在清华历史系读书时就立志写中国社会发展史，而且已经列了研究计划，写出了若干篇章，但为了跟随共产党抗日救国，他"已悔名山不朽业，志坚意决报邦家"；谈到他们的许多"一二·九"老同学，早年牺牲的黄诚、王文彬、纪毓秀，还有"文革"中被逼自杀的孙兰（韦毓梅）——那个被母亲称为"我们的阿平"的敌占区红衣女县长。最后母亲竟唱起了当年的毕业歌："同学们，大家起来，担负起天下的兴亡……"与唐先生的谈话及母亲的感慨后来被添入了《"抢救失足者"》一章。

四、未收入《思痛录》的痛思

在编辑《思痛录》时，母亲教给我许多编辑的知识，选稿的标准。我提出既然选入了李兴华的那篇《一个普通人的启示》，那么为什么不可以选入另外两篇写人物的，为什么要添上《"取经"零忆》等等。她的回答，我以为都很有道理，自然照她说的做。但是，唯有一件事我与母亲争执不下。而当她已经不可能再自行管理自己的作品，必须由我处理时，我违背了她的意愿。我真正行使我的代理权的第一件事，就是将母亲写于一九四三年延安"抢救"运动中的那首诗拿出来发表。

那首诗是在她重病以后，我为了整理她的所有文稿，彻底清查文件柜时翻出来的。它夹在父母从解放区带出的报纸杂志里。居然能逃过"文革"多次抄家的浩劫保存至今,简直是奇迹。不过,我以为这批材料早就被抄走过,是一九八五年中央办公厅清查"文革"旧档案,特别通知家里去领父亲的材料时退还的。诗被母亲用蝇头小楷竖写在延安出的马兰纸上。那纸不算薄,暗灰色的一卷,叠成三十二开大小的五页,周围已经磨起了毛边,字迹依然清晰可辨。母亲的一卷诗里还夹着一张薄薄的似乎是从笔记本上撕下来的黄纸片,上面也是一首诗,有红蓝两种钢笔字,可见书写时的局促。我一眼就认出了那是父亲的字迹。第一次读到这两首诗,是在一九八六年冬天。屋里生着暖气,外面刮着寒风,读着读着,我的心被攫住了,颤抖得像寒风中摇曳的枝丫,待我镇定下来,已经泪流满面了。

八年来/对人说/这儿是我们的家/可是/如今在家里/我们却成了外人/那好比一个暖热飞腾的梦/(可怜那个糊涂梦)/北方十二月雷霆/给我们/闪一条进火花的路径/前门大街抢水龙/门头沟去宣传矿工/眼盯着人家头上绑的小灯/心里想……这上头就点着光明!/忘不了的是年轻朋友/忘不了生物馆里的雄歌/生活像泥河一样流。/忘不了第二院庄严的宣誓/我从今天起……/嘴里一字字念响,/心头掂到那份斤两

也曾从风里进/雨里出/也曾躲过刀枪绳索/并不爱这头颅/(那时人是年轻/这句话可不年轻)/也不是不知道/平安岁月/锦片前程/眼前放着/想拿就行/可是老高说的好:/我们/是自觉的/给我们的阶级挖坟……/三七年七月芦沟桥/这声大炮来得正好/甩脱了家庭学校/信仰呵!/你

333

叫我们上哪儿去/我们就哪儿都好!/……七年!/八年!……/为信仰受人迫害/是当然/尽管他风吹雨打啊!/我们可有个家/家在陕北黄土高原/温暖的声音向四方召唤/为有这个家/爹娘跑一万里来找我/我连娘的面都不愿见/尽管这家/少的是繁华/多的是风沙/我们爱她/没到延安就指着清凉宝塔/看哪/红日青天/够多灿烂的新天下!/看那少年人来/我想"你也到我家来啦!"/看那年纪大点的来/我想:"咱们一同回家啦!"

这一串/都不能再想/想起来/热泪望笔端直淌/家啊!/你对我们/就是这般模样!/究竟谁是手足!/谁是仇人?/谁是亲人/谁是奸臣?!/光明的世界里/却搅在一团糊打混/我们如今成了外人/有辱骂/有冷眼/有绳索/有监狱……/半夜里睁眼/我追想这八年/这是什么世界/天翻到地/地变成天/这本是我们的家呀!/我惭愧了/这八年/槌碎了胸腔/把记忆从头铲/是和非从今都不算/咬紧了牙关/看那些冷眼/世上人有什么肝胆?/八年只算个飞腾的梦/梦醒来/高原的老北风/吹得热身子冰冷/把心撕碎放在牙缝里咬/看还知道痛不知道!/不该哭/本该狂笑但我刚甩开笑纹/眼泪就顺它流下来了

家呀/(让我再呼唤这一声!)/我们对得住你/你愧对了我们/世界/人生/革命/学来好大个聪明!/如今/已变成无家的流民/夜晚寻不上宿头/让我弹一曲没弦的琴/你听/站在旷野里/呆望着/最远的星星……

如果说母亲的诗已经让我痛苦不已,那么父亲的续诗就像暴风雨前从遥远的天际隆隆滚来的闷雷突然在我头顶上炸响,我被打闷了,一九六六年五月那一幕又浮现在眼前……

   不管家里把我们当作外人/我们也是家里的人/就是死了也愿意——葬在家里的地/就是变做杜鹃/也住在家里的屋檐/因为我们只有一个家——唯一的家/无论遭到怎样的摧残/怎样的迫害/不论被践踏得有如粪土/有如草芥/我还依恋着家/尽管被当作狗似的乱棍打出/我还是要进家门来/因为打不掉也抹煞不了的——一颗共产主义的心

  我亲爱的爸爸妈妈啊!你们为什么要这样地顽强、这样地坚定,这样的不顾一切,虽九死而犹未悔啊?你们让你们的后代怎样去评说这段历史啊?

  谁都年轻过,谁都有过青年时代的梦想,谁都希望成就一番事业,给这个世界留下一点痕迹。可是我的爸爸妈妈,在他们才二十多岁时,在他们曾经日思夜想、为之奋斗,无比崇敬的自己的"家"里,是怎样地强忍住内心最大的悲愤,是怎样地以宁可化自己为乌有——自己的个性、自己的人格为乌有做代价,维护了这个"家"的呀!而且,这个代价不是付出一年、两年,而是整整一生!这种牺牲难道不是比牺牲生命来得更加艰难吗?心灵一生都在痛苦中煎熬,还得被自己亲手捆绑起来,哪怕在深夜扪心的呻吟中,还要虔诚地自我讨伐……活生生的心灵呀!被石碾子千万遍地碾过,难怪要变得麻木了,僵硬了,甚至冷酷了,坏死了。可是,难道这种日子是人过的吗?难道这种心灵的重负是人的生命能够承受的吗?我终于懂得了什么叫人生的苦难了。我终于懂得我所经历的那一切比起他们不过是附着在苦难之舟上的几个小小的贝壳罢了。我终于懂了,为了一个民主自由的新中国,我的父母亲那一代所付出的不仅仅是鲜血、生命,更有泣血的灵魂。母亲后来曾告诉我:她参加革命就准备好了牺牲一切,但是没想到要牺牲的还有自己的良心。虽有刀锯鼎镬,甘之如饴,那并不是人生最大的不幸,比起这些后来经历了无数内心痛苦的幸存者,早年怀抱理想慷慨赴死的老同学才是真正幸福和幸运的。母亲苦苦追求了一辈子,却在眼泪都已干涸的时候才大彻大悟:穷尽一生的努力,一生的奋斗,换来的究竟是什么？当她重温年轻时的理想,当她不能不承认后来牺牲一切所追随的,许多都与自己那时的理想相悖,怎能不追悔平生,痛彻骨髓呢？

从我第一次读母亲这首诗到现在,又是十三年过去了。我从青年变成了中年,也到了母亲遭遇"文革"的那个年龄。但是,当这首诗辗转颠沛,九一年在母亲不同意收入《思痛录》,被我夹带在《思痛录》原稿里送往国外保存,而今天又将其要回来再次展读时,我禁不住读一遍哭一回,在电话里念给编辑听时,也含着热泪。是岁数越长越脆弱吗？不,那是我灵魂深处父母亲泣血的心灵诉说在流逝的岁月里累积、膨胀、发酵,引发的震聋发聩的共鸣。

母亲在给父亲的悼文《当代人的悲剧》(写于一九八〇年十月)中写道:"我哭,比年轻人失去爱人哭得更厉害,因为这不只是失去一个亲人的悲痛,更可伤痛的是他这一生的经历。为什么我们这个时代要发生这种事情,而且发生得这么多？人们常说年老一代与年轻一代之间有一条沟,不能互相了解。我要哭着说:年轻人啊,请你们了解一下老年人的悲痛,老年人所付出的牺牲吧！这些老人,而且是老党员,实际是以他们的生命为代价,换来了今天思想解放的局面的。实际上我们是在踩着他们的血迹向前走啊!你能不承认吗?"

是的,历史是世世代代的牺牲者用血肉锻造的,我父母一代却用旷古罕匹的特殊的牺牲,铸成了一页当代最沉重的历史。

附记:《思痛录》写作及出版大事记

一九七六至一九八六年初写作;一九八七年至一九八八年编辑;一九八九年初寄给出版社;一九八九年六月,从出版社要回;一九八九年七月至一九八九年十一月修改、增加(其中一部分暂不想发表):一九九一年四月全书交给魏萃———带出国译英文;一九九二年被林文山、邵燕祥要去看,之后未发表的前几篇中有三篇由邵燕祥介绍发表在《散文与人》、《精品》等刊物上。一九九六年十二月写委托书正式交李辉(林文山介绍)负责出版。一九九七年十一月二十五日,在文学界为韦君宜祝寿会上,杨团说明,出版《思痛录》是母亲此生最大心愿,但此愿至今未遂。会议提出,大家一定帮她完成这个心愿。会后林文山持稿子再找出版社。一九九八年五月,北京十月文艺出版社出书。今日再经修订,在香港天地图书有限公司出版海外中文繁体字版。

一九九九年十一月二十五日初稿
一九九九年十二月六日定稿
二〇〇〇年九月廿七日再修订
(本文原为中文繁体字版《思痛录》附录,
收入本书时略有修订。)